Collection Rolf Heyne

E·C·K·A·R·T WITZIGMANN

Meine Lieblingsrezepte

Mit Fotos

von Susie Eising

und Raoul-Manuel Schnell

HEYNE

Copyright ©	1995 by Wilhelm Heyne Verlag GmbH & Co.KG, München ISBN 3-453-09106-X Printed in Germany 4. Auflage
Konzeption / Texte / Rezeptbearbeitung	Monika Kellermann
Buchgestaltung	Christian Diener
DTP	grafik-design studio schranner / München
Fotografie	Christian von Alvensleben (Titelfoto) Susie Eising (Rezeptfotos) Raoul-Manuel Schnell (Porträts)
Kochstudio	Patrik Jaros, Stephan Franz
Redaktion	Reinhardt Hess
Herstellung	Peter Karg-Cordes
Lithographie	inteca Media Service GmbH, Rosenheim
Druck und Bindung	Neue Stalling, Oldenburg

I · N · H · A · L · T

Inhalt	5
Vorwort	6
Vorspeisen	10
Suppen und Eintöpfe	32
Saucen	56
Gemüse	70
Nudeln, Reis, Kartoffeln	94
Fisch und Meeresfrüchte	118
Fleisch und Innereien	148
Geflügel	180
Wild und Wildgeflügel	204
Dessert	220
Register	252

V · O · R · W · O · R · T

„Der Star in der Küche ist das Produkt“

Das ist meine Philosophie, gleichgültig, ob ich im Restaurant koche oder privat für Freunde. Kochen beginnt beim Einkauf, und wer da zu geizig ist, spart an der falschen Stelle. Auch ich kann nur gut kochen, wenn ich hochwertige Zutaten verwende. Viele vergessen auch: Das Zubereiten von Speisen hat nicht nur etwas mit Liebe, Gefühl und Geduld zu tun, es erfordert auch Intelligenz. Neben dem kritischen Einkaufen ist nämlich auch eine gezielte Vorbereitung vonnöten. Ich lege mir grundsätzlich alles griffbereit parat, wähle den richtigen Topf oder die passende Schüssel aus, heize, falls nötig, den Backofen vor, und erst dann widme ich mich nach Herzenslust dem Kochen an sich. Jetzt sind Kreativität und Fingerspitzengefühl gefragt. Nicht immer entscheidet dann exaktes Abwiegen mit der Grammwaage über gutes Gelingen, sondern das richtige Gefühl!
Diese Grundprinzipien waren immer die Voraussetzung für meine erfolgreiche Küche. Deshalb war es mein ganz persönliches Anliegen, in diesem Buch allen Freunden des guten Essens nicht nur meine Lieblingsrezepte zu verraten, sondern sie auch ein wenig über den Kochtopfrand schauen zu lassen. In den zehn Kapiteleinführungen

V · O · R · W · O · R · T

erfahren Sie kleine Geschichten aus meinem kulinarischen Leben und bekommen wertvolle Tips, die notwendig sind für einen gelungenen Gaumenschmaus.
Bei der Auswahl der Rezepte habe ich dieses Mal keine Rücksicht auf kulinarische Highlights nehmen müssen, die von mir als Sternekoch erwartet werden. Ich habe einfach alles zusammengetragen, was mir im Laufe meines Lebens besonders gut geschmeckt hat. Das sind, neben meinen Lieblingsklassikern der Aubergine-Zeit, wie etwa dem Geflügelleberparfait oder den Hechtklößchen auf Spinat mit Krebsragout, ganz einfache Genüsse wie das Knoblauchhuhn. Oder Rezepte, mit denen ehemalige, geschätzte Mitarbeiter und Freunde mich gerne überraschen: die Kaninchenpflanzerl im Kartoffelmantel von Hans Haas zum Beispiel. Oder der glasierte Grießschmarrn, mit dem mich mein Freund Hasi Unterberger nach dem Skifahren in Kitzbühel gerne verwöhnt.
Gemeinsames Kochen mit Freunden – das sind für mich immer ausgesprochen glückliche Stunden. Ich freue mich deshalb sehr darüber, daß dieses Buch entstehen konnte und möchte gleichzeitig allen Kollegen und Freunden für ihre Mithilfe ganz herzlich danken: vor allem Patrik Ja-

ros, meinem Nachfolger in der »Aubergine«, der bei der Entstehung des Buches maßgeblich mitgeholfen hat, und natürlich meinem ehemaligen Pâtisseur, Stephan Franz, der auch dieses Mal, wie schon im Mehlspeisenbuch, die verführerischen Desserts so kunstvoll arrangierte.
Mein ganz besonderer Dank aber an Monika Kellermann. Ohne sie wäre dieses Buch wahrscheinlich nie fertig geworden. Sie hat die Rezepte so bearbeitet, daß auch weniger Geübte sie nachkochen können und hat viele Gerichte selbst ausprobiert, ob sie auch in der »Familienküche« gelingen. Sie hat mir geholfen, mich daran zu erinnern, welche Erfahrungen für die einzelnen Kapitel besonders wichtig sind. Und sie hat mir oft Mut gemacht und mich angespornt, wenn mir die Arbeit über den Kopf zu wachsen drohte.

V·O·R·S·P·E·I·S·E·N

Auch ganz einfache Salate können wunderbar schmecken

Bei einer Oper will die Ouvertüre die Zuhörer neugierig machen und sie auf das folgende Werk einstimmen.
Bei einem feinen Essen hat die Vorspeise diese Aufgabe. Sie muß verführerisch aussehen, den Gast in erwartungsvolle Spannung versetzen, den ersten Hunger befriedigen, aber gleichzeitig die Lust auf die nachfolgenden Genüsse wecken. Für fast jeden Koch sind die Vorspeisen der schönste Teil des Menüs, dabei kann er seine Phantasie und seinen Einfallsreichtum zeigen.
In meinen Wanderjahren als junger Commis de cuisine war es für mich das Größte, mit raffinierten und ausgefallenen kalten Vorspeisen mein Können zu beweisen. Ich entwickelte aufwendige Pasteten und Terrinen, war ein Meister im Zubereiten von Galantinen und erfand Luxussalate wie etwa Kartoffelsalat mit Kaviar oder Artischockensalat mit Gänseleber und Trüffeln. Das waren damals gewagte Kompositionen, mit denen ich internationale Erfolge erzielte – und auf die ich natürlich auch stolz war. Ehrlich gesagt esse ich so etwas auch heute noch ganz gerne, wenn der Anlaß dafür geeignet ist. Bei meinem großen Lehrmeister Bocuse sah ich dann, wie wunderbar ganz einfache Salate schmecken können.

Eine gelungene Salatzusammenstellung hängt von drei Dingen ab: Erstens von erntefrischen Salaten und Gemüsen, zweitens von Öl und Essig allerbester Qualität und drittens von viel Fingerspitzengefühl. Zu meiner Zeit bei Bocuse war sein Salat aus zarten Bohnen, Schalottenwürfeln, vollreifen rohen Tomaten und Champignons der absolute Hit. Angemacht wurde dieser verführerische Appetitwecker mit einer feinen Salatsauce aus Olivenöl, würzigem Essig und einem Hauch Estragon und Knoblauch. Ich finde, diese Kreation ist heute noch genauso aktuell wie damals.

An heißen Sommertagen sind solche Vorspeisensalate mein liebstes Mittagessen. Knackiger Kopfsalat oder Romanasalat – mein Lieblingssalat – mit frischen Tomaten, jungen Lauchzwiebeln, Radieschen oder Salatgurken, mit gebratener Masthuhnbrust, Garnelen oder Thunfisch belegt, bestreut mit gerösteten Nüssen oder Keimlingen und übergossen mit einer cremigen Vinaigrette – das schmeckt und macht satt, ohne den Körper zu belasten.
Die Vinaigrette hat sich in der letzten Zeit erstaunlich verfeinert: Inzwischen ist auch bei uns das Angebot an guten Ölen und Essigsorten größer – und das freut mich sehr, denn je nach Zusammenstellung bekommen die Salate damit einen eigenen Stil. Olivenöl, Kernöl, Distelöl und die unterschiedlichsten Nußöle stehen zur Auswahl. Hinzu kommen Essige aus Sherry, Obst, Beeren, Honig und alten Weinen, die teuerer gehandelt werden als manch edler Wein. Ein echter Salatfan hat heute schon wie ein Barmixer eine Batterie an Flaschen – allerdings mit Öl und Essig – parat, um je nach Art des Salates und eigenen Vorlieben die passende Vinaigrette zu mixen. Probieren Sie munter drauflos, und wenn ich Ihnen einen Tip geben darf: Mischen Sie zum Schluß einige Tropfen Geflügel-, Kalbs- oder Wildjus unter die Vinaigrette, das macht sie nicht nur cremiger, sondern gibt ihr das Tüpfelchen auf dem „i". Aber wer hat im privaten Haushalt schon immer Jus zur Hand, werden Sie fragen. Oft ist das kein Problem: Fangen Sie einfach beim Tranchieren des Bratens den Fleischsaft auf, mischen Sie einen Löffel voll unter die Vinaigrette, und der Salat ist perfekt.
Gottlob sind die „sehr übersichtlichen" Ikebana-Teller mit zwei verlorenen Cocktailtomaten, einer noch kleiner geschnitzten Mini-Karotte und einem fast verschämt daliegenden Nocken von Lebermousse passé. Man hat sich wieder darauf besonnen, daß Essen, auch in einem Sternerestaurant, in erster Linie dazu da sein soll, den Hunger mit Genuß zu stillen und nicht den Gast in Bewunderung vor dem schönen Teller erstarren zu lassen.

Auch normale Portionen sind nicht astronomisch teuer, wenn man die Jahreszeit berücksichtigt. Jeder sehnt sich doch im Frühling nach den ersten Spargelstangen, frischen Morcheln oder jungen Hopfensprossen, die dann sanft mariniert und, wie zum Beispiel beim nebenstehenden Rezept, mit Jakobsmuscheln belegt ein kaum zu überbietender Gaumenschmaus sind. Ich kann es auch jedes Jahr wieder kaum erwarten, bis die ersten neuen Matjesheringe auf den Markt kommen – dann gibt es für mich nur ein Entrée: Grüne Bohnen mit Matjes!

Salat von grünem Spargel mit gefüllten Jakobsmuscheln und weißem Trüffel

Für 4 Personen
Zubereitungszeit: 1 Stunde 10 Minuten

Für den Spargelsalat:

20 Stangen grüner Spargel
Salz
3 EL Champagneressig
Saft von 1/2 Zitrone
1 Prise Zucker
2 EL Traubenkernöl
1 EL Walnußöl
1/2 TL Schalottenwürfel
1 EL gehackte, gemischte Kräuter (Petersilie, Kerbel, Estragon)

Für die gefüllten Jakobsmuscheln:

12 Jakobsmuscheln in der Schale
100 g frische Spinatblätter
20 g weißer Trüffel (vorzugsweise aus Alba)
1 EL Öl

Für den gemischten Salat:

60 g Bouchot-Muscheln
1 EL Öl
1 Thymianzweig
1 EL Schalottenwürfel
50 g Feldsalat
50 g Friséesalat
Salz, 1 Prise Zucker
4 EL Obstessig
1/2 EL Spinatsaft
1 EL Geflügeljus
2 EL Traubenkernöl
2 EL Walnußöl

1. Die Spargelstangen nur am unteren Ende schälen und in Salzwasser in etwa 10 Minuten bißfest kochen. Salz, Essig, Zitronensaft und Zucker so lange mit einem kleinen Schneebesen verrühren, bis sich Salz und Zucker aufgelöst haben. Die Öle dazugießen und so lange weiterrühren, bis eine cremige Salatsauce entstanden ist. Die gut abgetropften Spargelstangen in eine längliche Form legen und mit der Vinaigrette übergießen.

2. Die Jakobsmuscheln aus der Schale brechen, den roten Corail für ein anderes Gericht kühlstellen. Das Muschelfleisch sorgfältig säubern und waschen. Den Spinat gründlich waschen, kurz blanchieren und gut abtropfen lassen. Trüffel in feine Scheiben schneiden.

3. In das Muschelfleisch eine Tasche einschneiden und mit Spinat und Trüffelscheiben füllen.

4. Das Öl erhitzen und die Jakobsmuscheln bei schwacher Hitze langsam auf beiden Seiten braten.

5. Die Bouchot-Muscheln gründlich bürsten und waschen. 1 Eßlöffel Öl erhitzen, Thymian und Schalottenwürfel kurz darin andünsten und die Muscheln hineingeben. Unter Rütteln der Pfanne die Muscheln so lange braten, bis die Schalen aufspringen, dann von der Kochplatte nehmen.

6. Den Feld- und den Friséesalat putzen, gründlich waschen und trockenschleudern. Die restlichen Zutaten zu einer Vinaigrette verrühren und den Salat damit anmachen.

7. Auf einer Seite des Tellers die marinierten Spargelstangen anrichten, auf der anderen Seite den gemischten Salat. Die gefüllten Jakobsmuscheln in die Mitte des Tellers setzen und den Rest des rohen Trüffels darüberhobeln.

Meeresfrüchte in Gelee

Für 4 Personen
Zubereitungszeit: 30 Minuten
Kühlzeit: einige Stunden

100 g Gemüse, in sehr kleine Würfel geschnitten (Möhre, Zucchino, rote und gelbe Paprikaschote)
Salz
4 Austern in der Schale
200 g gegarte rosa Crevetten (Sägegarnelen)
16 gegarte und ausgelöste Muscheln (evtl. Bouchot-Muscheln)
1/4 l Fisch- oder Hummerfond, siehe Rezept Seite 59
3 Blatt weiße Gelatine
4 TL Crème fraîche
30 g Kaviar (Osietra oder Sevruga)
Dillzweige zum Garnieren

1. Die Gemüsewürfel kurz blanchieren und in Eiswasser abschrecken. Gut abtropfen lassen.

2. Die Austern aufbrechen, die Flüssigkeit auffangen. Das Austernfleisch auslösen und mit den Crevetten und Muscheln vermischen.

3. Gelatine in kaltem Wasser einweichen. Die Hälfte des Fisch- oder Hummerfonds erhitzen und die ausgedrückten Gelatineblätter darin auflösen. Den restlichen Fond und die Austernflüssigkeit untermischen und die Flüssigkeit abkühlen lassen.

4. Die Meeresfrüchtemischung in vier hübsche Gläser verteilen, mit der Gelierflüssigkeit übergießen und einige Stunden in den Kühlschrank stellen, bis sie genügend erstarrt ist.

5. Kurz vor dem Servieren das Gelee mit je einem Teelöffel Crème fraîche, etwas Kaviar, einer Austernschale und Dill garnieren.

Lachs- und Steinbutt-Tatar mit gebackener Auster

Rezept für 4 Personen
Zubereitungszeit: 30 Minuten
Kühlzeit: 30 Minuten

200 g frisches rohes Lachsfilet
100 g frisches rohes Steinbuttfilet
1 TL fein gehackte Lauchzwiebeln
Salz, frisch gemahlener weißer Pfeffer
etwas Zitronensaft
3 EL bestes Olivenöl
2 TL Zitronensaft
1/2 TL Aceto Balsamico
2 EL Fischfond
etwas gemahlener Koriander
4 Basilikumblätter
4 Belon-Austern
1 kleines Ei
2–3 EL frisch geriebenes Weißbrot
neutrales Öl zum Braten

1. Lachs- und Steinbuttfilet in winzige Würfel schneiden. Lauchzwiebeln dazugeben und mit Salz, Pfeffer, Zitronensaft und 1 Eßlöffel Olivenöl verrühren. Zugedeckt etwa 30 Minuten kühlstellen.

2. Zitronensaft, Essig, Salz und Pfeffer verrühren, dabei restliches Olivenöl und den Fischfond zugießen. Mit Koriander abschmecken und die streifig geschnittenen Basilikumblätter untermischen.

3. Die Austern öffnen, die Flüssigkeit auffangen und unter die Vinaigrette mischen. Austernfleisch aus den Schalen lösen und erst in verquirltem Ei, dann vorsichtig in den Weißbrotbröseln wenden.

4. Aus der Fischfarce vier Taler formen und im heißen Öl auf beiden Seiten kurz braten.

5. Herausnehmen, auf den Tellern verteilen und mit der Vinaigrette übergießen. Die panierten Austern ebenfalls auf beiden Seiten kurz braten und auf den Fischtalern anrichten.

Krebsterrine

Für 8–10 Personen
Zubereitungszeit: 4–5 Stunden

1/2 l kalte Tomatenconsommé
9 Blatt weiße Gelatine
18–20 ausgelöste Flußkrebse
2 EL Öl
Salz
100 ml Crème fraîche
150 ml saure Sahne
40 ml Sahne
frisch gemahlener weißer Pfeffer
Cayennepfeffer
etwas Zitronensaft
1 Prise Zucker
1 TL fein geschnittener Dill
3 EL gemischte, blanchierte Gemüsewürfel von Möhre, Sellerie, Zucchini

1. Von der Tomatenconsommé 100 ml erhitzen. 7 1/2 Blatt Gelatine in kaltem Wasser einweichen, fest ausdrücken und in der heißen Consommé auflösen. Mit der restlichen Consommé vermischen und 200 ml davon 1/2 cm hoch auf eine mit Folie ausgelegte tiefe Platte gießen, erstarren lassen.

2. Die Flußkrebse im heißen Öl kurz ansautieren, salzen und kühlstellen.

3. Crème fraîche, saure Sahne und Sahne verquirlen und mit Salz, Pfeffer, Cayennepfeffer, Zitronensaft und Zucker würzen, den Dill unterrühren. Die restliche Gelatine in kaltem Wasser einweichen und in wenig heißem Wasser auflösen. Zuerst 2 EL von der Sahnemischung mit der Gelatine verrühren, dann alles gründlich untermischen.

4. Das erstarrte Tomatengelee so zuschneiden, daß man eine halbrunde Terrinenform damit auskleiden kann. Die Sahne-Dillcreme einfüllen und etwa 30 Minuten kühlstellen.

5. Die abgekühlten Flußkrebse auf der Sahnemasse mit der Krümmung nach unten verteilen. Die Gemüsewürfel darübergeben und mit der zurückbehaltenen, leicht zu gelieren beginnenden Tomatenconsommé bedecken. Im Kühlschrank in etwa 3 Stunden erstarren lassen.

6. Die Terrinenform kurz in heißes Wasser tauchen, stürzen und die Terrine am besten mit einem Elektromesser in Scheiben schneiden.

E. W.
Bevor man den Muschelfond durch das Sieb gießt,
sollte man ihn ein paar Minuten stehen lassen, damit sich die
Sandkörnchen auf dem Boden absetzen.

Gratinierte Bouchot-Muscheln auf Spinat

Für 4 Personen
Zubereitungszeit: 45 Minuten

60 kleine Bouchot-Muscheln
1 Schalotte
1 Knoblauchzehe
1 kleine Petersilienwurzel
1 Tomate
2 EL Öl
1 Thymianzweig
1/2 Lorbeerblatt
1/8 l Weißwein
1/4 l Wasser
1 cl Noilly-Prat
350 ml Sahne
500 g junge Spinatblätter
40 g Butter
Salz, frisch gemahlener Pfeffer
frisch geriebene Muskatnuß
2 EL geschlagene Sahne

1. Die Muscheln unter fließendem kalten Wasser gründlich abbürsten und auf einem Sieb abtropfen lassen. Geöffnete Muscheln wegwerfen. Schalotte, Knoblauchzehe und Petersilienwurzel schälen, die Tomate kurz überbrühen, häuten, halbieren und entkernen. Alles in kleine Würfel schneiden.

2. Das Öl in einem Kochtopf erhitzen und das Gemüse darin andünsten. Thymian, Lorbeerblatt und Muscheln dazugeben, mit Wein, Wasser und Noilly Prat aufgießen. Den Topf mit dem Deckel verschließen und die Muscheln in wenigen Minuten aufspringen lassen.

3. Die Muscheln aus dem Sud heben und das Fleisch aus den Schalen lösen. Das Muschelfleisch warmhalten, den Sud durch ein mit einem Tuch ausgelegtes Haarsieb gießen. Den Muschelfond auf 200 ml einkochen lassen, dann die Sahne dazugießen und sämig einkochen lassen.

4. Die Spinatblätter verlesen, gründlich waschen und in kochendem Salzwasser einmal aufkochen lassen. Auf ein Sieb schütten und mit kaltem Wasser überbrausen. Abtropfen lassen. 20 g Butter erhitzen, bis sie aufschäumt, die Spinatblätter darin in wenigen Minuten zusammenfallen lassen. Mit Salz, Pfeffer und Muskat würzen. Den Grill vorheizen.

5. Den Spinat auf vier feuerfeste Förmchen oder Schalen verteilen. Das ausgelöste Muschelfleisch in der restlichen Butter kurz erwärmen und auf dem Spinat verteilen. Die Sahnesauce mit einem Stabmixer kurz durchquirlen, die geschlagene Sahne unterziehen und die Muscheln damit bedecken. Unter dem heißen Grill in wenigen Minuten goldbraun gratinieren.

E. W.
Bouchot-Muscheln, ursprünglich an Weidenruten gezüchtet,
enthalten weit weniger Sand als die wild aufwachsenden Muscheln.
Die besten kommen aus Nordfrankreich und Galizien.

Melonenhälften mit marinierten Flußkrebsen gefüllt

Für 4 Personen
Zubereitungszeit: 40 Minuten

2 Ogenmelonen
24 Flußkrebse
Für die Cocktailsauce:
200 g Mayonnaise
2 EL Tomatenketchup
1 EL Grand Marnier
etwas frisch geraspelte Ingwerwurzel
etwas Cayennepfeffer
Salz
2 EL Orangensaft
1 EL Zitronensaft
2 EL geschlagene Sahne
Für die Garnitur:
Herzblätter eines Staudenselleries

1. Die Melonen halbieren und die Kerne auskratzen. Das Fruchtfleisch bis zum Rand mit einem Kugelausstecher herausbohren.

2. Die Flußkrebse in sprudelnd kochendes Wasser werfen und etwa 6 Minuten kochen. Mit einem Schaumlöffel herausheben, Schwänze und Scheren aufbrechen und das Fleisch herauslösen.

3. Mayonnaise mit Ketchup und Grand Marnier glattrühren und mit Ingwer, Cayennepfeffer, Salz und den Zitrussäften würzig abschmecken. Zum Schluß die Schlagsahne locker unterziehen.

4. Melonenkugeln und Flußkrebse mit dieser Cocktailsauce vermischen und in die Melonenhälften füllen. Mit Sellerieblättern und Krebspanzern garnieren.

Lauwarmer Seeteufelrücken mit kalter Thunfischsauce und Kapern

Für 4 Personen
Zubereitungszeit: 30 Minuten

600 g Seeteufel (Mittelstück mit Gräte)
Salz, frisch gemahlener weißer Pfeffer
2 EL Olivenöl, 20 g Butter
Für die Sauce:
1 kleine Möhre, 1 Schalotte
1 Knoblauchzehe
2 EL bestes Olivenöl
50 g Thunfisch in Öl, 1 fein gehackte Sardelle
1 Lorbeerblatt, 5 Pfefferkörner
1 Msp Paprikapulver, 1 Msp Dijonsenf
2 cl Riesling, 4 cl Fischfond
30 g Mayonnaise, siehe Seite 67
30 g Crème fraîche
etwas frisch gepreßter Zitronensaft
2 EL kleine Kapern, 1/2 Bund Brunnenkresse

1. Den Seeteufel häuten, waschen und trocknen, salzen und pfeffern. Backofen auf 160 °C vorheizen.

2. Öl und Butter in einer Pfanne aufschäumen lassen, den Fisch auf beiden Seiten sanft anbraten. 6 bis 8 Minuten in den Backofen stellen.

3. Für die Sauce Möhre, Schalotte und Knoblauch schälen, klein würfeln und in Öl dünsten. Abgetropften Thunfisch zerdrücken, mit Lorbeerblatt, Sardelle und Gewürzen zugeben. Wein und Fischfond aufgießen, 10 Minuten köcheln lassen. Pfefferkörner und Lorbeer herausfischen, die Sauce pürieren. Durch ein Sieb streichen, kurz abkühlen lassen. Mayonnaise und Crème fraîche unterrühren, mit Zitronensaft und Salz abschmecken.

4. Das Seeteufelfleisch von der Mittelgräte lösen und in Scheiben schneiden. Die Sauce auf vier Teller verteilen, die Fischscheiben darauf anrichten und mit Kapern und den abgezupften Brunnenkresseblättern bestreuen.

Salat von gefüllten Calamari mit rosa Crevetten, Muscheln und Basilikum-Vinaigrette

Für 4 Personen
Zubereitungszeit: 1 1/2 Stunden

4 mittelgroße Calamari (geputzt und gewaschen)
1 Möhre
1 Stange Staudensellerie
1 dünne Lauchstange
1 Lorbeerblatt
5 schwarze Pfefferkörner
1 Zwiebel
8 EL Olivenöl
60 g Risotto Reis, z.B. Arborio oder Vialone
Salz
1/2 l trockener Weißwein
1/2 l Fischfond
200 g rosa Crevetten
frisch gemahlener weißer Pfeffer
1 Knoblauchzehe
1 Bund glatte Petersilie
4 Tomaten
1 Thymianzweig
100 g Bouchot-Muscheln
100 g Venus-Muscheln
2 Handvoll gemischte Salate, z.B. Frisée, Feldsalat, Radicchio, Löwenzahn, Rucola
Für die Vinaigrette:
1 EL Champagneressig
Salz, frisch gemahlener Pfeffer
4 EL bestes Olivenöl
1/2 Bund Basilikum
1/2 Bund Kerbel

1. Die küchenfertigen Calamari mit der kleingeschnittenen Möhre, Staudensellerie, Lauch, dem Lorbeerblatt und den Pfefferkörnern in einen Topf geben, mit Wasser bedecken und etwa 1 Stunde bei schwacher Hitze köcheln lassen.

2. Die Zwiebel schälen, in Würfel schneiden und in 2 Eßlöffeln von dem Olivenöl glasig braten. Den Reis dazugeben, salzen und glasig schmoren. Mit 100 ml Weißwein ablöschen und unter Rühren köcheln lassen, dabei immer wieder von dem heißen Fischfond aufgießen. So lange garen, bis der Risotto den gewünschten „Biß" hat. Den Topf von der Herdplatte nehmen und abkühlen lassen.

3. In einer Pfanne 2 Eßlöffel Olivenöl erhitzen und die Crevetten kurz darin anbraten. Mit Salz, Pfeffer und 1/2 zerdrückten Knoblauchzehe würzen. Die Hälfte der Petersilie fein hacken und mit den Crevetten unter den Reis mischen.

4. Die gekochten Calamari gut abtropfen lassen und mit der Reismischung locker füllen, die Öffnungen mit jeweils zwei Zahnstochern verschließen. Den Backofen auf 200 °C vorheizen.

5. Die Tomaten kurz mit kochendem Wasser überbrühen, häuten, halbieren, entkernen und die Hälften in Würfel schneiden. 2 Eßlöffel Olivenöl in einem flachen Topf erhitzen und die Tomatenstücke hineingeben. Die gefüllten Calamari daraufsetzen, mit der restlichen gehackten Petersilie bestreuen und mit Pergamentpapier abdecken, 10 Minuten in den heißen Backofen stellen.

6. Inzwischen das restliche Öl in einer Sauteuse erhitzen, restlichen zerdrückten Knoblauch und Thymian sowie die geputzten Muscheln dazurühren und mit dem zurückbehaltenen Weißwein ablöschen. Zugedeckt köcheln lassen, bis sich die Muscheln öffnen.

7. Die Salatblätter waschen, trockenschleudern und mit einer Vinaigrette aus Essig, Salz, Pfeffer und Olivenöl vermischen. Den Salat auf vier großen Tellern zu einem Beet ausbreiten. Die Calamari halbieren und mit den Muscheln darauf verteilen. Mit abgezupften Basilikum- und Kerbelblättern sowie den gedünsteten Tomatenwürfeln garnieren.

Marinierte Blumenkohlröschen mit Möhren und gebratenen Garnelen

Für 4 Personen
Zubereitungszeit: 50 Minuten

1 mittelgroßer Blumenkohl
2 Bund möglichst kleine Möhren
Salz, 1 EL Honig, 1 EL Zucker
Saft von 2 Zitronen
200 ml Möhrensaft, 400 ml neutrales Öl
40 g Friséesalat, 30 g kleinblättriger Feldsalat
2 EL bestes Olivenöl, 30 g Butter
8 Wildwassergarnelen
1/2 TL fein geschnittene Estragonblätter
1 EL abgezupfte Kerbelblätter

1. Den Blumenkohl putzen und in kleine Röschen zerteilen. Möhren schälen und beides in kochendem Salzwasser bißfest kochen.

2. Honig, Zucker und Salz mit einem kleinen Schneebesen verrühren. Nach und nach Zitronensaft, Möhrensaft und Öl zugießen und zu einer cremigen Sauce verquirlen. Das gut abgetropfte Gemüse mit der Vinaigrette vermischen und mindestens 15 Minuten ziehen lassen.

3. Frisée- und Feldsalat putzen, gründlich waschen und in einer Salatschleuder trockenschleudern.

4. Olivenöl und Butter in einer Pfanne erhitzen und die Garnelen wenige Minuten darin braten. Salzen, mit Estragon bestreuen und kurz durchschwenken.

5. Frisée- und Feldsalat auf vier Tellern anrichten. Den Gemüsesalat darüber verteilen, die gebratenen Garnelen daraufsetzen und mit der Möhrenvinaigrette beträufeln. Mit Kerbel bestreuen.

Parfait von frischer Geflügelleber

Für 12 Personen
Zubereitungszeit: 1 Stunde 50 Minuten
Marinierzeit: einige Stunden

30 g Sultaninen
1 Tasse schwarzer Tee
10 g grüne Pfefferkörner
400 g frische Masthuhnleber
400 g Butter
1 Schalotte
1 Msp durchgepreßter Knoblauch
Salz
1 cl Weißwein
1 cl Madeira
1 cl Portwein
1 cl Cognac
150 g frischer, ungesalzener Speck in dünnen Scheiben
frisch gemahlener weißer Pfeffer
frisch geriebene Muskatnuß
etwas Gewürzsalz oder Pökelsalz
1 Prise gerebelter Majoran
2 Eier
1 cl Trüffelsaft
2 frische Lorbeerblätter
2 Thymianzweige

1. Sultaninen über Nacht im schwarzen Tee einweichen, die Pfefferkörner in Wasser legen.

2. Am nächsten Tag die Masthuhnleber durch ein feines Haarsieb streichen.

3. Die Butter (bis auf 10 g) in einer Pfanne zerlaufen lassen, dann den Schaum abschöpfen. Die Schalotte schälen, fein hacken, den durchgepreßten Knoblauch mit etwas Salz zerreiben und beides in der restlichen Butter glasig dünsten. Mit Weißwein ablöschen und völlig einkochen lassen.

4. Madeira, Portwein und Cognac in einer Sauteuse zur Hälfte einkochen lassen. Zur Seite stellen.

5. Eine Terrinenform mit den Speckscheiben auslegen. Den Backofen auf 120 °C vorheizen.

6. Die passierte Geflügelleber in einen Mixer geben, mit Salz, Pfeffer, Muskat, Gewürz- oder Pökelsalz, Majoran, der Schalotten-Knoblauchreduktion und den eingekochten Spirituosen würzen, den Mixer einschalten und nach und nach die Eier und die abgeschäumte lauwarme Butter dazugeben, mit Trüffelsaft aromatisieren.

7. Die Masse in die ausgekleidete Terrinenform füllen, die Oberfläche glattstreichen und mit den abgetropften Sultaninen und Pfefferkörnern belegen. Die überlappenden Speckseiten darüberklappen und mit Lorbeerblättern und Thymian belegen.

8. Die Form in ein heißes Wasserbad stellen und im vorgeheizten Backofen ca. 1 Stunde pochieren.

9. Vor dem Aufschneiden einige Stunden, besser noch über Nacht, abkühlen und ruhen lassen.

E. W.
Diese Terrine ist seit vielen Jahren ein
Klassiker in der Aubergine.
Ich bin der Meinung, wirklich exzellente Rezeptkreationen
sollten nicht verändert werden.

Warme Kaninchenpastete in Blätterteig

Für 4 Personen
Zubereitungszeit: 50 Minuten

250 g ausgelöster Kaninchenrücken
100 g frischer fetter Speck
50 g Gänsestopfleber
150 ml Sahne
1 EL Kaninchen- oder Kalbsjus
1 EL Trüffelsaft
2 eingelegte Trüffeln
Salz, frisch gemahlener Pfeffer
200 g fertiger Blätterteig
1 Eigelb

1. Das Fleisch von Haut und Sehnen befreien und in Stücke schneiden. Speck und Leber kleinschneiden und mit dem Kaninchenfleisch durch die feine Scheibe des Fleischwolfes drehen.

2. Das durchgedrehte Fleisch in eine Schüssel geben und unter kräftigem Rühren Sahne, Jus und Trüffelsaft dazugießen. Die Trüffeln in kleine Würfel schneiden und unterrühren. Mit Salz und Pfeffer würzig abschmecken und die Fleischmasse kurz ins Tiefkühlfach stellen.

3. Den Backofen auf 200 °C vorheizen.

4. Den Blätterteig ausrollen und in vier gleich große Quadrate schneiden. Auf jedes Teigblatt ein Viertel von der Füllung geben und zu einem Dreieck zusammenklappen. Die Ränder gut festdrücken und mit verquirltem Eigelb bestreichen. Wer möchte, verziert die Oberfläche der Taschen noch mit ausgestochenen Blätterteigfiguren.

5. Im heißen Backofen in 12 bis 15 Minuten goldbraun und knusprig backen. Lauwarm mit einem kleinen Salat servieren.

E. W.
Diese Pastetchen sind ideale Snacks für eine Party, da sie auch kalt gut schmecken. Man kann dafür die gefüllten Taschen einfrieren und bei Bedarf kurz im heißen Backofen aufbacken. Auch Reh-, Kalb- oder Geflügelfleisch eignet sich für die Füllung, die Masse muß nur vor dem Weiterverarbeiten gut gekühlt werden. Statt der Trüffel kann man auch grob gehackte Pistazien oder marinierte Rosinen unter die Fleischmasse mischen.

Kartoffelrösti mit Gemüsetatar

Für 4 Personen
Zubereitungszeit: 50 Minuten

Für das Gemüsetatar:

je 50 g Möhre, Staudensellerie, Radieschen, Spargel, Lauchzwiebel und Tomate

3 EL kleine Kapern

1 Rezept Sauce Tatar von Seite 67

Für die Kartoffelrösti:

500 g festkochende Kartoffeln

Salz, frisch gemahlener Pfeffer

frisch geriebene Muskatnuß

Öl zum Braten

Außerdem:

einige Salatblätter

2 EL gehackte Kräuter, z.B. Schnittlauch, Kerbel, Basilikum und Estragon

1. Gemüse waschen, putzen, falls nötig schälen und in sehr kleine Würfel schneiden. Mit Salz und Pfeffer würzen und die Kapern dazugeben. So viel Sauce Tatar unterrühren, bis eine geschmeidige Masse entsteht. Kühlstellen.

2. Kartoffeln waschen, schälen und grob raspeln. Mit Salz, Pfeffer und Muskat würzen .

3. Etwas Öl in einer beschichteten Pfanne erhitzen und mit einem Eßlöffel kleine Häufchen Kartoffelraspeln in das heiße Fett setzen. Mit dem Löffelrücken flachdrücken, so daß dünne Plätzchen von etwa 7 cm Durchmesser entstehen. Auf beiden Seiten goldbraun und knusprig braten.

4. Jeweils ein Plätzchen mit einer Schicht Gemüsetatar belegen, ein Rösti darauflegen und dies zweimal wiederholen. Mit Kräutern bestreuen und mit Salatblättern garnieren.

Marinierte Scheiben von Kalbsfilet mit schwarzen Oliven und Pesto

Für 4 Personen
Zubereitungszeit: 20 Minuten

1 Kalbsfilet von ca. 700 g

400 g Eiertomaten

Salz, frisch gemahlener weißer Pfeffer

5 EL bestes Olivenöl

100 g eingelegte, entkernte schwarze Oliven

4 EL Pesto (siehe Rucolapesto Seite 106, jedoch statt Rucola Basilikum verwenden)

60 g junger Parmesan

2 Zitronen

1. Vom gut gekühlten Kalbsfilet eventuell Fett und Sehnen entfernen. Das Filet in dünne Scheiben schneiden und zwischen zwei Gefrierbeuteln mit der glatten Seite eines Fleischklopfers flachklopfen.

2. Die Tomaten waschen und ohne Stielansätze in sehr dünne Scheiben schneiden. Vier Teller damit auslegen und mit Salz und Pfeffer würzen. Die hauchdünnen Kalbsfiletscheiben locker darauflegen und mit Olivenöl bepinseln.

3. Die Oliven in schmale Stifte schneiden und darüberstreuen. Zum Schluß Pesto und frisch gehobelten Parmesan darüber verteilen und mit je einer Zitronenhälfte servieren.

Wachteln auf winterlichem Salat

Für 4 Personen
Zubereitungszeit: 40 Minuten

2 Wachteln mit Lebern und Herzen
Salz, frisch gemahlener Pfeffer
4 Wacholderbeeren
1 TL Rosmarinnadeln
5 EL Öl
20 g Butter
1 EL Aceto Balsamico
2 kleine festkochende Kartoffeln
2 eingelegte schwarze Trüffeln
1 EL frisch gehackte Majoranblätter
2 Handvoll gemischte, winterliche Salatblätter, z.B. Feldsalat, Radicchio, Eichblatt- und Bataviasalat

Für die Vinaigrette:
1 EL Sherryessig
1 TL Aceto Balsamico
1/2 TL Trüffeljus
Salz, frisch gemahlener Pfeffer
1 Prise Zucker
1 EL Nußöl
3 EL Olivenöl

Außerdem:
1 Knoblauchzehe
1 EL abgezupfte Kerbelblätter

1. Die Wachteln waschen, trockentupfen und mit einem großen Messer längs halbieren. Herzen und Lebern auslösen und zur Seite legen. Die Wachtelhälften mit Salz und Pfeffer einreiben. Wacholderbeeren und Rosmarin im Mörser zerstoßen.

2. Einen Eßlöffel Öl und die Butter in einer Pfanne erhitzen, die Wachtelhälften darin anbraten. Mit der Wacholder-Rosmarinmischung bestreuen, den Balsamessig darübergießen und die Wachteln unter Wenden rosa braten.

3. Die Kartoffeln schälen und in dünne Scheiben hobeln. In 3 Eßlöffeln Öl goldbraun und knusprig braten. Die Trüffeln in Scheiben schneiden und in der restlichen Butter kurz heißschwenken. Die Wachteln herausnehmen und etwas ruhen lassen. Lebern und Herzen in kleine Würfel schneiden und in dem verbliebenen Bratfett kurz anbraten. Mit Majoran, Salz und Pfeffer würzen.

4. Die Salatblätter waschen und gut abtropfen lassen. Die Zutaten für die Vinaigrette verrühren. Eine Salatschüssel mit der halbierten Knoblauchzehe ausreiben, die Salatblätter hineingeben und mit der Vinaigrette vermischen.

5. Jeweils eine Wachtelhälfte auf einem großen Teller anrichten, mit den marinierten Salatblättern umlegen und mit Kartoffelchips, Leber- und Herzwürfeln und den Kerbelblättern bestreuen.

E. W.
Man kann das Brustfleisch der Wachteln auch nach dem Braten auslösen und in Scheiben geschnitten auf dem Salat verteilen. Ich mag es aber lieber, wenn ich das saftige Fleisch von den Knochen nagen kann.

Roh marinierte Pilze mit gebackenem Kalbshirn

Für 4 Personen
Zubereitungszeit: 45 Minuten

300 g kleine, feste Steinpilze
300 g kleine Pfifferlinge
1 Staude Löwenzahnsalat
2 Kalbshirne
Salz, 2 EL Weißweinessig
1 Ei, 4 EL Öl
3 EL frisch geriebenes Weißbrot
etwas Zitronensaft
Für die Sardellensauce:
1/2 Knoblauchzehe
2 Eigelbe
1/8 l Öl (halb Oliven-, halb Sonnenblumenöl)
Saft von 1/2 Zitrone
Salz, frisch gemahlener Pfeffer
1 Spritzer Worcestersauce
1 gehacktes Sardellenfilet
1 TL fein geschnittener Schnittlauch
1 EL Schalottenwürfel
Für die Vinaigrette:
1–2 EL Weißweinessig
Salz, frisch gemahlener Pfeffer
1 Prise Zucker
4 EL bestes Olivenöl, 2 EL Kalbsjus
Außerdem:
1 EL fein geschnittener Schnittlauch

1. Die Pilze putzen und in feine Scheiben schneiden. Löwenzahnsalat putzen, waschen und in mundgerechte Stücke zerteilen.

2. Die Kalbshirne wässern und unter fließendem lauwarmem Wasser enthäuten. 1 l Wasser mit Salz und Essig zum Kochen bringen, die Hirne hineinlegen und einmal aufkochen lassen. Von der Kochplatte nehmen und 5 Minuten ziehen lassen. Mit einem Schaumlöffel herausheben und abkühlen lassen. Dann in Scheiben schneiden und erst im verquirlten Ei, dann in den Weißbrotbröseln wenden. Die Panierung gut festdrücken.

3. Das Öl in einer Pfanne erhitzen und die Hirnscheiben bei mittlerer Hitze auf beiden Seiten goldbraun braten. Mit etwas Zitronensaft beträufeln.

4. Für die Sardellensauce die Eigelbe in eine mit einer halbierten Knoblauchzehe ausgeriebene Schüssel geben, unter ständigem Schlagen mit dem Schneebesen das Öl zugießen. Mit 1–2 Teelöffeln heißem Wasser verdünnen und mit Zitronensaft, Salz, Pfeffer und Worcestersauce würzen. Sardelle, Schnittlauch und Schalottenwürfel dazugeben.

5. Eine Vinaigrette aus den Zutaten rühren und mit der Hälfte davon den Löwenzahnsalat anmachen. Die Steinpilze auf vier Tellern sternförmig anrichten und mit der restlichen Vinaigrette beträufeln. Die Hirnscheiben darauflegen und mit dem angemachten Salat umkränzen. Mit der Sardellensauce beträufeln und mit Schnittlauch bestreuen.

E. W.
Statt Kalbshirn können Sie auch Kalbsbries nehmen: Sauber putzen,
kurz überbrühen und in Röschen zerteilen.
Wie oben panieren und in Öl ausbacken, auf den Pilzen verteilen.

Gekochte Rinderbäckchen mit Bohnen und Dillvinaigrette

Für 4 Personen
Zubereitungszeit: 3 1/2 Stunden

2 gepökelte Rinderbäckchen
1 dünne Stange Lauch
1 Möhre
2 Petersilienwurzel
1 mit Lorbeerblatt und Nelke gespickte Zwiebel
Salz
einige Pfefferkörner
350 g Keniabohnen
1 Schalotte
2 EL Räucherspeckwürfel
1 EL Öl
1 Bund Radieschen
30 g Feldsalat
Für die Dillvinaigrette:
100 ml Champagneressig
80 ml Fleischbrühe
2 EL Zucker
1 EL Salz
250 ml Öl
2 Bund Dill

1. Die Rinderbäckchen waschen und mit dem geputzten, kleingeschnittenen Gemüse und der Spickzwiebel in kochendes Salzwasser legen. Die Pfefferkörner dazugeben, einmal aufwallen lassen, dann bei schwacher Hitze 2 1/2 bis 3 Stunden garen. Anschließend in der Brühe abkühlen lassen.

2. Von den Keniabohnen die Enden abknipsen und die Bohnen längs halbieren. Kurz in kochendem Salzwasser blanchieren, in eiskaltem Wasser abschrecken. Die Schalotte schälen, in kleine Würfel schneiden und mit den Speckwürfeln in heißem Öl glasig dünsten. Radieschen und Feldsalat putzen und waschen. Die Radieschen zuerst in dünne Scheiben, dann in feine Streifen schneiden. Den Feldsalat trockenschleudern.

3. Für die Vinaigrette Essig, Brühe, Zucker, Salz und Öl in einen Mixer geben. Die Dillspitzen von den Stengeln zupfen, zugeben und so lange kräftig mixen, bis eine cremige Sauce entstanden ist.

4. Die abgekühlten Rinderbäckchen in sehr dünne Scheiben aufschneiden. Die Speck-Schalottenmischung auf vier Teller verteilen, die Fleischscheiben darauf anrichten und mit den Radieschenstreifen und den Bohnen bestreuen. Mit dem Feldsalat umlegen und mit der Dillvinaigrette üppig beträufeln.

E. W.
Gepökelte Rinderbäckchen sind ein besonders saftiger Genuß, allerdings nicht so leicht zu bekommen. Deshalb rechtzeitig beim Metzger vorbestellen.

Vinaigrette auf Balsamessig-Basis

Für ca. 1/4 l Vinaigrette
Zubereitungszeit: 10 Minuten

60 ml Aceto Balsamico (mind. 10 Jahre alt)
40 ml Rinderconsommé
1 TL Salz
frisch gemahlener Pfeffer
160 ml bestes Olivenöl
Außerdem:
2 EL Tomatenwürfel
1–2 EL streifig geschnittene Basilikumblätter
1 EL Schalottenwürfel

1. Balsamessig, Consommé, Salz und Pfeffer so lange mit einem kleinen Schneebesen kräftig rühren, bis sich das Salz aufgelöst hat. Dann unter weiterem Rühren das Olivenöl zugießen.

2. Kurz vor dem Anmachen des Salates die frischen Tomatenwürfel, Basilikumstreifen und die Schalottenwürfel untermischen.

Vinaigrette auf Obstessig-Basis

Für ca. 1/4 l Vinaigrette
Zubereitungszeit: 10 Minuten

50 ml Rinderconsommé
50 ml Obstessig
1 EL Zucker
1 TL Salz
1 TL Dijonsenf
frisch gemahlener weißer Pfeffer
frisch geriebene Muskatnuß
200 ml Sonnenblumenöl
Außerdem:
frische gehackte Kräuter oder/und Schalottenwürfel

1. Consommé, Essig, Zucker, Salz und Senf so lange mit einem kleinen Schneebesen verrühren, bis Salz und Zucker vollständig aufgelöst sind. Mit Pfeffer und Muskat würzen, dann unter ständigem Weiterrühren das Öl zugießen.

2. Die Vinaigrette in eine Flasche füllen und bei Bedarf die gewünschten Kräuter und die Schalottenwürfel dazugeben.

E. W.
Die Balsamessig-Vinaigrette nehme ich gern für Bittersalate wie Rucola, Radicchio oder Löwenzahn. Der Geschmack dieser Salatmarinade hängt natürlich in erster Linie von dem Aceto Balsamico ab. Je länger er reift, um so köstlicher wird dieser unvergleichliche Essig aus der Provinz Modena und Reggio Emilia. Ich selbst nehme für die Vinaigrette einen 10jährigen Aceto, das ist zwar eine kostspielige Angelegenheit, aber mir ist das ein guter Salat wert.

Koriander-Vinaigrette

Für ca. 1/8 l Vinaigrette
Zubereitungszeit: 10 Minuten

3 EL trockener Amontillado Sherry
1/2 TL Dijonsenf
Salz, frisch gemahlener Pfeffer
Saft von 1 Zitrone
2 EL Sherryessig
4 Korianderkörner
100 ml Olivenöl
1 EL frisch gehacktes Koriandergrün (Cilantro)

1. Den Sherry mit Senf, Salz, Pfeffer, Zitronensaft und Essig verrühren. Die Korianderkörner im Mörser zerstoßen und zugeben.

2. Unter ständigem Rühren mit dem Schneebesen das Olivenöl zugießen, zum Schluß das gehackte Koriandergrün untermischen.

Kartoffeldressing

Für ca. 1/4 l Salatsauce
Zubereitungszeit: 30 Minuten

3 kleine, festkochende Kartoffeln
1 EL Schalottenwürfel
2 EL Estragonessig
2 Eigelbe
200 ml Öl
4–5 EL kräftige Fleischbrühe
Salz, frisch gemahlener Pfeffer
1 Bund Schnittlauch

1. Kartoffeln waschen und in wenig kochendem Wasser garen. Schälen und sofort durch eine Kartoffelpresse drücken. Mit Schalottenwürfeln, Essig und Eigelben vermischen und unter weiterem Rühren in einem dünnen Strahl das Öl zugießen.

2. So viel Brühe zugeben, daß eine cremige Sauce entsteht. Mit Salz und Pfeffer würzen, zum Schluß den fein geschnittenen Schnittlauch untermischen.

E. W.
Die asiatisch inspirierte Koriander-Vinaigrette harmoniert gut mit jungen Spinatblättern, belegt mit kurz gebratenem Seeteufel oder Krustentieren. Amontillado ist ein bernsteinfarbener, vollmundiger Sherry, der häufig auch halbtrocken angeboten wird.
Für die Sauce aber unbedingt trockenen Amontillado nehmen, sonst bekommt sie einen zu intensiv-süßlichen Geschmack.

SUPPEN UND EINTÖPFE

Mein liebster Suppenpartner
ist die Kartoffel

Jeden Sonntag, gleich nach der Kirche, stellte meine Mutter einen großen Suppentopf auf die Herdplatte, bräunte halbierte Zwiebelhälften darin an, gab Fleischknochen und fettmarmoriertes Rindfleisch dazu und füllte den Topf mit kaltem Wasser auf. Bis zum Mittagessen köchelte die Brühe langsam vor sich hin, und zum Schluß legte sie ein Sträußchen Maggikraut (Liebstöckel) hinein. Mit Grießnockerln, Pfannkuchenstreifen oder Leberspätzle, der Lieblingseinlage meines Vaters, kam dann die dampfend heiße Suppe auf den Tisch. Das aromaspendende, gekochte Rindfleisch wurde am Montag zu einem Kartoffel-Gröstl verarbeitet.
Meine Vorliebe für konzentrierte, klare Brühen ist geblieben, heute mehr denn je, da ich auf meine Figur achten will. Eine gute Consommé mit Gemüseeinlage oder Kalbfleischklößchen ist einfach wesentlich kalorienärmer als eine samtige Cremesuppe. Was man an Kalorien einspart, muß man allerdings in Zeit investieren. Denn für eine kräftige Fleischbrühe gilt ganz besonders das alte Sprichwort: „Gut Ding will Weile haben." Es sind schon einige Stunden bei sanften Temperaturen nötig, damit sich die aromagebenden Extraktstoffe aus Fleisch und

Knochen lösen können. Gemüse und Kräuter legt man dagegen besser erst etwa 1 Stunde vor Ende der Kochzeit hinein, nur dann kommen die feinen Aromen richtig zu Geltung. Als ich noch tagtäglich bis spät nachts in der „Aubergine" am Herd stand, war es oft einfach ein Täßchen Consommé, am liebsten mit fein gewürfeltem Ochsenmark und Gemüsewürfeln, gewürzt mit einem Hauch Muskat, das mich wieder fit machte.
Während meiner Zeit in Frankreich entdeckte ich wie herrlich dort eine Bouillabaisse, eine Muschelsuppe oder eine Hummersamtsuppe schmecken. So eine frisch gekochte Fischsuppe aus all den sonst nicht so begehrten, grätenreichen, aber dafür um so würzigeren Fischen, von den Fischern am Meer gekocht und aus dickwandigen Terrinen gelöffelt, ist sicherlich nicht nur für mich ein unvergeßliches kulinarisches Erlebnis.

Welche Fische ich für eine Suppe nehme, entscheide ich immer erst beim Fischhändler. Die Fischart ist zweitrangig – fangfrisch muß er sein. Im Gegensatz zur Fleischbrühe dürfen Fische nicht zu lange im siedenden Wasser bleiben, da die Brühe sonst trüb und etwas schleimig wird. Auch beim Gemüse sollte man zurückhaltender sein. Ich füge immer nur wenige, ausschließlich helle Gemüsesorten wie das Weiße vom Lauch, Stangen- und Knollensellerie und vielleicht noch Schalotten hinzu. Einige Kräuterstengel und Pfefferkörner sorgen für die ausgewogene Würze.

Besonders ein Klassiker, die deutscheste aller Suppen, die Kartoffelsuppe, liegt mir am Herzen. Sie ist nicht nur beliebt, sondern auch vielseitig zu variieren. Es gibt keine andere Grundzutat, die sich so gut mit anderen Produkten verträgt wie eine mehlig-kochende Kartoffel. Ob man sie nun mit Speck und Majoran, Kräutern und Sahne, Spargel und Schinken oder mit Fischfond und Räucherfischstückchen kombiniert – für jeden Geschmack und Anlaß gibt es eine passende Kartoffelsuppe.

Die „In-Suppen" sind aber zur Zeit samtige Gemüsesüppchen, da sie für ein kalorienarmes Eßvergnügen gehalten werden. Aber mal ganz ehrlich, so eine Möhren- oder Erbsensuppe ohne die samtige Konsistenz, die eben nur Sahne oder Butter verleihen können, ist nur das halbe Vergnügen. Ich gebe mich deshalb lieber mit einer kleinen Tasse gehaltvoller Gemüsecremesuppe zufrieden, als einen großen Teller figurfreundlicher Suppe auszulöffeln, die mir nicht so gut schmeckt.
Eine Gemüsesuppe ist zur Zeit leider ein wenig aus der Mode gekommen, aber mir läuft schon bei dem Gedanken an eine duftende, goldbraun überkrustete Zwiebelsuppe nach wie vor das Wasser im Munde zusammen.
Die in der Mittelmeer-Küche so beliebten kalten Gemüsesuppen haben bei uns kaum eine Chance. Schade, denn an heißen Sommertagen gibt es keine köstlichere Erfrischung als eine gut gekühlte Gazpacho oder Vichyssoise.
Suppen, klar oder gebunden, können Appetitanreger, Sattmacher, Einleiter eines Menüs, gehaltvolle Hauptgerichte und sogar süße Desserts sein. Einige Anregungen für erfrischende süße Kaltschalen finden Sie im Dessertkapitel.

Schwarzwurzelcremesuppe mit Schinkennockerln

Für 4 Personen
Zubereitungszeit: 1 Stunde

400 g Schwarzwurzeln (250 g geputzt)
2 Stangen Staudensellerie
2 Lauchzwiebeln (50 g)
40 g Butter
Salz
frisch geriebene Muskatnuß
1/2 l Geflügelfond
150 ml Sahne
Für die Schinkenklößchen:
50 g Butter
40 g frisches Rindermark
3 Eigelbe
60 g gekochter Schinken
1 Schalotte
50–60 g frisch geriebenes Weißbrot ohne Rinde
Salz, frisch gemahlener weißer Pfeffer
frisch geriebene Muskatnuß
1 TL gehackte Petersilie

1. Die Schwarzwurzeln am besten unterm fließenden kalten Wasser schälen und in Stücke schneiden. Von den Selleriestangen die Blätter abschneiden und zur Seite legen. Die Stangen und die geputzte Lauchzwiebel in kleine Würfel schneiden, beides sachte in 30 g Butter andünsten. 200 g Schwarzwurzeln dazugeben und mitdünsten. Mit Salz und Muskat würzen und den Geflügelfond aufgießen. 10–12 Minuten bei schwacher Hitze kócheln lassen.

2. Inzwischen für die Schinkenklößchen 40 g weiche Butter mit dem ebenfalls weichen Rindermark cremig rühren. Nach und nach die Eigelbe dazugeben. Schinken und Schalotte in kleine Würfelchen schneiden und in der restlichen Butter andünsten. Abgekühlt mit dem geriebenen Weißbrot unter die Butter-Markmischung rühren. Mit Salz, Pfeffer und Muskat würzen, die Petersilie unterrühren und kurz kühlstellen.

3. Mit zwei nassen Teelöffeln Nockerln (kleine Klößchen) formen und in kochendem Salzwasser in wenigen Minuten gar ziehen lassen.

4. Die Schwarzwurzelsuppe mit der Sahne im Mixer fein pürieren, durch ein feines Sieb passieren und noch einmal aufkochen lassen.

5. Die zur Seite gelegten Schwarzwurzelstücke in der restlichen Butter goldgelb braten. Die Blätter vom Staudensellerie fein hacken.

6. Die Suppe in vorgewärmte Teller verteilen, die Schinkennockerln und die gebratenen Schwarzwurzelstücke in die Mittel legen. Mit den gehackten Sellerieblättern bestreuen.

E. W.
Vor dem Schälen der Schwarzwurzeln eine Schüssel mit Wasser bereitstellen, in dem etwas Essig und Mehl verrührt wurde. Die Schwarzwurzeln sofort in dieses Wasser legen, damit sie nicht braun werden.

Klare Ochsenschwanzsuppe mit gefüllten Markknochen

Für 6 Personen
Zubereitungszeit: 4–5 Stunden

700 g Ochsenschwanz, in kleine Stücke geschnitten
1 Scheibe Kalbsfuß (ca. 300 g)
4 EL Olivenöl
120 g Zwiebeln, 1 große Möhre
1 Selleriestange, 1 Thymianzweig
einige Rosmarinnadeln
1 kleines Lorbeerblatt
8 weiße Pfefferkörner, 5 schwarze Pfefferkörner
1 Msp gemahlener Koriander
je 1 Msp Majoran und Oregano
1/4 l Rotwein, 4 cl Madeira

Zum Klären:

250 g Rinderwade, durch die grobe Scheibe des Fleischwolfes gedreht
2 Eiweiße, Salz
je 20 g Möhre und Stangensellerie
1 Tomate
je 1 Zweig Basilikum, Bohnenkraut, Thymian und Petersilie
1 Salbeiblatt
etwas unbehandelte Zitronenschale

Für die Einlage:

6 große oder 12 kleine Markknochen
davon 60 g ausgelöstes Knochenmark
3 Eigelbe
Salz, frisch gemahlener Pfeffer
frisch geriebene Muskatnuß
1 EL gehackte Petersilie
2 fein geschnittene Liebstöckelblätter
ca. 80 g geriebenes Weißbrot
1 EL Mehl

1. Ochsenschwanz und Kalbsfuß waschen, gut abtropfen lassen, trocknen und im heißen Öl scharf anbraten, bis sie Farbe angenommen haben. Dann das geputzte und kleingeschnittene Gemüse dazugeben und unter gelegentlichem Umrühren bei schwacher Hitze anschwitzen. Die Kräuter zugeben und weiterbraten, bis die Fleischknochen goldbraun sind.

2. Mit Rotwein und Madeira ablöschen und die Flüssigkeit wieder fast vollständig einkochen lassen. 2 1/2 l Wasser aufgießen und bei schwacher Hitze etwa 2 Stunden köcheln lassen. Der Ochsenschwanz ist gar, wenn sich das Fleisch ganz leicht von den Knochen lösen läßt.

3. Die Ochsenschwanzstücke herausheben und zur Seite legen, die Suppe durch ein Sieb gießen und erkalten lassen. Das Fleisch unbedingt von den Knochen ablösen, so lange diese noch warm sind.

4. Um die Suppe zu klären, das durchgedrehte Fleisch mit den Eiweißen, Salz und dem zerkleinerten Gemüse vermischen, in einen Kochtopf geben, die kalte Ochsenschwanzbrühe aufgießen und bei schwacher Hitze unter ständigem Rühren langsam aufkochen. Kräuterzweige, Salbeiblatt und Zitronenschale in die Suppe geben, etwa 15 Minuten sieden lassen, dann durch ein feines Sieb gießen.

5. Für die Einlage das Mark aus den Knochen herausdrücken, 60 g davon abwiegen und bei schwacher Hitze erwärmen. Durch ein Sieb streichen, schaumig rühren und nach und nach die Eigelbe unterschlagen. Mit Salz, Pfeffer und Muskat würzen und die Kräuter zugeben. Zum Schluß die Weißbrotbrösel und das Mehl einarbeiten. Den Backofen auf 230 °C oder den Grill vorheizen

6. Die leeren Markknochen waschen und mit der Markmasse füllen. Nebeneinander auf ein Backblech legen und in den heißen Backofen schieben, wenige Minuten überkrusten.

7. Die klare Ochsenschwanzsuppe in vorgewärmte Teller verteilen und mit den heißen gefüllten Markknochen servieren.

Rinderkraftbrühe mit verschiedenen Einlagen

Für 8 Personen
Zubereitungszeit: ca. 3 Stunden

800 g Rindfleisch, z.B. Beinscheiben
300 g Rinderknochen
1 Zwiebel
Salz, einige Pfefferkörner
2 kleine Möhren
1 Petersilienwurzel
1 Kohlblatt
1 Tomate

1. Rindfleisch und Knochen unter fließendem kalten Wasser waschen und auf einem Durchschlag gründlich abtropfen lassen.

2. Einen großen Kochtopf auf der Kochplatte stark erhitzen. Die Zwiebel halbieren, mit der Schnittfläche auf den Topfboden legen und goldbraun rösten. 2 1/2 l Wasser aufgießen, Fleisch und Knochen zugeben, mit Salz und den Pfefferkörnern würzen, langsam aufkochen. Dann die Hitze reduzieren und etwa 2 Stunden sanft köcheln lassen.

3. Das Gemüse waschen, putzen und in die Brühe geben. Noch weitere 30 Minuten bei schwacher Hitze ohne Deckel ziehen lassen.

4. Das Fleisch herausnehmen und für ein anderes Gericht verwenden. Die Brühe durch ein feines Sieb in einen Topf gießen und mit einer der nachfolgenden Einlagen servieren.

Milzschnitten

Für 6–8 Personen
Zubereitungszeit: 30 Minuten

300 g Kalbsmilz, ergibt ausgestrichen etwa 250 g
1 mittelgroße Zwiebel
1/2 Knoblauchzehe
10 g Butter
1 Msp gerebelter Majoran
1 EL gehackte Petersilie
2 EL Sahne
etwas abgeriebene unbehandelte Zitronenschale
frisch geriebene Muskatnuß
1 Msp mittelscharfer Senf
Salz, frisch gemahlener Pfeffer
8 Toastbrotscheiben ohne Rinde
50 g Butter
2 EL Öl

1. Die Milz am besten schon fertig geschabt beim Metzger kaufen oder mit einem Messerrücken aus der umhüllenden Haut schaben. Zwiebel schälen und in kleine Würfel schneiden, Knoblauch fein hacken und beides in der heißen Butter anschwitzen, ohne daß sie Farbe annehmen. Majoran und Petersilie unterrühren und etwas abkühlen lassen. Dann mit der Sahne unter das Milzpüree rühren und mit geriebener Zitronenschale, Muskat, Senf, Salz und Pfeffer würzen.

2. Die Toastscheiben jeweils auf beiden Seiten mit der Milzpaste bestreichen. Butter und Öl in einer Pfanne erhitzen und die Milzbrote bei mittlerer Hitze auf beiden Seiten einige Minuten braten.

3. Herausnehmen und auf Küchenpapier etwas entfetten. Dann in Rauten oder Würfel schneiden und in der heißen Fleischbrühe servieren.

Butternockerl

Für 6–8 Personen
Zubereitungszeit: 35 Minuten

100 g weiche Butter
2 Eigelbe
Salz, frisch gemahlener Pfeffer
frisch geriebene Muskatnuß
120 g Mehl
2 Eiweiße
1 EL geschlagene Sahne

1. Butter mit einem Schneebesen cremig rühren. Die Eigelbe dazugeben und schaumig schlagen. Mit Salz, Pfeffer und Muskat würzen und löffelweise das Mehl dazugeben. So lange rühren, bis ein glatter Teig entstanden ist. Die Eiweiße zu steifem Schnee schlagen und mit der Schlagsahne gleichmäßig unter den Teig ziehen.

2. Reichlich Salzwasser in einem großen, flachen Topf zum Kochen bringen.

3. Mit zwei nassen Teelöffeln Nockerl von der Teigmasse abstechen und in das leicht siedende Wasser legen. Etwa 5 Minuten köcheln lassen, dann die Hitze reduzieren und die Nockerl zugedeckt 15 Minuten ziehen lassen.

4. Mit einem Schaumlöffel herausheben und in der heißen Fleischbrühe servieren.

Gebackene Geflügelleberknödel

Für 6–8 Personen
Zubereitungszeit: 45 Minuten

250 g Geflügelleber
50 g altbackenes Weißbrot
ca. 100 ml heiße Milch
1 Ei
ca. 60 g geriebenes Weißbrot
1 Msp gerebelter Majoran
etwas abgeriebene unbehandelte Zitronenschale
Salz, frisch gemahlener Pfeffer
Öl zum Ausbacken

1. Von den Geflügellebern die anhaftenden Fett- und Hautteile entfernen, Lebern kurz waschen und gut abgetropft im Mixer fein pürieren.

2. Das Weißbrot in heißer Milch einweichen und gut ausdrücken, mit dem Ei unter das Leberpüree rühren. So viele Weißbrotbrösel dazugeben, bis eine formbare Masse entstanden ist. Mit Majoran, Zitronenschale, Salz und Pfeffer würzen und kleine Bällchen daraus formen.

3. Reichlich Öl in einer Friteuse erhitzen und die Leberknödel darin in wenigen Minuten goldbraun ausbacken. Herausheben und auf Küchenpapier gut abtropfen lassen.

4. Als Einlage in einer Consommé oder in einer Gemüsesuppe servieren.

E. W.
Noch schmackhafter werden die Leberknödel, wenn man ein wenig klein gehacktes, rohes Geflügelfett oder in kleine Würfel geschnittene Gänseleber unter die Lebermasse mischt.

Grüne Rahmsuppe mit Croutons

Für 4 Personen
Zubereitungszeit: 35 Minuten

100 g junge Spinatblätter
je 50 g Kerbel und Brunnenkresse
1 Schalotte
1/2 Knoblauchzehe
50 g Butter
400 ml Geflügelfond oder Wasser
200 ml Crème double
2 EL geschlagene Sahne
Für die Garnitur:
1 Scheibe Toastbrot
20 g Butter
je 2 EL abgezupfte Kerbel- und Brunnenkresseblätter

1. Spinat, Kerbel und Kresse von den Stielen zupfen, kurz waschen, trockenschwenken und grob hacken. Schalotte und Knoblauch schälen, in kleine Würfel schneiden und in 30 g zerlassener Butter leicht andünsten.

2. Spinat- und Kräuterblätter zugeben und zusammenfallen lassen. Mit Geflügelfond oder Wasser aufgießen und bei starker Hitze etwa 4–5 Minuten kochen lassen.

3. Für die Croutons das Toastbrot entrinden und in etwa 1/2 cm große Würfel schneiden. Die Butter in einer Pfanne erhitzen und die Brotwürfel darin goldbraun und knusprig rösten.

4. Die Kräutersuppe im Mixer pürieren, zurück in den Topf gießen und mit der Crème double unter Rühren erneut erhitzen.

5. Die restliche kalte Butter in kleinen Flocken mit einem Stabmixer unterschlagen, die Schlagsahne mit dem Schneebesen unterziehen und sofort in heiße Teller füllen. Mit Kräuterblättchen und den knusprigen Croutons bestreuen.

Brennesselsuppe mit Wachteleiern

Für 4 Personen
Zubereitungszeit: 30 Minuten

1 Lauchzwiebel
ein paar junge Spinatblätter (10 g)
60 g junge Brennesseln
30 g Butter
400 ml Geflügelfond
1/8 l Crème double
Salz, Cayennepfeffer
40 g gesalzene Butter
1 EL geschlagene Sahne
Für die Einlage:
8 Wachteleier

1. Lauchzwiebel putzen, waschen und in kleine Würfel schneiden. Spinat- und Brennesselblätter sorgfältig waschen und grob hacken.

2. Die Butter zerlassen und die Zwiebeln darin glasig dünsten. Spinat und Brennesseln zugeben und kurz andünsten. Den Geflügelfond aufgießen und bei starker Hitze etwa 4–5 Minuten kochen lassen.

3. In der Zwischenzeit die Wachteleier in kochendem Wasser 3 Minuten garen. In Eiswasser abschrecken und vorsichtig schälen.

4. Die Suppe im Mixer fein pürieren, in einen Topf füllen und die Crème double unterrühren. Aufkochen und mit Salz und Cayennepfeffer würzig abschmecken. Die kalte, gesalzene Butter in kleinen Flocken – am besten mit einem Stabmixer – unterschlagen. Die Schlagsahne unterziehen und die Suppe sofort in vorgewärmte Tassen füllen. Die Wachteleier halbieren und jeweils vier Hälften in eine Suppentasse geben.

Rahmsuppe von weißen Auberginen

Für 4 Personen
Zubereitungszeit: 35 Minuten

250 g weiße Auberginen
2 Lauchzwiebeln (50 g)
1 Knoblauchzehe
40 g Butter
1 Msp Currypulver
Salz
Cayennepfeffer
1/2 l Geflügelfond
100 ml Sahne
1 EL geschlagene Sahne
Für die Garnitur:
1 EL Olivenöl
2 EL sehr kleine Paprika- und Zucchiniwürfel
etwas gerebelter Thymian

1. Die Auberginen schälen, halbieren und in kleine Stücke schneiden. Lauchzwiebeln putzen, Knoblauch schälen und beides in Scheiben schneiden.

2. Die Hälfte der Butter zerlassen und das Gemüse darin andünsten ohne zu bräunen. Mit Curry, Salz und Cayennepfeffer würzen und den Geflügelfond aufgießen. 5 Minuten kochen lassen.

3. In einen Mixer füllen und pürieren, wieder in den Topf zurückgießen, die Sahne zugeben und unter Rühren erneut aufkochen.

4. Für die Garnitur das Öl in einer kleinen Pfanne erhitzen und die Gemüsewürfelchen kurz durchschwenken. Mit Salz und Thymian würzen.

5. Die restliche kalte Butter in kleinen Flocken – am besten mit einem Stabmixer – unter die Gemüsesuppe quirlen. Die geschlagene Sahne unterziehen und die Suppe sofort in heiße Teller füllen. Mit den Gemüsewürfeln bestreuen.

Tomatisierte Karottenrahmsuppe mit Kalbsbries

Für 4 Personen
Zubereitungszeit: 40 Minuten

250 g Karotten (Möhren, 150 g geputzt gewogen)
1 Lauchzwiebel
2 vollreife Tomaten
30 g Butter
1 Msp Currypulver
Salz, gemahlener weißer Pfeffer, Zucker
400 ml Geflügelfond
100 ml Sahne
20 g gesalzene Butter
Für die Einlage:
120 g gekochtes Kalbsbries
20 g Butter
Salz, frisch gemahlener Pfeffer
1 EL abgezupfte Kerbelblättchen

1. Die Karotten waschen, schälen und in Scheiben schneiden. Von der Lauchzwiebel die Wurzeln und das grüne Ende entfernen und die Zwiebel in kleine Würfel schneiden. Die Tomaten kurz überbrühen, häuten, entkernen und in Stücke teilen.

2. Die Butter in einem Topf erhitzen und das Gemüse darin andünsten. Mit Curry, Salz, Pfeffer und einer Prise Zucker würzen und den Geflügelfond aufgießen. In etwa 15 Minuten weich kochen.

3. Im Mixer fein pürieren und durch ein feines Sieb zurück in den Topf passieren. Die Sahne zugießen und unter Rühren erneut erhitzen.

4. Für die Einlage das Bries enthäuten und in kleine Röschen zerzupfen. In heißer Butter goldgelb und knusprig braten, mit Salz und Pfeffer würzen.

5. Die gesalzene Butter in kleinen Flocken mit einem Stabmixer unter die Suppe quirlen. Die Karottensuppe in heiße Teller füllen, die Briesstückchen hineinlegen und mit den Kerbelblättchen bestreuen.

Maronensamtsuppe mit Fasanenbrust und Steinpilzen

Für 4 Personen
Zubereitungszeit: 50 Minuten

150 g gekochte, geschälte Maronen (Eßkastanien)
1 Stange Staudensellerie
20 g Butter
ca. 300 ml Wildfond
Salz, frisch gemahlener Pfeffer
100 ml Sahne
2 EL Madeira
1 TL Trüffeljus
2 EL geschlagene Sahne
Für die Einlage:
1 ausgelöste Fasanenbrusthälfte
Salz, frisch gemahlener Pfeffer
1 EL Öl
20 g Butter
2 frische kleine Steinpilze
1 TL gehackte Petersilie

1. Die Maronen und die Selleriestange in Stücke schneiden und in der heißen Butter andünsten, aber nicht bräunen. Den Wildfond aufgießen und das Gemüse bei schwacher Hitze in etwa 15 Minuten weich kochen.

2. Für die Einlage die Fasanenbrust salzen und pfeffern. Öl und 10 g Butter in einer Pfanne erhitzen und die Brust darin auf jeder Seite 2–3 Minuten anbraten. Die Brust in Alufolie wickeln und nachziehen lassen. Die Steinpilze putzen und in Scheiben schneiden. In einer zweiten Pfanne die restliche Butter erhitzen und die Pilze darin rasch goldbraun braten. Mit Salz und Pfeffer würzen.

3. Die Maronensuppe im Mixer fein pürieren und, falls nötig, noch etwas Fond zugießen. Die Suppe zurück in den Topf füllen. Sahne und Madeira unterrühren, mit Trüffeljus abschmecken und unter Rühren erhitzen.

4. Die Fasanenbrust in Scheiben schneiden, den austretenden Fleischsaft unter die Suppe rühren. Die geschlagene Sahne unterziehen und die Suppe auf vier vorgewärmte Teller verteilen. Mit Fasanenbrustscheiben und Pilzen belegen, mit Petersilie bestreut servieren.

E. W.
Frische Edelkastanien schneidet man erst an der gewölbten Seite kreuzförmig ein, legt sie auf ein Backblech und läßt sie so lange im 210 °C heißen Backofen, bis die Schalen aufspringen und sich gut entfernen lassen. Die Maronensamtsuppe serviere ich auch gern mit frischen Périgord-Trüffelscheiben, Walnußhälften und gebratener, in Würfel geschnittener Gänseleber.

Cremesuppe von grünem Spargel mit Zuckerschoten und Minze

Für 4 Personen
Zubereitungszeit: 40 Minuten

250 g grüner Spargel
100 g ausgepalte Erbsen
1 kleine Schalotte
40 g Butter
Salz
1 Prise Zucker
frisch geriebene Muskatnuß
650 ml Geflügelfond
20 g Nußbutter (siehe Tip)
2 EL geschlagene Sahne
Für die Einlage:
60 g möglichst kleine Zuckerschoten
50 g ausgepalte kleine Erbsen
die abgeschnittenen Spargelspitzen
10 g gesalzene Butter
1 EL gehackter Kerbel
10 fein geschnittene Minzeblätter

1. Die Spargelstangen nur am unteren Ende schälen, die Spitzen abschneiden und zur Seite legen. Die Stangen in Stücke schneiden und mit den ausgepalten Erbsen und der in Würfel geschnittenen Schalotte in der heißen Butter sachte andünsten. Mit Salz, Zucker und Muskat würzen, den Geflügelfond aufgießen und ca. 10 Minuten bei schwacher Hitze köcheln lassen.

2. Inzwischen für die Einlage von den Zuckerschoten die Enden abknipsen und die Schoten zusammen mit den kleinen Erbsen und den Spargelspitzen in reichlich kochendem Salzwasser wenige Minuten blanchieren. Mit einem Schaumlöffel herausheben und abtropfen lassen. Die gesalzene Butter in einer Sauteuse zerlassen und das Gemüse darin kurz durchschwenken.

3. Die Spargelsuppe mit der Nußbutter im Mixer fein pürieren und durch ein Sieb passieren. Noch einmal aufkochen lassen, dann die geschlagene Sahne locker unterziehen.

4. Das Gemüse auf vorgewärmte Teller verteilen, mit der Suppe übergießen und mit Kerbel und Minze bestreut servieren.

E. W.
Für die Nußbutter erhitzen Sie frische Butter so lange, bis sie goldbraun ist. Durch das Bräunen erhält sie einen zartnussigen Geschmack. Vor der Weiterverwendung muß die Butter aber durch ein Sieb gegossen werden, da der Schaum, der sich beim Rösten bildet, unansehnlich und leicht bitter ist. Diese Nußbutter gibt vielen Gerichten erst den letzten Schliff.

Geeiste Tomaten-Gurkensuppe

Für 6–8 Personen
Zubereitungszeit: 25 Minuten

2 Salatgurken
1 kg vollreife Eiertomaten
je 1 rote, gelbe und grüne Paprikaschote
Salz, frisch gemahlener Pfeffer
1 Msp gehackter Knoblauch
30 ml Aceto Balsamico
30 g Kapern
1 Chilischote
1 Bund Basilikum
50 ml bestes Olivenöl
1 Bund Lauchzwiebeln

1. Gurken schälen, von den Tomaten die Stielansätze entfernen. Paprikaschoten halbieren, Stengelansätze und Samen entfernen. Von jeder Schote ein Viertel beiseite legen, den Rest kleinschneiden. Zwei Drittel der Gurken und die Tomaten würfeln.

2. Gurken-, Tomaten- und Paprikawürfel im Mixer fein pürieren. Durch ein feines Sieb passieren und mit Salz, Pfeffer, Knoblauch und Essig würzig abschmecken. Kapern und die entkernte Chilischote fein hacken, die Basilikumblätter in feine Streifen schneiden. Mit dem Olivenöl unter die Tomaten-Gurkensuppe rühren und kühlstellen.

3. Die zurückbehaltene Gurke und die restlichen drei Paprikaviertel in sehr kleine Würfel schneiden. Von den Lauchzwiebeln die Wurzeln und das grüne Ende entfernen und den hellen Teil ebenfalls in kleine Würfel schneiden.

4. Die eiskalte Suppe in gekühlte tiefe Teller füllen und in die Mitte jeweils einen Löffel von dem klein gewürfelten Gemüse geben.

Eintopf von Frühlingsgemüse

Für 4 Personen
Zubereitungszeit: 40 Minuten

100 g mehlig-kochende Kartoffeln
100 g Möhren
100 g Kohlrabi
50 g kleine grüne Bohnen
50 g ausgepalte Erbsen
1 Zwiebel
100 g Lauch
50 g Butter
1 l Geflügelfond
etwas fein gehackte Knoblauchzehe
1 Prise gemahlener Kümmel
Salz
2 EL frisch gehackte Frühlingskräuter wie Petersilie, Basilikum, Kerbel, Estragon

1. Kartoffel, Möhren und Kohlrabi schälen, von den Bohnen die Enden abknipsen, die Zwiebel schälen und den Lauch der Länge nach aufschneiden und gründlich waschen. Das vorbereitete Gemüse in 1/2 cm große Würfel schneiden.

2. Von der Butter 30 g erhitzen, das vorbereitete Gemüse darin andünsten. Den Geflügelfond aufgießen, aufkochen und etwa 10 Minuten sanft köcheln lassen. Die Erbsen dazugeben, mit Knoblauch, Kümmel und etwas Salz würzen und in weiteren 8–10 Minuten fertig garen.

3. Zum Schluß die restliche Butter in kleinen Flocken unterziehen. Mit den gehackten Kräutern bestreut servieren.

Linsensuppe mit gebratener Kaninchenleber

Für 4 Personen
Zubereitungszeit: 1 Stunde

1 kleine Zwiebel
50 g durchwachsener Räucherspeck
50 g Butter
2–3 EL Aceto Balsamico
100 g kleine Tellerlinsen
Salz, frisch gemahlener Pfeffer
1 Thymianzweig,
4 Petersilienstengel
1 Msp Dijonsenf
Für die Einlage:
120 g Kaninchenleber
30 g Butter
Salz, frisch gemahlener Pfeffer
etwas gerebelter Majoran

1. Geschälte Zwiebel und Speck klein würfeln und in 20 g Butter glasig dünsten. 1 Eßlöffel Essig, Linsen und 1 l Wasser zugeben, salzen, pfeffern und die Kräuter einrühren. Aufwallen lassen und bei schwacher Hitze in etwa 40 Minuten weich kochen.

2. Für die Einlage 2 Eßlöffel Linsen herausnehmen. Die restliche Suppe im Mixer fein pürieren und durch ein Sieb passieren.

3. Die restliche Butter in einem Pfännchen goldbraun aufschäumen lassen und mit dem Senf und etwas Essig unter die Suppe rühren.

4. Für die Einlage von der Kaninchenleber Häute und Blutgefäße entfernen. Die Butter in einer Pfanne erhitzen und die Leber wenige Minuten von beiden Seiten anbraten. Mit Salz, Pfeffer und Majoran würzen und kurz durchschwenken. In Scheiben schneiden.

5. Die Suppe auf vorgewärmte Teller verteilen, die zurückbehaltenen Linsen und die Kaninchenleberscheiben als Einlage in die Mitte geben.

Eintopf mit Gerste, Lammfleisch und Gemüse

Für 4 Personen
Zubereitungszeit: 1 1/2 Stunden
Einweichzeit: einige Stunden, am besten über Nacht

150 g Gerstenkörner
80 g durchwachsener Räucherspeck
150 g Zwiebeln
50 g Butter
300 g Lammfleisch (Nacken oder Schulter)
1 Knoblauchzehe
Salz
1 l Wasser oder Fleischbrühe
1 Kräutersträußchen aus 1 Thymianzweig, 1 Lorbeerblatt, 1 Petersilienstengel, 1 Gewürznelke
100 g Möhren
50 g Knollensellerie
150 g Kartoffeln
150 g Lauch
4 Eigelbe
300 ml Crème fraîche
frisch gemahlener Pfeffer
frisch geriebene Muskatnuß
einige Spritzer Weißweinessig
2 EL gehackte Petersilie

1. Die Gerstenkörner über Nacht in reichlich kaltem Wasser zugedeckt einweichen.

2. Am nächsten Tag Räucherspeck und die geschälten Zwiebeln in kleine Würfel, das Lammfleisch in etwas größere Würfel schneiden. 10 g Butter in einem Kochtopf erhitzen und die Speck- und Zwiebelwürfel darin glasig dünsten. Das Lammfleisch dazugeben und mit andünsten ohne zu bräunen. Die Knoblauchzehe mit Salz fein zerdrücken und zugeben. Mit Wasser oder Brühe aufgießen, das Kräutersträußchen hineingeben und etwa 40 Minuten köcheln lassen.

3. Inzwischen das Gemüse putzen und waschen. Möhren, Sellerie und Kartoffeln schälen und, wie den geputzten und gründlich gewaschenen Lauch, in 1/2 cm große Würfel schneiden. Die restliche Butter in einer Pfanne aufschäumen lassen und die Gemüsewürfel kurz durchschwenken. 15 Minuten vor Ende der Garzeit in die Suppe geben.

4. Eigelbe und Crème fraîche in einer großen Schüssel verquirlen. Nach und nach einige Schöpflöffel von der heißen Suppe unter die Eimischung rühren, dann diese Legierung zurück in den Topf gießen, die Suppe nicht mehr kochen lassen. Das Gewürzsträußchen entfernen, mit Pfeffer, Muskat und Essig würzig abschmecken, auf vorgewärmte tiefe Teller verteilen und mit Petersilie bestreuen.

E. W.
Statt Lamm kann man auch eine andere Fleischsorte nehmen, z.B. Rind- oder Schweinefleisch. Reduziert man die Gerstenmenge auf 80 g, wird daraus ein leichtes Süppchen, das dann für etwa 6 Personen vor einem Hauptgericht serviert werden kann.

Böhmischer Pilzeintopf

Für 4 Personen
Zubereitungszeit: 30 Minuten

400g Mischpilze (Steinpilze, Pfifferlinge, Perlpilze, Butterpilze, Maronenpilze, Rotkappen usw.)
je 100 g Möhren und Knollensellerie
500 g mehlig-kochende Kartoffeln
2–3 Lauchzwiebeln
40 g Butter
1 l Rindfleischbrühe
Salz, frisch gemahlener weißer Pfeffer
3 Lorbeerblätter
10 Wacholderbeeren
350 ml saure Sahne
1 großes Bund Dill
2–3 EL Obstessig

1. Pilze putzen und, nur wenn nötig, waschen. In Scheiben schneiden. Möhren, Knollensellerie und Kartoffeln schälen, von den Lauchzwiebeln die Wurzeln und das grüne Ende entfernen und alles in kleine Würfel schneiden.

2. Die Butter in einem Kochtopf zerlassen, das Gemüse und die Kartoffeln darin andünsten. Die Brühe aufgießen, salzen, pfeffern und die Lorbeerblätter sowie die Wacholderbeeren zugeben. Aufkochen und etwa 10 Minuten köcheln lassen.

3. Die Pilze zugeben und die Suppe noch 5 Minuten weiterköcheln lassen.

4. Zum Schluß die Lorbeerblätter und die Wacholderbeeren herausfischen. Die glattgerührte saure Sahne und den gehackten Dill unterrühren und nur noch wenige Minuten ziehen lassen. Mit Obstessig würzig abschmecken.

Kohlrabi-Kartoffeleintopf mit Mairitterlingen

Für 4 Personen
Zubereitungszeit: 40 Minuten

1 Bund Lauchzwiebeln
1 Knoblauchzehe
50 g Butter
150 g mehlig-kochende Kartoffeln
200 g Kohlrabi
Salz, frisch gemahlener Pfeffer
frisch geriebene Muskatnuß
700 ml kräftige Geflügelbrühe
300 g Mairitterlinge
80 g Schwarzbrot
40 g Schweineschmalz
2 EL gehackte Petersilie
2 EL abgezupfte Kerbelblätter

1. Von den Lauchzwiebeln die Wurzeln und das grüne Ende entfernen und den hellen Teil in feine Scheiben schneiden. Die geschälte Knoblauchzehe fein hacken, Kartoffeln und Kohlrabi schälen und in Würfel schneiden. Zwiebel und Knoblauch in 30 g Butter glasig dünsten, Kohlrabi- und Kartoffelwürfel mit andünsten und mit Salz, Pfeffer und Muskat würzen. Die Geflügelbrühe aufgießen und 8–10 Minuten köcheln lassen.

2. Die Mairitterlinge putzen und, nur falls nötig, kurz waschen. Größere Pilze halbieren. Kurz vor Ende der Garzeit unter die Suppe mischen und in wenigen Minuten garen.

3. Das Brot in kleine Würfel schneiden und im erhitzten Schmalz goldbraun rösten.

4. Die Kräuter unter den Eintopf mischen und auf vier tiefe Teller verteilen. Mit den gerösteten Brotwürfeln bestreuen und sofort servieren.

E. W.
Mairitterlinge sind kleine weiße Blätterpilze, vergleichbar mit Wiesenchampignons, aber mit wesentlich würzigerem Geschmack.

Perlhuhneintopf mit jungem Gemüse und Steinpilzravioli

Für 6 Personen
Zubereitungszeit: 1 1/2 Stunden

1 Perlhuhn von etwa 1,2 kg
1 Gewürznelke
1 Thymianzweig
5 weiße Pfefferkörner
je 30 g Möhre, Knollensellerie und Lauch
Für die Steinpilzravioli:
200 g Mehl
2 Eier
1 TL Öl
200 g kleine, feste Steinpilze
1 EL Schalottenwürfel
30 g Butter
Salz, frisch gemahlener Pfeffer
60 g Schinkenwürfel
80 g Toastbrotwürfel
1 EL gehackte Petersilie
1 Ei
3 EL Sahne
Für die Gemüseeinlage:
8 junge Karotten
8 junge kleine Navetten
8 Lauchzwiebeln
20 g Butter
40 g Zuckerschoten
2 EL frisch gehackte Petersilie

1. Das Perlhuhn waschen und trockentupfen. In einem großen Kochtopf 3 l Wasser mit den Gewürzen und dem kleingeschnittenen Gemüse aufkochen, das Perlhuhn etwa 1 Stunde bei schwacher Hitze garen.

2. In der Zwischenzeit aus Mehl, Eiern, Öl und eventuell einigen Tropfen Wasser einen festen Nudelteig kneten und dünn ausrollen.

3. Für die Füllung die Pilze putzen und in sehr kleine Würfel schneiden, mit den Schalottenwürfeln in der heißen Butter so lange dünsten, bis alle Flüssigkeit verdampft ist. Von der Kochplatte nehmen, mit Salz und Pfeffer würzen und ein wenig abkühlen lassen. Die Schinken- und Brotwürfel, Petersilie, Ei und die Sahne mit den Steinpilzen zu einer weichen Masse verrühren.

4. Die Füllung in kleinen Häufchen mit etwa 4 cm Abstand auf der Hälfte des Nudelteiges verteilen, mit der zweiten Teighälfte bedecken und rund um die Füllungshäufchen den Teig mit den Fingerkuppen gut festdrücken. Mit einem Teigrädchen Quadrate ausradeln. Diese Ravioli auf ein Tuch legen und etwas antrocknen lassen. Anschließend in reichlich Salzwasser etwa 4 Minuten kochen, auf ein Sieb schütten und abtropfen lassen.

5. Die Gemüse für die Einlage putzen. In wenig Salzwasser zuerst die Karotten und Navetten einige Minuten kochen, dann die Lauchzwiebeln und die Zuckerschoten nur noch wenige Minuten garen. Das Gemüse mit einem Schaumlöffel herausheben und in Eiswasser abschrecken. Anschließend kurz in heißer Butter schwenken.

6. Das Perlhuhn herausnehmen und ein wenig abkühlen lassen. Noch warm enthäuten, entbeinen und das Fleisch in Stücke schneiden. Die Brühe durch ein Sieb gießen.

7. Fleisch, Gemüse und Ravioli auf vorgewärmte tiefe Teller verteilen. Mit der Geflügelbrühe übergießen und mit Petersilie bestreut servieren.

Romanesco-Samtsuppe mit Erbsen und Jakobsmuscheln

Für 4 Personen
Zubereitungszeit: 40 Minuten

1 Kopf Romanesco von ca. 350 g
3 Lauchzwiebeln
60 g Butter
600 ml Geflügelfond
Salz, frisch gemahlener weißer Pfeffer
frisch geriebene Muskatnuß
Saft von 1/2 Zitrone
100 g ausgepalte kleine Erbsen
4 Jakobsmuscheln
2 EL Öl
2 EL geschlagene Sahne
3 EL abgezupfte Kerbelblätter

1. Den Romanesco zerteilen und 12 schöne Röschen zur Seite legen, den Rest grob würfeln. Von den Lauchzwiebeln die Wurzeln und die grünen Enden entfernen. Den hellen Teil in dünne Scheibchen schneiden und in 50 g heißer Butter mit dem zerschnittenen Romanesco andünsten. Den Geflügelfond aufgießen und mit Salz, Pfeffer und Muskat würzen. Zugedeckt weichkochen, dann im Mixer fein pürieren und durch ein Sieb passieren. Mit etwas Zitronensaft abschmecken.

2. Die Erbsen und die 12 Romanesco-Röschen in kochendem Salzwasser kurz blanchieren und in eisgekühltem Wasser abschrecken.

3. Die Jakobsmuscheln öffnen und die Flüssigkeit unter die Suppe rühren. Das Öl in einer Pfanne erhitzen und das Muschelfleisch darin kurz sautieren. Mit Salz und etwas Zitronensaft würzen.

4. Sahne und Kerbel unter die Suppe ziehen, auf vier tiefe Teller verteilen und mit den Erbsen, den Romanesco-Röschen und je einer gebratenen Jakobsmuschel garnieren.

Aufgeschlagene Hechtsuppe mit Hechtklößchen

Für 4 Personen
Zubereitungszeit: 45 Minuten

Für die Hechtklößchen:
200 g Hechtfilet
40 g geriebenes Weißbrot ohne Rinde
200 g Butter
Salz, frisch gemahlener weißer Pfeffer
Für die Suppe:
2 Eigelbe
ca. 600 ml Hechtfond
2 EL Weißwein, z.B. weißer Burgunder
80 g kalte gesalzene Butter
2 EL kleine, blanchierte Möhrenwürfel
1 EL geschlagene Sahne
etwas Zitronensaft
Cayennepfeffer
1 TL abgezupfte Kerbelblätter

1. Für die Hechtklößchen das Hechtfleisch sehr fein hacken und mit dem geriebenen Weißbrot vermischen. Die Butter cremig rühren und unter die Fisch-Brotmischung rühren. Mit Salz und Pfeffer würzen und gut kühlen.

2. In einem flachen Topf Salzwasser aufkochen. Mit zwei nassen Teelöffeln Nocken von der kalten Hechtmasse abstechen und im leise siedenden Wasser etwa 15 Minuten garen.

3. Für die Suppe im Wasserbad Eigelbe, 2 Eßlöffel Hechtfond und Weißwein mit dem Schneebesen wie eine Hollandaise schaumig aufschlagen. Herausnehmen, die Butter in kleinen Flocken unterschlagen. Langsam den restlichen heißen Hechtfond einrühren und die Möhrenwürfel untermischen.

4. Sahne locker unterziehen, die Suppe mit Zitronensaft und Cayennepfeffer abschmecken und in vorgewärmte Suppentassen füllen. Hechtnocken hineinsetzen und mit Kerbelblättchen bestreuen.

Seeigel-Samtsuppe

Für 4 Personen
Zubereitungszeit: 30 Minuten

1 Schalotte
2 Champignons
40 g Butter
4 EL Noilly-Prat
2 cl Cognac
1/8 l Champagner
3/4 l Fischfond siehe Seite 59
4 blaue bretonische Seeigel
200 g Crème double
2 EL Crème fraîche
Saft von 1/2 Limette
Salz
Zum Anrichten:
ca. 200 g grobes Meersalz

1. Die geschälte Schalotte und die Pilze in feine Scheiben schneiden und in 20 g Butter andünsten. Mit Noilly-Prat, Cognac und Champagner ablöschen und sirupartig einkochen lassen. Den Fischfond aufgießen und so lange kochen, bis etwa die Hälfte der Flüssigkeit verdampft ist.

2. Die Seeigel mit einem mehrfach gefalteten Küchentuch halten und mit einer Schere auf der leicht gewölbten Unterseite aufschneiden, den Saft durch ein Sieb abgießen und mit einem Teelöffel die sogenannten „Seeigelzungen" (Eierstöcke bzw. Gonaden) herauslösen. Den Saft langsam in die Suppe rühren, dabei aber immer wieder probieren, da diese Flüssigkeit äußerst aromatisch, aber auch ziemlich salzig ist.

3. Crème double und Crème fraîche unter die Suppe rühren und einige Male aufkochen lassen. Die Suppe durch ein Sieb passieren und die Hälfte der Seeigelzungen sowie die restliche Butter mit einem Stabmixer unter die Suppe quirlen. Mit etwas Limettensaft und vorsichtig, falls überhaupt noch nötig, mit Salz abschmecken.

4. Die Seeigelschalen mit der Suppe füllen, die restlichen Seeigelzungen roh hineingeben und auf einem Sockel aus grobem Meersalz anrichten.

E. W.
Seeigel sind bei uns ziemlich teuer und selten, in den Mittelmeerländern dagegen ganz alltäglich und daher sehr billig. Wer gut tauchen kann, bekommt sie sogar zum Nulltarif. Aber aufgepaßt! Von den weit über 800 Seeigelarten sind nur wenige zum Verzehr geeignet. Am bekanntesten und besten schmecken die dunkelvioletten bis grünlich-braunen Steinseeigel. Verzehrt werden die Eierstöcke der weiblichen bzw. die Gonaden der männlichen Tiere, die die Köche als „Zungen" bezeichnen..

Suppe von Mittelmeerfischen mit Safran und Sauce Rouille

Für 8 Personen
Zubereitungszeit: 1 1/2 Stunden

1 Drachenkopf, ca. 400 g
1 Rotbarbe, ca. 200 g
1 Petermännchen, ca. 200 g
1 Knurrhahn, ca. 200 g
1 gekochter kanadischer Hummer, ca. 400 g
300 g Suppengemüse, z.B. Knollensellerie, Staudensellerie, weißer Teil von 1 Lauchstange, Schalotten
Salz
400 g Gemüsestreifen von Fenchel, Lauch, roter, gelber und grüner Paprikaschote, Zucchini, Staudensellerie, Möhren
60 ml Olivenöl
200 g gehäutete, gewürfelte Tomaten
4 g Safranfäden
frisch gemahlener weißer Pfeffer
8 Knoblauchzehen
4 Thymianzweige
100 ml trockener Weißwein
50 ml Noilly-Prat
50 ml Pernod
1,2 l Fischfond (siehe Seite 59)
200 g Palourdes (Venusmuschelart)
150 g Bouchot-Muscheln
100 g Calamaretti
Für die Sauce Rouille:
50 g mehlige Kartoffeln
4 Knoblauchzehen
2 g Safranpulver
100 ml Fischfond
2 Eigelbe
120 ml bestes Olivenöl
Zum Bestreuen:
1 Bund Basilikum
etwas Fenchelgrün

1. Die Fische am besten gleich beim Fischhändler filetieren lassen, die Karkassen aber mitnehmen. Fischköpfe und Gräten gemeinsam mit dem Hummerpanzer und dem geputzten, kleingeschnittenen Suppengemüse in einen großen Kochtopf geben. Mit Wasser bedecken, salzen und aufkochen. Bei schwacher Hitze etwa 20 Minuten köcheln lassen, dann durch ein Sieb gießen.

2. Die Gemüsestreifen in heißem Olivenöl sachte andünsten. Die Tomatenwürfel, Safran, Pfeffer, fein gehackte Knoblauchzehen und Thymianzweige zugeben und mit andünsten.

3. Mit Weißwein, Noilly-Prat und Pernod ablöschen und die Flüssigkeit bei starker Hitze einkochen lassen. Den Fischfond aufgießen und aufkochen. Die Fischfilets, das in Stücke zerteilte Hummerfleisch, die gründlich gesäuberten Palourdes und Bouchot-Muscheln sowie die Calamaretti in die Suppe geben und bei schwacher Hitze gar ziehen lassen, bis sich die Muscheln öffnen.

4. Für die Rouille die geschälte Kartoffel in kleine Stücke schneiden und mit den geschälten Knoblauchzehen, Safran und Fischfond verkochen lassen. Kartoffeln und Knoblauch fein zerdrücken und unter Rühren mit einem Schneebesen die Eigelbe und nach und nach das Öl unterrühren.

5. Die Fischsuppe auf vorgewärmte tiefe Teller verteilen, in die Mitte jeweils etwas von der Rouille geben und mit fein geschnittenem Basilikum und Fenchelgrün bestreut servieren.

S·A·U·C·E·N

Würzige, konzentrierte Saucen
sind ein Geduldsspiel

Bei der Sauce zeigt sich der Meister. Deshalb verrate ich Ihnen in diesem Kapitel meine persönlichen Tips und Tricks. Für die feine Küche gilt: Die Saucen müssen Charakter haben, dürfen aber den Eigengeschmack von Fleisch, Fisch oder Teigwaren nur unterstreichen, niemals überdecken. Daher meine Abneigung gegen kompakte Saucen. Ich mag kurze und pikante Saucen, die im letzten Moment aus dem Bratenfond gewonnen werden. Dabei versuche ich – vor allem, wenn ich privat koche – ohne Fond und Jus auszukommen. Mit gutem Wein, Madeira oder Port löse ich den Bratensatz auf, gieße etwas Wasser dazu und lasse es wieder fast völlig verdampfen. Diesen Vorgang wiederhole ich mehrmals und binde diesen Extrakt mit Butter, Olivenöl oder ein wenig Sahne. Würzige, konzentrierte Saucen sind eben ein Geduldsspiel, aber mit Erfolgsgarantie.
Das Mehl wurde von unseren Top-Köchen völlig aus der Saucenküche verbannt und durch reichlich Butter, Sahne und Crème fraîche ersetzt. Es ist aber wie bei allen Dingen: Entscheidend ist einzig und allein die Menge. Ein gutes Rehragout oder Blanquette vom Kalb kann ich mir ohne einen Hauch Mehl in der Sauce nicht vorstellen.

Kalbsjus

Für etwa 1 l Kalbsjus
Zubereitungszeit: ca. 5 Stunden

1,5 kg Kalbsknochen, Haut- und Knorpelabschnitte
2 Zwiebeln
2 große Möhren
2 Stangen Staudensellerie
2 Tomaten
2 EL Öl
1 Lorbeerblatt
je 1 Thymian- und Rosmarinzweig
1 Estragonzweig
1 Stückchen frische Ingwerwurzel
2 Gewürznelken
1/2 l Kalbsfond
3 Petersilienstengel

1. Die Knochen am besten gleich vom Metzger sehr klein hacken lassen, damit die aromatischen Inhaltsstoffe auslaugen können. Die Knochen gründlich waschen und gut abtropfen lassen. Das geputzte Gemüse in grobe Stücke schneiden.

2. Das Öl in einer Kasserolle erhitzen, Knochen und Gemüse scharf anbraten. Die Kräuter und Gewürze dazugeben, kurz anschmoren, dann den Kalbsfond aufgießen und unter gelegentlichem Umrühren fast vollständig einkochen lassen.

3. Jetzt 3 l Wasser aufgießen und im 200 °C heißen Backofen offen etwa 4 Stunden köcheln lassen.

4. Durch ein Sieb in einen Kochtopf passieren, die Petersilienstengel zugeben. Auf dem Herd noch einmal etwa 20 Minuten bei schwacher Hitze köcheln lassen. Zum Schluß sollte nur noch etwa 1 Liter Flüssigkeit übrigbleiben.

Kalbsfond

Für 1 l Fond
Zubereitungszeit: ca. 3 Stunden

1 kg fleischige Kalbsknochen und sehnige Abschnitte vom Fleisch
1 Möhre
1 Petersilienwurzel
4 kleine Zwiebeln
2 Stangen Staudensellerie
2 EL Öl
1 Tomate
1 Knoblauchzehe
je 1 Rosmarin- und Thymianzweig
2 Gewürznelken
100 ml trockener Weißwein
1 Prise grobes Salz
je 1 Estragon- und Basilikumzweig
2 Petersilienstengel

1. Die kleingehackten Knochen und sehnigen Fleischabschnitte waschen und gut abtropfen lassen. Möhre, Petersilienwurzel und Zwiebeln schälen und in grobe Stücke schneiden, ebenso die gewaschenen Selleriestangen.

2. Das Öl erhitzen, Knochen und Gemüse darin bei mittlerer Hitze goldgelb anbraten. Die in Stücke geschnittene Tomate, die ungeschälte Knoblauchzehe, die Kräuter und die Gewürznelken zugeben und mit Wein ablöschen. Bei starker Hitze fast völlig einkochen lassen. Dann 1 1/2 l Wasser aufgießen und vorsichtig salzen.

3. Aufkochen und bei schwacher Hitze etwa 2 1/2 Stunden köcheln lassen. Nach 2 Stunden Kochzeit die Kräuterzweige in die Brühe geben.

4. Den Fond durch ein feines Sieb gießen und nach dem Abkühlen entfetten.

Fischfond

Für ca. 1 l Fond
Zubereitungszeit: 45 Minuten

1 kg Fisch-Karkassen, z.B. von Scholle, Seezunge, Zander oder Petersfisch
2 EL Öl
4–5 Schalotten (ca. 80 g)
200 g Lauch (nur der weiße Teil)
100 g Petersilienwurzeln
2 Stangen Staudensellerie (ca. 50 g)
2 Champignons
1/4 l trockener Weißwein
1 Lorbeerblatt
2 Thymianzweige
5 zerdrückte weiße Pfefferkörner

1. Die Karkassen vorbereiten: Die Kiemen aus den Köpfen entfernen, sie würden den Fond bitter machen. Die Karkassen zerkleinern und etwa 15 Minuten in kaltes Wasser legen, dieses immer wieder erneuern, bis das Wasser klar bleibt. Auf ein Sieb schütten und abtropfen lassen.

2. Das Öl in einem großen Kochtopf erhitzen, die Karkassen kurz andünsten. Das kleingeschnittene Gemüse zugeben und mit andünsten. Mit Wein ablöschen, aufkochen lassen und 1 l kaltes Wasser aufgießen. Erneut langsam erhitzen.

3. Lorbeer, Thymian und Pfefferkörner zugeben und etwa 20 Minuten leise köcheln lassen, den sich bildenden Schaum mehrmals abschöpfen.

4. Den Fond durch ein mit einem Passiertuch ausgelegtes Spitzsieb gießen und erkalten lassen. Danach das Fett von der Oberfläche abheben.

Krebsfond

Für etwa 1 l Fond
Zubereitungszeit: ca. 1 Stunde 10 Minuten

500 g Krebs- (oder Hummer-)Karkassen
200 g Möhren
100 g Staudensellerie
50 g Lauch (nur der weiße Teil)
2 Tomaten
3 Schalotten
1 Knoblauchzehe
4 EL Öl
2 cl Cognac
1 Lorbeerblatt
1 Gewürznelke
3 zerdrückte Wacholderbeeren
je 1 Estragon- und Thymianzweig
50 g Tomatenmark
1/2 TL Salz, frisch gemahlener weißer Pfeffer

1. Die Krebskarkassen unter fließendem kalten Wasser gründlich waschen. Möhren, Sellerie und Lauch und Tomaten waschen und in grobe Stücke teilen. Schalotten und Knoblauch schälen und ebenfalls kleinschneiden.

2. In einem Kochtopf 2 Eßlöffel Öl erhitzen und die Karkassen scharf anbraten. Mit Cognac ablöschen und einkochen lassen.

3. Von der Herdplatte nehmen. Das restliche Öl in einem zweiten Topf erhitzen und das vorbereitete Gemüse mit Kräutern und Tomatenmark andünsten. Zu den Karkassen geben, mit Salz und Pfeffer würzen und 1 1/2 l Wasser aufgießen. Etwa 45 Minuten sanft köcheln lassen, den sich dabei bildenden Schaum mehrmals abschöpfen.

4. Den Fond durch ein mit einem Passiertuch ausgelegtes Spitzsieb gießen. Nach dem Erkalten das Fett von der Oberfläche abheben.

Aufgeschlagene Buttersauce mit Tomaten

Für 4 Personen
Zubereitungszeit: 40 Minuten

6 vollreife, mittelgroße Tomaten (geschält und entkernt etwa 250 g)
2 Schalotten
120 g kalte Butter
1 EL Tomatenpüree
4 cl trockener Weißwein
1–2 EL Estragonblätter
Salz, frisch gemahlener Pfeffer
1 Prise Zucker

1. Die Tomaten kurz überbrühen, häuten, halbieren, entkernen und in Stücke teilen. Die Schalotten schälen und in kleine Würfel schneiden. 20 g Butter erhitzen und die Schalotten glasig dünsten. Die Tomaten dazugeben und unter Rühren mit andünsten. Das Tomatenpüree unterrühren und den Wein aufgießen. Bei schwacher Hitze so lange köcheln lassen, bis die Tomaten zerfallen.

2. Im Mixer fein pürieren und erneut erhitzen. Mit einem Stabmixer die gut gekühlte Butter in kleinen Flocken nach und nach in die Sauce einarbeiten.

3. Sollte die Sauce zu dünn sein, noch etwas Butter dazugeben, ist sie zu dick, mit etwas Wasser oder Wein verdünnen. Mit den gewaschenen und fein gehackten Estragonblättern, Salz, Pfeffer und Zucker würzig abschmecken.

Grüne Pfeffersauce

Für 4 Personen
Zubereitungszeit: 20 Minuten

1 Schalotte
50 g kalte Butter
2 cl trockener Weißwein
1 EL Cognac
2 EL Kalbsjus
200 ml Crème double
20 g eingelegte grüne Pfefferkörner
Salz

1. Die Schalotte schälen und in kleine Würfel schneiden. 20 g Butter erhitzen, die Schalottenwürfel glasig dünsten. Mit Weißwein und Cognac ablöschen und einkochen lassen.

2. Kalbsjus und Crème double aufgießen und erneut sämig einkochen lassen.

3. Die Pfefferkörner mit der breiten Seite eines großen Küchenmessers zerdrücken.

4. Mit einem Stabmixer die restliche Butter in kleinen Flocken unter die Sauce quirlen. Pfefferkörner untermischen und eventuell mit Salz abschmecken.

E. W.
„Al dente" gekochte Nudeln, dazu die aufgeschlagene Buttersauce – fertig ist eine schnelle, köstliche Mahlzeit.
Sonst reiche ich die Sauce vor allem zu gebratenem oder gegrilltem Fisch mit festem Fleisch, z.B. Lotte.

Trüffelsauce

Für 4 Personen
Zubereitungszeit: 30 Minuten

1–2 schwarze Trüffeln
80 g Butter
4 cl guter Madeira
4 cl Champagner
6 cl kräftiger Geflügelfond
Cayennepfeffer, Salz
2 EL geschlagene Sahne

1. Trüffeln gründlich säubern und in etwa 3 mm dicke Scheiben schneiden.

2. Möglichst in einer Kupferkasserolle 30 g Butter hellbraun aufschäumen lassen und die Trüffelscheiben andünsten. Mit Madeira und Champagner ablöschen und einkochen lassen.

3. Den Geflügelfond aufgießen und auf ein Drittel der Menge einkochen lassen. Die Trüffelscheiben herausnehmen, dann mit einem Stabmixer die restliche kalte Butter in kleinen Flocken unter die Sauce schlagen. Erneut aufkochen lassen und noch einmal mit dem Stabmixer aufmixen.

4. Die Trüffelscheiben wieder zugeben, mit Cayennepfeffer und Salz würzen, die Sahne locker unterziehen. Paßt gut zu Perlhuhn oder gebratenem Bries.

Currysauce mit Apfel

Für 4 Personen
Zubereitungszeit: 40 Minuten

1 kleiner, aromatischer Apfel, z.B. Cox Orange
1 kleine Stange Staudensellerie
1 Schalotte
10 g Butter
1 TL gutes, mildes Currypulver
1–2 Safranfäden
1/2 TL frische, gehackte Ingwerwurzel
1 EL Mango-Chutney
200 ml Geflügelbrühe
1 Eiertomate
50 g kalte Butter
50 g kalte gesalzene Butter
Cayennepfeffer, Salz
etwas Zitronensaft
2 EL geschlagene Sahne

1. Den geschälten und entkernten Apfel, die Selleriestange und die geschälte Schalotte in kleine Würfel schneiden und in der erhitzten Butter andünsten, aber nicht bräunen. Curry, Safran, Ingwer und Mango-Chutney zugeben und bei schwacher Hitze einige Minuten köcheln lassen.

2. Den Geflügelfond in einer Sauteuse auf etwa die Hälfte der Menge einkochen lassen.

3. Währenddessen die Eiertomate kurz überbrühen, häuten, halbieren, entkernen und in kleine Würfelchen schneiden.

4. Die beiden Buttersorten in kleinen Flocken mit einem Stabmixer unter den eingekochten Geflügelfond quirlen. Die Apfel-Currymischung und die Tomatenwürfel unterrühren, noch einmal erhitzen und mit Cayennepfeffer, etwas Salz und Zitronensaft würzen. Zum Schluß die geschlagene Sahne locker unter die Sauce ziehen. Paßt zu Masthuhn, aber auch zu Lamm- oder Kalbfleisch.

Morchelrahmsauce

Für 4 Personen
Zubereitungszeit: 30 Minuten
Einweichzeit der Morcheln: ca. 5 Stunden

30 g getrocknete Morcheln
1/4 l Milch
1 Lauchzwiebel
20 g Butter
1 EL Cognac
4 cl roter Portwein
200 ml Geflügelbrühe
200 ml Sahne
40 g kalte, gesalzene Butter
Cayennepfeffer
etwas Zitronensaft
2 EL geschlagene Sahne

1. Die Morcheln in 1/4 l Wasser und der Milch einige Stunden einweichen. Anschließend auf einem Sieb abtropfen lassen, die Einweichflüssigkeit aufbewahren. Die Morcheln gründlich unter fließendem kalten Wasser säubern, damit alle Sandteilchen aus den kleinen Kammern herausgespült werden. Größere Morcheln halbieren oder vierteln.

2. Die Lauchzwiebel putzen und in kleine Würfel schneiden. Die Butter am besten in einer Kupferkasserolle hellbraun aufschäumen lassen, die Morcheln andünsten. Die Zwiebelwürfel zugeben und unter Rühren mit andünsten. Sobald alle Flüssigkeit verdampft ist, mit Cognac und Portwein ablöschen und erneut einkochen lassen. Die Morcheln herausnehmen, den Bratenfond mit Geflügelbrühe sowie 100 ml von der Pilz-Einweichflüssigkeit aufgießen und auf etwa ein Drittel einkochen lassen.

3. Die Sahne zugießen und wiederum so lange kochen, bis die Mischung cremig-gebunden ist. Die Sauce durch ein feines Sieb passieren und die Butter mit einem Stabmixer in kleinen Flöckchen unter die Sauce schlagen.

4. Die Morcheln zugeben, mit Cayennepfeffer und Zitronensaft würzen und die Schlagsahne locker unter die Sauce ziehen.

E. W.
Die Morchelrahmsauce paßt solo zu Nudeln, aber auch zu sehr vielen Fleischgerichten wie etwa einem gebratenen Masthuhn, Rehmedaillons, Kalbsschnitzeln oder auch zu Rindersteaks.
Das Einweichen in einer Mischung aus Milch und Wasser gibt den Morcheln noch einen feineren Geschmack.
Unbedingt frische Milch, keine H-Milch dafür verwenden.

Specksauce zu Fisch

Für 4 Personen
Zubereitungszeit: 30 Minuten

60 g durchwachsener Räucherspeck
4 Schalotten
1 Knoblauchzehe
6 Champignons
2 EL Öl
1 Thymianzweig
1/2 TL Tomatenmark
4 cl alter Aceto Balsamico
200 ml Fischfond
100 ml Kalbsfond
200 ml Sahne
2 EL Crème fraîche
Salz

1. Räucherspeck, geschälte Schalotten, Knoblauchzehe und die geputzten Champignons in kleine Würfel schneiden.

2. Das Öl erhitzen und alles darin andünsten. Thymian zugeben, Tomatenmark unterrühren und mit Essig ablöschen. Fast völlig einkochen lassen, dann den Fisch- und den Kalbsfond aufgießen, auf die Hälfte der Menge einkochen lassen.

3. Sahne und Crème fraîche unterrühren und erneut etwa um die Hälfte einkochen lassen.

4. Die Sauce im Mixer fein pürieren und durch ein Sieb streichen. Noch einmal aufkochen lassen und mit etwas Salz abschmecken.

Schalottensauce mit Aceto Balsamico

Für 4 Personen
Zubereitungszeit: 30 Minuten

80 g Schalotten
30 g Butter
1/2 Bund frischer Majoran
30 g Tomatenwürfel
1/2 TL Tomatenmark
100 ml trockener Weißwein
4 cl Aceto Balsamico
150 ml Kalbsjus

1. Schalotten schälen und in sehr kleine Würfel schneiden. In der heißen Butter glasig dünsten. Den fein gehackten Majoran, die Tomatenwürfel und das Tomatenmark zugeben und andünsten.

2. Mit Weißwein ablöschen und um die Hälfte einkochen lassen, dann den Essig zugießen und erneut einkochen lassen.

3. Zum Schluß den Kalbsjus aufgießen und kurz durchkochen lassen.

E. W.
Die Specksauce paßt gut zu kräftigen Fischen wie etwa
Zander, Dorade oder auch Steinbutt.
Ersetzt man den Fischfond ganz durch Kalbsfond, so schmeckt
die Sauce auch gut zu Fleischpflanzerln.

Senfsauce mit Estragon

Für 4 Personen
Zubereitungszeit: 30 Minuten

2 Schalotten
20 g Butter
200 ml Champagner oder trockener Weißwein
100 ml Noilly-Prat
400 ml Geflügelfond
200 ml Sahne
2 EL Crème fraîche
2 EL Dijonsenf
1/2 TL fein geschnittene Estragonblätter
Cayennepfeffer, Salz

1. Schalotten schälen, in kleine Würfel schneiden und in der heißen Butter glasig dünsten. Mit Champagner oder Wein und Noilly-Prat ablöschen und fast völlig einkochen lassen. Dann den Geflügelfond, Sahne und Crème fraîche aufgießen und auf etwa ein Drittel der Menge einkochen lassen.

2. Die Sauce durch ein feines Sieb passieren, den Dijonsenf und die Estragonblätter unterrühren. Mit Cayennepfeffer und Salz würzig abschmecken.

Olivensauce

Für 4 Personen
Zubereitungszeit: 25 Minuten

2 gekochte Artischockenböden
10 entkernte schwarze Oliven
10 entkernte grüne Oliven
30 g schwarze Trüffel
2 Schalotten
50 g kalte Butter
4 cl trockener Weißwein
200 ml Geflügelfond
2 EL Kalbsjus
1 EL Trüffeljus
einige fein gehackte Estragonblätter

1. Die Artischockenböden, beide Olivensorten, Trüffel und die geschälten Schalotten in sehr kleine Würfel schneiden und in 20 g Butter sachte andünsten. Mit Weißwein ablöschen und völlig einkochen lassen, dann den Geflügelfond und den Kalbsjus zugießen und so lange kochen lassen, bis etwa die Hälfte der Menge verdampft ist.

2. Die restliche Butter in kleinen Flocken und den Trüffeljus mit einem Kochlöffel unter die Olivensauce rühren, zum Schluß die fein gehackten Estragonblätter untermischen. Paßt gut zu Poularde, aber auch zu Ente oder zu Foie gras.

E. W.
Diese Senfsauce paßt sehr gut zu gebratenem Kaninchenfleisch, Stubenküken oder Perlhuhn. Bei der großen Auswahl an Senfsorten, die es inzwischen bei uns gibt, kann man die Sauce beliebig abwandeln, indem man Zitronen-, Estragonsenf oder Senf mit grünem Pfeffer nimmt.

Aufgemixte Mayonnaise

Für 4 Personen
Zubereitungszeit: 5 Minuten

1 ganzes Ei
1 Mokkalöffel Senf (10 g)
100 ml Öl
Saft von 1/2 Zitrone
1 Spritzer Estragonessig
1 Prise Zucker
Salz, Cayennepfeffer
3–4 EL Sahne
1 EL geschlagene Sahne

1. Alle Zutaten bis auf die geschlagene Sahne in einen hohen Becher geben und mit dem Stabmixer rasch cremig aufschlagen.

2. Zum Schluß die geschlagene Sahne locker unterziehen. Sollte die Mayonnaise zu dick geraten sein, mit etwas heißem Wasser verdünnen.

Sauce Tatar

Für 4 Personen
Zubereitungszeit: 15 Minuten

1 Grundrezept Mayonnaise
1 hartgekochtes Ei
8 kleine Cornichons
1 TL Kapern
1 Sardelle
1/2 Bund Schnittlauch
evtl. noch etwas Zitronensaft
Cayennepfeffer
1 EL geschlagene Sahne

1. Die Mayonnaise nach dem Grundrezept zubereiten, jedoch keine geschlagene Sahne unterziehen.

2. Ei, Cornichons, Kapern und Sardelle mit einem großen Messer oder einem Wiegemesser fein hacken, Schnittlauch fein schneiden. Alles unter die Mayonnaise rühren und noch einmal mit Zitronensaft und Cayennepfeffer nachwürzen.

3. Zum Schluß die geschlagene Sahne locker unter die Sauce Tatar ziehen.

E. W.
Je nach Verwendung läßt sich die Mayonnaise beliebig abwandeln:
Für eine Hummermayonnaise wird 150 ml Hummerfond auf etwa 1 EL eingekocht, untergerührt und mit weißem Portwein abgeschmeckt. Für eine Kräutersauce rühren Sie gehackte Kräuter unter und schmecken mit einem Spritzer Sherryessig, Worcestersauce und Zitronensaft ab.

Weißweinsauce mit Lauch und Trüffel

Für 4 Personen
Zubereitungszeit: 30 Minuten

200 ml Steinbutt-Fond
100 ml Noilly-Prat
100 ml trockener Weißwein
150 ml Crème double
100 g Lauch (nur der weiße Teil)
1 Trüffel
2 cl Trüffeljus
100 g kalte gesalzene Butter

1. Fischfond, Noilly-Prat, Wein und Crème double bei starker Hitze um die Hälfte einkochen lassen.

2. Den Lauch putzen, in feine Streifen schneiden, waschen und kurz in kochendem Wasser blanchieren. Gut abtropfen lassen. Den Trüffel ebenfalls in feine Streifen schneiden.

3. Den Trüffeljus unter die reduzierte Sauce mischen und die Butter in kleinen Flocken mit einem Stabmixer unterschlagen. Zum Schluß die Lauch- und Trüffelstreifen untermischen. Köstlich zu gedämpftem oder gebratenem Fisch.

Aufgeschlagene Fischsauce

Für 2 Personen
Zubereitungszeit: 35 Minuten

4 cl Noilly-Prat
4 cl trockener Weißwein
4 cl Fischfond
1 fein gehackte Schalotte
1 Eigelb
50 g kalte Butter
Salz, Cayennepfeffer

1. Noilly-Prat, Weißwein, Fischfond, Schalottenwürfel und Eigelb in einer Metallschüssel mit rundem Boden verquirlen. Die Schüssel auf ein Wasserbad stellen und mit einem Schneebesen dickschaumig aufschlagen.

2. Sobald sich die Masse verdoppelt hat, die kalte Butter in kleinen Flocken unterschlagen. Mit Salz und Pfeffer würzen und zu kurz gebratenem oder gedämpftem Fisch reichen.

E. W.
Für die aufgeschlagene Fischsauce braucht man einen Schneebesen, der gut in der Hand liegt und mit dem man ausdauernd arbeiten kann.
Ein stabiler Profischneebesen darf meiner Meinung nach in keiner Küche fehlen, denn trotz moderner Küchentechnik schlage ich die Sabayons nicht mit elektrischen Handrührern auf, weil diese niemals so viel Luft in die Masse bringen wie nötig ist.

G·E·M·Ü·S·E

Gemüsegerichte sind für mich ein unerschöpfliches Thema

Wenn ich an meine Kindheit denke, erinnere ich mich gern und mit Genuß an die herrlichen Gemüsegerichte, die meine Mutter für uns zubereitete. Je nachdem, was der Garten gerade bot, gab es Blumenkohl mit Semmelbröseln, frischen Spinat mit Spiegeleiern oder breite Bohnen mit Dill und Einmachsauce. Schon damals empfand ich es nicht als Verzicht, daß Fleisch, weil es teuer war, meist nur am Sonntag auf den Tisch kam. Im Gegenteil: Mutters phantasievolle, abwechslungsreiche Gemüseküche begeisterte mich immer wieder aufs neue. Kaum war der Winter zu Ende, pflanzte sie in unserem Garten die heimischen Gemüsesorten. Selbst Kartoffeln – sowohl mehlige als auch speckige – fehlten nicht. Das Miterleben, wie sich die kleinen Pflanzen entwickeln und mit Sonne und Regen allmählich erntereif werden, empfand ich schon damals als Geschenk der Natur. Ich bedauere es sehr, daß ich heute viel zu wenig Zeit habe, mein Gemüse selber anzubauen. Meine Gärtneraktivitäten beschränken sich auf einen kleinen Kräutergarten auf dem Balkon, den ich mit Hingabe hege und pflege. Über jedes neue Basilikum- oder Salbeiblättchen freue ich mich wie ein Rosenzüchter.

Für mich ist die Natur der Star in der Küche. Frisches Gemüse, knackige Salate und duftende Kräuter benötigen kaum weitere Zutaten, um zu einem köstlichen Gericht zu werden. Frische Karotten, in wenig Wasser gedünstet, mit einem Stück Butter verfeinert, ganz wenig Salz, dafür reichlich gehackte Petersilie – das ist mir höchster Genuß.

Die Kunst der Gemüseküche beginnt mit der richtigen Garmethode. Manche Gemüse entwickeln ihren feinen Geschmack erst durch langsames Schmoren, andere dagegen schmekken kurz gebraten oder gedünstet am feinsten. Zum Würzen benötigt man viel Fingerspitzengefühl, damit der zarte Eigengeschmack nicht verloren geht. Oft reichen eine kleine Prise Salz, ein wenig Zucker und frische Gartenkräuter, die natürlich niemals fehlen dürfen.

Vorbild im Umgang mit Gemüse ist für mich neben der mediterranen Küche auch die asiatische Kochweise. Behutsam werden dort die Schätze der Natur entweder unter Rühren in wenig Öl so lange gebraten, bis sie zwar gar sind, aber noch Biß haben, oder sie werden aroma- und vitaminschonend gedämpft.

Unumstritten ist Gemüse aus dem eigenen Garten – sonnengereift und frisch geerntet – am besten, aber wie viele können es heute noch selbst anpflanzen. Wenn möglich bevorzuge ich heimisches Gemüse der jeweiligen Saison. Die ist bei unserer Witterung aber leider ziemlich kurz und muß daher durch den Anbau in Treibhäusern künstlich verlängert werden. In diesem Fall ist mir ein knackiger Freilandspinat aus Italien lieber als ein wässeriger, deutscher Treibhausspinat. Im Zeitalter der schnellen Wege ist es heute ohne weiteres möglich, im März herrliche, geschmacksintensive Freilandkarotten aus Sizilien zu bekommen oder knackige Bohnen, die tags zuvor in Kenia per Hand geerntet wurden. Wichtig ist mir aber, daß das Gemüse auf natürliche Weise, in richtiger Erde und möglichst ohne Kunstdünger gedeihen konnte, viel Sonne zum Reifen hatte und dann noch auf dem schnellsten Weg in die Küche kommt.

Wer gutes Gemüse kaufen will, muß vor allem gut zuhören können: Ich habe die Erfahrung gemacht, daß ich die beste Ware nach Hause trage, wenn ich mich mit dem Gemüsehändler unterhalte und mich beraten lasse. Von ihm erfahre ich, aus welchem Land das Gemüse kommt, wo gerade ideale Erntebedingungen herrschen und welche Sorte am frischesten ist. Gemüsekauf ist Vertrauenssache, nur wenn die Qualität stimmt, kann daraus ein hervorragendes Gericht werden.

Natürlich hat gute Qualität ihren Preis, und Gemüse ist längst nicht mehr ein billiger Sattmacher. Man darf aber nicht vergessen, wie wichtig gerade Gemüse für unser Wohlbefinden

ist. Durch die Arbeit an dem Buch „Die Olympiadiät" habe ich gelernt, daß Gemüse über den kulinarischen Genuß hinaus unseren Körper mit wertvollen Mineralstoffen, Vitaminen und mit den für die Verdauung so wichtigen Ballaststoffen versorgt. Es ist erfreulich, daß nun immer mehr Menschen erkennen, wie köstlich auch und gerade gesundes Essen mit viel Gemüse sein kann.
Immer öfter werde ich von Gästen gefragt, ob sie nicht ein rein vegetarisches Gericht bekommen könnten. Darüber freue ich mich ganz besonders, vor allem, weil mein Repertoire an Gemüsegerichten unerschöpflich ist. Dagegen stellt es mir den Kragen hoch, wenn Gäste die Gemüsebeilage fast völlig ignorieren. Sie wissen einfach nicht, welcher Genuß ihnen entgeht, wenn sie zum Beispiel auf rote Rüben in Orangenmarmelade geschmort, lauwarmen Gemüsesalat mit Trüffel-Vinaigrette, glasierte Zwiebeln, Spargelrisotto oder Paprikagemüse in Sahnesauce verzichten.

Faszinierend ist für mich beim Gemüse auch die unendliche Sortenvielfalt. Jedes Land, ja jede Region hat ihre ganz typischen Lieblingssorten. Die reinweißen Spargelstangen, wie die Deutschen sie lieben, brauchen sandige Böden, die es zum Beispiel in Baden oder um Schrobenhausen gibt. Französische oder spanische Spargelfreunde dagegen finden unseren Spargel viel zu fade. Sie bevorzugen Stangen mit dunkleren, herzhaft schmeckenden Köpfen, wie sie bei Argenteuil wachsen.
Ähnlich ist es mit Bittergemüse wie Rucola, Radicchio oder Fenchel: Im Mittelmeerraum sehr beliebt, für viele heimische Gaumen jedoch immer noch gewöhnungsbedürftig.
Für mich als Kosmopoliten ist es herrlich, die vielen unterschiedlichen Gemüsearten aus aller Welt kennenzulernen und raffinierte Gerichte daraus zu kreieren. Dennoch, meine Liebe zu den Gemüsesorten meiner Kindheit, wie zum Beispiel Karotten, roten Beten, Kohlrabi, Petersilienwurzeln oder knackigem Kopfsalat ist geblieben.

Die Märkte sind es, die mich überall auf meinen Reisen magisch anziehen. Gibt es etwas Schöneres als die farbenprächtigen Gemüsestände? Leuchtendrote Tomaten, violett glänzende Auberginen, grasgrüne Zucchini und ein Meer aus duftenden, grünen Kräutern.
In München ist für mich der Viktualienmarkt mein Barometer der Jahreszeit. Es vergeht kaum ein Tag, an dem ich nicht an den appetitmachenden Ständen vorbeibummle, mit meinem Gemüsehändler Fachgespräche führe und eine Tasche voll Gemüse nach Hause trage.

Gemüsespieße im Tempurateig ausgebacken mit verschiedenen Dipsaucen

Für 4 Personen
Zubereitungszeit: 45 Minuten

Für 24 Spieße:
100 g kleine Champignons
1 mittelgroße Aubergine
je 1 rote, gelbe und grüne Paprikaschote
1 kleiner Chinakohl, 2 Bund Lauchzwiebeln
100 g Tofu, 100 g Mehl, Salz
Für den Tempurateig:
80 g Speisestärke, 5 g Backpulver
2 g Tandooripaste, 80 ml Eiswasser
2 Eiweiße, Öl zum Ausbacken
Für die Currymayonnaise:
100 ml Mayonnaise, siehe Seite 67
1 EL mildes Currypulver
1/2 TL Kreuzkümmel
1/2 TL Kurkuma (Gelbwurz)
1/2 Bund frisches Koriandergrün (Cilantro)
Für den Essig-Dip:
6 EL süßer Reisessig
1 Chilischote
Für den Soja-Dip:
6 EL Sojasauce
1–2 TL geriebener Wasabi (grüner Meerrettich)

1. Die Champignons putzen, von der Aubergine das grüne Stielende entfernen, die Paprikaschoten halbieren und den Stengelansatz sowie die Kerne und die hellen Scheidewände entfernen. Den Chinakohl halbieren und den harten Strunk herausschneiden. Von den Lauchzwiebeln die Wurzeln und die grünen Enden abschneiden.

2. Die Gemüsesorten waschen und auf einem Tuch abtrocknen lassen. Auberginen, Paprika, Chinakohl und Tofu in große Würfel schneiden, Champignons und Lauchzwiebeln ganz lassen. Jeweils eine Sorte (oder die einzelnen Sorten abwechselnd) auf einen Holzspieß stecken. Pro Person ergibt das 6 Spieße. Das Mehl mit etwas Salz vermischen und die Spieße darin wenden, überschüssiges Mehl abklopfen.

3. Für den Tempurateig Stärke, Backpulver und Tandooripaste in einer Schüssel vermischen und unter Rühren das Wasser dazugießen. Die Eiweiße halbsteif schlagen und zum Schluß unterheben.

4. Reichlich Öl in einer Friteuse auf 170 °C erhitzen. Die Spieße durch den Teig ziehen und im heißen Öl portionsweise in 2–3 Minuten goldgelb ausbacken.

5. Für die Dips die jeweils angegebenen Zutaten in einem kleinen Schälchen miteinander verrühren. Die fritierten Gemüsespieße in einen der Dips tauchen und aus der Hand essen.

E. W.
Diese Gemüsespieße sind ein herrliches Sommeressen im Freien, wenn man Gäste hat. Viele Gemüsespieße vorbereiten, mehrere Schalen mit Teig verteilen und in die Mitte des Tisches das heiße Fettbad stellen. Dips bereitstellen und das muntere und gesunde Eßvergnügen kann losgehen.

Romanasalat mit Schinken-Käsefüllung auf Tomatenconfit

Für 4 Personen
Zubereitungszeit: 45 Minuten

1 großer Romanasalat
4 dünne Scheiben gekochter Räucherschinken
6 Scheiben Fontinakäse
ca. 2 EL Mehl
1 Ei
2–3 EL Milch
ca. 80 g frisch geriebenes Weißbrot
4 EL Sonnenblumenöl
30 g Butter
Für das Tomatenconfit:
5 vollreife Tomaten
1–2 Schalotten
1 Knoblauchzehe
4 EL bestes Olivenöl
1 Thymianzweig
Salz, 1 Prise Zucker
frisch gemahlener Pfeffer
5–6 Basilikumblätter

1. Vom Romanasalat 8 äußere, größere Blätter ablösen und in kochendem Salzwasser kurz blanchieren. Ausgebreitet auf einem Küchentuch abtropfen lassen. Jeweils 2 Blätter übereinander legen und mit je 1 Schinken- und Käsescheibe belegen. Die Salatblätter auf den Längsseiten einschlagen und die Blattränder von den Querseiten darüber schlagen, so daß insgesamt 4 kleine Pakete entstehen.

2. Diese gefüllten Salatblätter erst in Mehl, dann in mit Milch verquirltem Ei und zum Schluß in den frisch geriebenen Weißbrotbröseln wenden. Die Panierung gut festdrücken.

3. Das Öl und die Butter zusammen erhitzen und die Gemüsepäckchen bei mittlerer Hitze auf beiden Seiten goldbraun braten.

4. Für das Tomatenconfit die Tomaten kurz überbrühen, häuten, halbieren, entkernen und in kleine Würfelchen schneiden. Schalotten und die Knoblauchzehe schälen und wie das Tomatenfruchtfleisch in kleine Würfel schneiden.

5. Schalottenwürfel und Knoblauch im erhitzten Öl glasig dünsten, Tomaten und Thymianblättchen dazugeben und mit Salz, Zucker und Pfeffer würzen. Einige Minuten köcheln lassen, bis die Tomaten gerade zu zerfallen beginnen.

6. Jeweils einen Löffel Tomatenconfit auf vorgewärmte Teller verteilen und die gefüllten Salatblätter darauf anrichten, mit den gewaschenen Basilikumblättchen garnieren.

E. W.
Die kräftigen Blätter des Romanasalates mit ihrem leichten Bitterton harmonieren vorzüglich mit dem würzigen Fontinakäse und dem Schinken. Beim Braten darf die Hitze auf keinen Fall zu stark sein, da sonst die Salatblätter zu schnell bräunen und der Käse zu wenig Zeit zum Schmelzen hat.

Radicchio mit Kaninchenleberfülle auf Gorgonzola-Risotto

Für 4 Personen
Zubereitungszeit: 1 Stunde

2 mittelgroße Radicchioköpfe
1 Knoblauchzehe
4 EL bestes Olivenöl
60 g Weißbrot
40 g Butter
100 g Kaninchenleber
80 g durchgedrehtes Kaninchenfleisch aus der Keule
2 Thymianzweige
Salz, frisch gemahlener Pfeffer
frisch geriebene Muskatnuß
1 Ei
50 ml Sahne
5–6 EL Geflügelfond
30 g milder Gorgonzola
1 Rezept Gorgonzola-Risotto, siehe Seite 108
evtl. 2–3 EL Kaninchen- oder Kalbsjus

1. Von den Radicchioköpfen jeweils die vier äusseren Blätter ablösen und zur Seite legen. Den Rest in feine Streifen schneiden und mit der Knoblauchzehe in der Hälfte des Olivenöls andünsten. So lange köcheln lassen, bis die Flüssigkeit völlig verdampft ist, dann die Knoblauchzehe wieder entfernen und das Gemüse in eine Schüssel geben.

2. Das Weißbrot in kleine Würfel schneiden und in 20 g Butter goldbraun rösten. Die Kaninchenleber in kleine Würfel schneiden und mit dem durchgedrehten Fleisch und den Croutons unter das Gemüse mischen. Mit Thymian, Salz, Pfeffer und Muskat würzen, Ei und Sahne unterrühren.

3. Den Backofen auf 190 °C vorheizen. Die Füllung auf die acht Gemüseblätter verteilen und die Enden gut zusammendrücken. Dicht nebeneinander in eine längliche Auflaufform oder eine Bratreine setzen, mit der restlichen Butter in Flöckchen belegen und mit dem restlichen Olivenöl beträufeln. Im heißen Backofen 15–20 Minuten garen, dabei gelegentlich mit Geflügelfond übergießen.

4. Kurz vor Ende der Garzeit den Backofen auf 220 °C schalten und den in kleine Stücke zerteilten Gorgonzola über die Gemüsepäckchen streuen. In wenigen Minuten goldgelb überbacken.

5. Jeweils zwei gefüllte Radicchiopäckchen auf Gorgonzola-Risotto anrichten. Eventuell mit etwas Kaninchen- oder Kalbsjus beträufeln.

E. W.
Die leicht bitter schmeckenden Salatköpfe aus Italien wurden lange Zeit nur als Farbtupfer in Salaten geschätzt. Ganz allmählich entdeckt man auch bei uns, daß dieses knackige Gemüse geschmort, als Suppe oder gratiniert fantastisch schmecken kann.

Gefüllte Zwiebeln

Für 4 Personen
Zubereitungszeit: 1 Stunde

12 junge, mittelgroße Zwiebeln
Salz
70 g frisch geriebenes Weißbrot
1/8 l heiße Milch
1 kleine Knoblauchzehe
10 g Butter
1 EL Tomatenwürfel
1 EL gehackte Petersilie
100 g gehackter Schweinenacken
100 g gehackte Kalbsschulter
1 Ei
1 Msp Senf
etwas gerebelter Thymian
frisch gemahlener Pfeffer
2 EL Olivenöl
1/8 l Fleischbrühe

1. Die Zwiebeln schälen und von der Stengelseite einen Deckel abschneiden. Die Zwiebeln einige Minuten in kochendem Salzwasser blanchieren, mit einem Schaumlöffel herausheben, ein wenig auskühlen lassen und dann das Innere bis zu den äußeren zwei Schichten aushöhlen.

2. Die Brotbrösel mit heißer Milch übergießen und quellen lassen. Die Knoblauchzehe schälen, sehr fein hacken und in der heißen Butter andünsten. Die Tomatenwürfel und gehackte Petersilie dazugeben und kurz durchschwenken.

3. Schweine- und Kalbshack vermischen und die eingeweichten Brotbrösel, die Knoblauchmischung und das Ei zugeben und zu einer geschmeidigen Masse verrühren. Mit Senf, Thymian, Salz und Pfeffer pikant würzen.

4. Den Backofen auf 200 °C vorheizen. Die Zwiebeln mit der Hackfleischmasse füllen und nebeneinander in eine mit Öl ausgefettete Auflaufform setzen. Im heißen Backofen 20–25 Minuten garen, dabei immer wieder mit Fleischbrühe begießen.

E. W.
Die gefüllten Zwiebeln serviere ich gern als Beilage, zum Beispiel zu einer sanft geschmorten Zickleinschulter oder einem saftigen Kalbsschmorbraten. Zuhause bereite ich das Gericht auch als sättigende Hauptmahlzeit. Die angegebene Menge reicht dann für 2–3 Personen.

Tomaten mit Lachsfüllung und Basilikum-Buttersauce

Für 4 Personen
Zubereitungszeit: 45 Minuten

8 reife, mittelgroße Tomaten
Salz, frisch gemahlener weißer Pfeffer
100 g rohe Lachsabschnitte
Cayennepfeffer
frisch geriebene Muskatnuß
120 g Crème double
1 Ei
30 g Lachsfilet
10 g Butter
1 EL Öl
Für die Basilikum-Buttersauce:
1 kleine Schalotte
1 EL trockener Vermouth
5 cl trockener Weißwein
1 EL Sahne
60 g eiskalte Butter
4–6 Basilikumblätter
1 EL geschlagene Sahne
Salz, Cayennepfeffer

1. Von den Tomaten den Stielansatz entfernen, kurz in kochendem Wasser überbrühen und sofort in eiskaltem Wasser abschrecken. Die Tomaten häuten und von der Stielseite her mit einem kleinen Löffel oder einem Ausstecher aushöhlen. Innen leicht mit Salz und Pfeffer würzen.

2. Für die Füllung die Lachsabschnitte mit Salz, Pfeffer, Cayennepfeffer und Muskat würzen und im Mixer pürieren. Nach und nach die Creme double sowie das verquirlte Ei untermischen. Die Masse durch ein Haarsieb streichen, in eine Schüssel mit Eiswürfeln stellen und gut kühlen oder kurze Zeit in den Tiefkühler stellen. Das Lachsfilet in kleine Würfelchen schneiden und unter die Masse heben. Den Backofen auf 220 °C vorheizen.

3. Die Fischmasse in die Tomaten füllen. Butter und Öl in einer Kasserolle aufschäumen lassen, die Tomaten nebeneinander hineinstellen und im heißen Backofen ca. 15 Minuten garen.

4. Währenddessen für die Sauce die Schalotte schälen und in kleine Würfel schneiden. Mit Vermouth und Wein in eine Sauteuse geben und auf ein Drittel einkochen lassen. Die Sahne zugießen und kurz aufkochen lassen. Die Butter mit einem Stabmixer in kleinen Stücken nach und nach unter die Sauce quirlen. Von der Kochplatte nehmen, die fein geschnittenen Basilikumblätter und die geschlagene Sahne unterziehen, mit Salz und Cayennepfeffer abschmecken.

5. Jeweils zwei Tomaten auf vorgewärmten Tellern anrichten und die Sauce darübergießen. Mit Basilikumzweigen garnieren. Dazu Salzkartoffeln oder körnig gekochten Basmatireis servieren.

E. W.
Die Tomaten dürfen bei diesem Rezept nicht zu reif und weich sein, sonst zerfallen sie beim Garen. Dieses leichte, sommerliche Gericht kann man als Hauptgang, aber auch als Vorspeise reichen. Dann genügt eine Tomate pro Person. Die Fischfarce können Sie auch aus Steinbuttfilet zubereiten und statt in Tomaten in Salat- oder Mangoldblätter füllen.

Zucchiniblüten mit Jakobsmuscheln gefüllt

Für 4 Personen
Zubereitungszeit: 35 Minuten

4 große Zucchiniblüten mit Fruchtansatz
120 g ausgelöste Jakobsmuscheln
2 Tomaten
4 EL Olivenöl
1 EL Schalottenwürfel
1 EL gehackte Petersilie
Salz, frisch gemahlener Pfeffer
20 g Butter
1/2 TL abgezupfte Thymianblättchen
Für die Sauce:
40 g Butter
1 TL gehackte provenzalische Kräuter (Rosmarin, Thymian, Salbei)
1 EL geschlagene Sahne

1. Von den Zucchiniblüten den Fruchtansatz abschneiden und den Stempel im Innern der Blüte entfernen. Den Fruchtansatz in Würfel schneiden.

2. Das Muschelfleisch waschen und auf einem Tuch abtropfen lassen. Das Fleisch in 1 1/2 cm große Würfel, den roten Corail in Streifen schneiden.

3. Die Tomaten kurz überbrühen, häuten, halbieren, entkernen und in 1 cm große Würfel schneiden.

4. In einer Kasserolle 2 Eßlöffel Olivenöl erhitzen und das Muschelfleisch kurz andünsten. Die Schalotten- und Tomatenwürfel sowie die gehackte Petersilie zugeben und mit andünsten. Mit Salz und Pfeffer würzen und auf einem Sieb abtropfen lassen. Die Blüten mit dieser Mischung füllen und die Enden gut zusammendrücken.

5. In einer Pfanne 1 Eßlöffel Olivenöl und die Butter aufschäumen lassen, die gefüllten Blüten rundherum unter vorsichtigem Wenden anbraten. Den restlichen Eßlöffel Olivenöl erhitzen, die Zucchiniwürfel darin andünsten. Mit Salz, Pfeffer und den Thymianblättchen würzen.

6. Für die Sauce 2 Eßlöffel Wasser aufkochen. Butter und Kräuter miteinander verrühren und mit einem Stabmixer unter das heiße Wasser schlagen. Einmal aufkochen lassen, dann die Sahne unterziehen und sofort über die auf den Zucchiniwürfeln angerichteten Blüten gießen.

E. W.
Mit diesem Muschelragout können Sie auch ausgehöhlte Fleischtomaten, kurz blanchierte Blätter von Kopf- und Romanasalat oder auch Mangold füllen.

Weißkrautblätter mit Lamm gefüllt

Für 4 Personen (Beilage)
Zubereitungszeit: 1 Stunde 10 Minuten

6 große Weißkrautblätter
50 g altbackenes Weißbrot
2–3 EL heiße Milch
1 Ei
60 g Zwiebelwurst (oder 30 g gekochten Schinken mit Fett und 30 g Schweinefleisch durch den Wolf drehen)
50 g Weißkraut
1 Schalotte
40 g Butter
Salz, frisch gemahlener Pfeffer
etwas Majoran
1/2 zerdrückte Knoblauchzehe
1/2 Bund glatte Petersilie
100 g Lammfilet
1 EL Öl
frisch geriebene Muskatnuß
1 Zwiebel
1 Knoblauchzehe
1 kleine Möhre
50 g Knollensellerie
30 g Schinkenspeck
1 Thymianzweig
ca. 250 ml Brühe

1. Die großen Krautblätter in kochendes Salzwasser legen, einmal aufkochen lassen, herausheben und in eiskaltem Wasser abschrecken. Auf einem Tuch ausbreiten und abtropfen lassen.

2. Für die Füllung das Weißbrot in kleine Würfel schneiden, mit der Milch anfeuchten und das Ei sowie die Zwiebelwurst unterrühren.

3. Das Weißkraut in Streifen schneiden, die geschälte Schalotte würfeln, beides zusammen in 20 g Butter andünsten. Mit Salz, Pfeffer, Majoran und zerdrücktem Knoblauch würzen und die gehackte Petersilie untermischen.

4. Das Lammfilet in kleine Würfel schneiden und rasch in heißem Öl anbraten. Mit Salz, Pfeffer und Muskat würzen. Mit dem gedünsteten Kraut zu der Brotmischung geben und zu einer glatten Masse verrühren. Die großen Krautblätter halbieren und die dicken Blattrippen entfernen. Jeweils etwas von der Füllung auf den Blatthälften verteilen und zusammen mit den Blättern zu runden Bällchen formen.

5. Zwiebeln, Knoblauch, Möhre und Sellerie schälen und in kleine Würfel schneiden, ebenso den Schinkenspeck. In der restlichen Butter andünsten. Den Thymianzweig dazugeben, mit Salz, Pfeffer und Zucker würzen und die Krautbällchen darauf setzen. Mit Brühe übergießen und zugedeckt etwa 30 Minuten bei schwacher Hitze garen.

E. W.
Die Krautbällchen schmecken als Beilage zu Lamm-Medaillons, aber auch als Hauptgericht. Die angegebene Menge reicht dann für 2 Personen.
Ich bereite dieses Gericht – ob als Beilage oder Hauptgericht – am liebsten mit jungem Spitzkohl zu, da der Herbstkohl nicht nur einen sehr intensiven Geschmack hat, sondern auch ziemlich hart ist und eine lange Garzeit benötigt. Eine Alternative zum Weißkraut sind Wirsingblätter.

Schwarzwurzelgratin mit Périgord-Trüffeln

Für 4 Personen
Zubereitungszeit: 1 Stunde

600 g Schwarzwurzeln
1 EL Mehl
1 l Milch
Salz
Saft von 1/2 Zitrone
60 g Butter
150 g Périgord-Trüffeln
100 ml Madeira
1/4 l Sahne
frisch geriebene Muskatnuß
40 g frisch geriebener Parmesan

1. Die Schwarzwurzeln waschen und schälen. Das Mehl mit 1 l Wasser, 3/4 l Milch, Salz und Zitronensaft vermischen, zum Kochen bringen und die Schwarzwurzeln darin 5 Minuten kochen.

2. Die Schwarzwurzeln mit einem Schaumlöffel herausheben, abtropfen lassen und in 2–3 cm dicke Scheiben schneiden. Kreisförmig und leicht überlappend in eine dick mit Butter ausgestrichene Auflaufform schichten. Die Trüffeln bürsten, in 2 mm dünne Scheiben hobeln und zwischen die Schwarzwurzelscheiben stecken. Den Backofen auf 210 °C Oberhitze und 190 °C Unterhitze vorheizen.

3. Madeira in einer Sauteuse auf die Hälfte der Menge einkochen lassen. Restliche Milch und die Sahne zugießen, kurz kochen lassen und mit Salz und Muskat würzen, über die Schwarzwurzel-Trüffelmischung gießen und den Parmesan darüberstreuen. Im heißen Backofen in ca. 20–25 Minuten goldgelb backen

Gratin von weißen Rübchen und Kartoffeln

Für 4 Personen
Zubereitungszeit: 45 Minuten

4 kleine weiße Rübchen (Navetten)
200 g mehlig-kochende Kartoffeln
1 Knoblauchzehe
20 g Butter
1/8 l Sahne
1/8 l Milch
Salz, frisch gemahlener weißer Pfeffer
frisch geriebene Muskatnuß
40 g frisch geriebener Gruyère
1 EL Crème double

1. Rübchen und Kartoffeln schälen und mit einem Gurkenhobel oder einer Aufschnittmaschine in dünne Scheiben schneiden. Eine Gratinform erst mit den Schnittflächen der halbierten Knoblauchzehe ausreiben, dann mit Butter ausfetten. Die Rübchen- und Kartoffelscheiben abwechselnd leicht überlappend in die Form schichten. Den Backofen auf 190 °C vorheizen.

2. Sahne und Milch verquirlen, mit Salz, Pfeffer und Muskat würzen und über den vorbereiteten Gratin gießen, die Kartoffeln und Rübchen müssen vollständig bedeckt sein, andernfalls noch etwas mehr Sahne zugeben. Mit dem Käse bestreuen und in den heißen Backofen schieben, ca. 25 Minuten backen. 5 Minuten vor Ende der Garzeit die Oberfläche mit der Crème double bestreichen.

Lauchgratin mit Pfifferlingsahne

Für 4 Personen
Zubereitungszeit: 50 Minuten

400 g Lauch (nur der weiße Teil)
250 g kleine Pfifferlinge
250 g kleine Tomaten
50 g Butter
Salz, frisch gemahlener Pfeffer
1 Prise Zucker
4 EL Olivenöl
Saft von 1/2 Zitrone
200 ml Crème double
2 EL frisch geriebenes Weißbrot ohne Rinde
2 EL frisch geriebener Parmesan

1. Lauch in 1 cm breite Scheiben schneiden, gründlich waschen und auf einem Sieb abtropfen lassen. Die Pfifferlinge putzen und kurz waschen. Tomaten überbrühen, häuten, vierteln und entkernen.

2. In einer Kasserolle 20 g Butter erhitzen, den Lauch zugedeckt bißfest dünsten, mit Salz, Pfeffer und Zucker würzen. Tomatenviertel in 2 Eßlöffel Olivenöl kurz dünsten. Mit Salz, Pfeffer und Zucker würzen. Zitronensaft und 2 Eßlöffel Wasser aufkochen, Pilze zugeben und zugedeckt garen. Wenn die Flüssigkeit fast eingekocht ist, Crème double zugießen und cremig einkochen. Den Backofen auf 210 °C Oberhitze und 190 °C Unterhitze vorheizen.

3. Eine feuerfeste Gratinform mit der restlichen Butter ausfetten und den Lauch darin verteilen. Die Pfifferlingsauce darüber verteilen und die Tomatenviertel darauf anordnen. Weißbrotbrösel und Parmesan vermischen und über das Gemüse streuen. Mit dem restlichen Olivenöl beträufeln und im heißen Backofen wenige Minuten überbacken.

Sahniges Kohlrabigemüse

Für 4 Personen
Zubereitungszeit: 30 Minuten

4 mittelgroße Kohlrabi mit Blättern
4 kleine Lauchzwiebeln
60 g Butter
Salz
frisch geriebene Muskatnuß
1 Prise Zucker
6 EL Crème double
1/2 Bund glatte Petersilie

1. Von den Kohlrabi die Blätter entfernen, die inneren, zarten Blätter zur Seite legen. Die Knollen schälen, vierteln und in 3 mm dünne Scheiben schneiden. Von den Lauchzwiebeln die Wurzeln und das grüne Ende entfernen und den hellen Teil in kleine Würfel schneiden.

2. In einer Schmorpfanne 30 g Butter zerlassen und die Kohlrabischeiben sachte andünsten. Die Zwiebelwürfel zugeben, mit Salz, Muskat und Zucker würzen und 4–6 Eßlöffel Wasser angießen. Zugedeckt 10–15 Minuten dünsten.

3. Die Crème double unterrühren und ohne Deckel dick-cremig einköcheln lassen. Kurz vor dem Servieren die restliche Butter, die fein gehackte Petersilie und die streifig geschnittenen Kohlrabiblätter unter das Gemüse mischen.

In Butter karamelisierte Perlzwiebeln

Für 4 Personen
Zubereitungszeit: 1 Stunde

24 Perlzwiebeln
20 g Butter
1 TL Zucker
Salz
frisch gemahlener Pfeffer
1 EL Weißweinessig

1. Die Perlzwiebeln schälen. Die Butter in einer Kasserolle hell aufschäumen lassen, die Zwiebeln dazugeben und kurz durchschütteln. Mit Zucker bestreuen, salzen und pfeffern und bei schwacher Hitze unter gelegentlichem Umrühren mit einem Kochlöffel goldgelb karamelisieren lassen.

2. Mit Essig beträufeln und bei schwacher Hitze langsam weichdünsten. Nur falls nötig ein wenig Wasser dazugießen.

E. W.
Das Kohlrabigemüse paßt zu gebackenem Bries oder Schnitzeln, die Perlzwiebeln sind eine schöne Beilage zu Rehbraten, Rehragout, Wildhasenragout oder geschmortem Schweinefleisch.

Gemüse von Zuckerschoten

Für 4 Personen
Zubereitungszeit: 30 Minuten

500 g möglichst kleine Zuckerschoten
Salz
1 Schalotte
1 Knoblauchzehe
40 g gekochter Schinken
2 junge, dünne Lauchstangen
30 g Butter
frisch gemahlener Pfeffer
frisch geriebene Muskatnuß
1 EL gehackter Kerbel
1 EL gehackte Petersilie

1. Von den Zuckerschoten die Enden abknipsen und die Schoten in kochendem Salzwasser wenige Minuten blanchieren. In eiskaltem Wasser abschrecken und auf einem Sieb abtropfen lassen.

2. Die Schalotte und die Knoblauchzehe schälen und in kleine Würfel schneiden, ebenso den gekochten Schinken. Von den Lauchstangen die Wurzeln und die grünen Enden entfernen, den hellen Teil in dünne Scheiben schneiden, waschen und auf einem Sieb abtropfen lassen.

3. Die Butter zerlassen und Zwiebel- und Knoblauchwürfel darin sachte glasig dünsten. Die Schinkenwürfel und Lauchscheiben dazugeben und einige Minuten andünsten.

4. Die gut abgetropften Zuckerschoten zugeben, alles kurz durchschwenken und mit Salz, Pfeffer und Muskat würzen. Mit gehacktem Kerbel und Petersilie bestreut servieren.

Friséepüree

Für 4 Personen
Zubereitungszeit: 30 Minuten

1 Kopf Friséesalat
Salz
2 Lauchzwiebeln
1 Knoblauchzehe
80 g Butter
frisch gemahlener Pfeffer
frisch geriebene Muskatnuß
1 Prise Zucker
3 EL geschlagene Sahne
1 EL gehackte Petersilie

1. Vom Salatkopf welke Blätter ablösen. Den Kopf halbieren und den Strunk entfernen. Die Salathälften in kochendem Salzwasser kurz überbrühen. Mit einem Schaumlöffel herausheben, gut ausdrücken und fein hacken.

2. Von den Lauchzwiebeln Wurzeln und grüne Enden entfernen. Den hellen Teil waschen und in kleine Würfel schneiden. Knoblauchzehe schälen und fein würfeln. Den Backofen auf 200 °C vorheizen.

3. Die Butter zerlassen, die Zwiebel- und Knoblauchwürfel darin andünsten. Den gehackten Salat dazugeben, mit Salz, Pfeffer, Muskat und Zucker würzen und zugedeckt im heißen Backofen garen.

4. Kurz vor dem Servieren die geschlagene Sahne und die gehackte Petersilie unterziehen.

E. W.
Das zarte Gemüse von Zuckerschoten paßt gut zu hellem Fleisch oder zu feinen Fischgerichten.
Das Friséepüree schmeckt mir zu gebratenem Kaninchen.

Gebratene Auberginen auf italienische Art

Für 4 Personen (Beilage)
Zubereitungszeit: 20 Minuten

2 mittelgroße Auberginen
3 Eier
60–80 g frisch geriebenes Weißbrot
1 geriebene Knoblauchzehe
1 EL gehackte Petersilie
1 TL abgezupfte Thymianblätter
2 EL frisch geriebener Parmesan
ca. 200 ml Olivenöl

1. Die Auberginen waschen, das Stielende entfernen und in 2–3 mm dicke Scheiben schneiden. Die Eier verquirlen und die Scheiben 5 Minuten unter gelegentlichem Wenden darin ziehen lassen.

2. Weißbrotbrösel mit Knoblauch, Kräutern und Käse vermischen und die gut abgetropften Auberginenscheiben darin wenden. Die Panierung festdrücken und die Scheiben im heißen Olivenöl goldbraun und knusprig ausbacken.

Letscho

Für 4 Personen
Zubereitungszeit: 1 Stunde 15 Minuten

2 kleine Zwiebeln
je 1 rote, gelbe und grüne Paprikaschote
120 g Champignons, 1 EL Zitronensaft
4 EL Olivenöl, Salz, frisch gemahlener Pfeffer
30 g Butter, Cayennepfeffer
1 geriebene Knoblauchzehe, 1 Prise Zucker
2 EL Tomatenpüree
1 Thymianzweig, 1 Lorbeerblatt
2 Tomaten, 4 Basilikumblätter

1. Zwiebeln schälen und vierteln. Von den Paprikaschoten Stielansatz entfernen, Schoten halbieren, entkernen und in kleine Rauten schneiden. Pilze putzen, vierteln und mit Zitronensaft beträufeln.

2. In einer Pfanne 2 Eßlöffel Olivenöl erhitzen, die Paprikarauten andünsten. In einer zweiten Pfanne im restlichen Öl die Champignons kurz andünsten, beides mit Salz und Pfeffer würzen.

3. Die Zwiebeln in Butter leicht bräunen. Paprika und Champignons zugeben und andünsten. Mit Salz, Pfeffer, Cayenne, Zucker und Knoblauch würzen. Das Tomatenpüree unterrühren, kurz anrösten, dann 300 ml Wasser aufgießen. Die Kräuter einrühren, zugedeckt ganz langsam schmoren.

4. Die Tomaten überbrühen, häuten, vierteln und entkernen, in Streifen schneiden. Kurz vor Ende der Garzeit mit den in Streifen geschnittenen Basilikumblättern untermischen.

E. W.
Damit sich beim Letscho, dem pikanten ungarischen Schmorgemüse,
das Aroma der Paprikaschoten voll entfalten kann,
soll das Gemüsegericht bei schwacher Hitze lange schmoren.

Frikassee von Mangold und Champignons

Für 4 Personen
Zubereitungszeit: 30 Minuten

4 große Mangoldblätter
Salz
2 Knoblauchzehen
4 Lauchzwiebeln
8 große Champignons
4 dünne Scheiben Parmaschinken
50 g Butter
frisch gemahlener Pfeffer
frisch geriebene Muskatnuß
150 ml Geflügelfond
6 cl Noilly-Prat
1 EL Öl
Saft von 1 Zitrone
1 EL gehackte Petersilie

1. Die Mangoldblätter waschen, die Stiele herausschneiden, schälen und in ca. 4 cm große Stücke schneiden. Die Blätter in kochendem Salzwasser einmal aufkochen lassen, dann in Eiswasser abschrecken und gut abtropfen lassen.

2. Knoblauch schälen, von den Lauchzwiebeln die Wurzeln und die grünen Enden entfernen. Champignons putzen und alles in feine Scheiben, den Parmaschinken in kleine Würfel schneiden.

3. In einer Kasserolle 30 g Butter aufschäumen lassen, Zwiebel- und Knoblauchscheiben darin andünsten. Die Mangoldstiele zugeben und mit Salz, Pfeffer und Muskat würzen. Den Geflügelfond und Noilly-Prat aufgießen, zugedeckt weichdünsten.

4. In der Zwischenzeit die Champignonscheiben in heißem Öl kurz unter Rühren anbraten und mit Zitronensaft beträufeln.

5. Das Mangoldgemüse ohne Deckel einkochen lassen, bis die Flüssigkeit fast völlig verdampft ist. Nun die Schinkenwürfel, die Champignons und die streifig geschnittenen Mangoldblätter dazugeben. Noch einmal würzig abschmecken und die restliche Butter in kleinen Stücken unterrühren. Mit Petersilie bestreut servieren.

E. W.
Eine hübsche Beilage zu Lammnüßchen und Schweinemedaillons,
aber auch zu gebratenem Fisch wie Seeteufel,
Seezungenfilets oder zu King Prawns (Riesengarnelen).

Linsengemüse mit Tomaten

Für 4 Personen
Zubereitungszeit: 50 Minuten

300 g möglichst kleine Tellerlinsen
100 g gewürfelter Räucherspeck
100 g Zwiebelwürfel
400 ml passierte Tomaten
1 kleine geriebene Knoblauchzehe
Salz, frisch gemahlener Pfeffer
1 EL Dijonsenf
1 EL Essig
1/2 l Geflügelfond oder Wasser
je 100 g Lauch- und Möhrenwürfel
80 Knollenselleriewürfel
50 g Butter
2 EL gehackte Petersilie

1. Die Linsen in ein Sieb geben und kalt abbrausen. Räucherspeck- und Zwiebelwürfel glasig dünsten, die Linsen und die durch ein Sieb gestrichenen Tomaten zugeben. Knoblauch, Salz, Pfeffer, Senf und Essig unterrühren und den Geflügelfond oder Wasser aufgießen. Langsam bei schwacher Hitze etwa 45 Minuten garen.

2. Inzwischen die Gemüsewürfel in einer Kasserolle in 30 g Butter weichdünsten.

3. Sobald die Linsen gar sind, die Gemüsewürfel und die gehackte Petersilie untermischen. Mit Salz abschmecken und noch einmal kurz aufkochen lassen. Die restliche frische Butter in kleinen Flocken unterrühren und servieren.

Chicorée in Gemüsebutter geschmort

Für 4 Personen
Zubereitungszeit: 45 Minuten

4 Chicoréestauden
Saft von 2 Zitronen
2 EL Zucker
Salz, gemahlener weißer Pfeffer
300 g kleine Gemüsewürfel aus Möhren, Lauch, Schalotten, Stangen- und Knollensellerie
40 g Butter
150 ml Geflügelfond
1 EL frisch gehackte Petersilie

1. Von den Chicoréestauden die welken Blätter entfernen. In einem breiten Topf Wasser mit Zitronensaft, Zucker, Salz und Pfeffer aufkochen und das Gemüse einige Minuten kochen. Mit einem Schaumlöffel herausheben und in eiskaltem Wasser abschrecken. Die Stauden halbieren und den Strunk entfernen. Backofen auf 180 °C vorheizen.

2. Die Gemüsewürfel in der heißen Butter andünsten. Die Chicoréehälften mit der Schnittfläche nach unten hineinsetzen und mit der Hälfte des Fonds übergießen. Im heißen Backofen 20–25 Minuten schmoren, dabei immer wieder mit Geflügelfond und dem entstandenen Schmorsaft begießen. Mit Petersilie bestreut servieren.

E. W.
Wichtig ist, daß das Chicoréegemüse immer wieder mit dem eigenen Saft begossen wird. Die Oberfläche darf auf keinen Fall austrocknen, sonst wird der Chicorée zäh.

Panierte Sellerieschnitzel in Joghurt- Schnittlauchsauce

Für 4 Personen
Zubereitungszeit: 1 Stunde 15 Minuten

4 kleine Sellerieknollen
Salz
2 EL Mehl
2 Eier
Salz, frisch gemahlener Pfeffer
frisch geriebene Muskatnuß
100 g geriebenes Weißbrot
80 ml Öl
50 g Butter
Für die Joghurt-Schnittlauchsauce:
200 ml Joghurt
100 g Crème fraîche
Salz, frisch gemahlener Pfeffer
Saft von 1/2 Zitrone
2 Bund Schnittlauch

1. Die Sellerieknollen putzen, gründlich waschen und in reichlich Salzwasser in 30–40 Minuten bißfest kochen. In kaltes Wasser legen, abkühlen lassen, dann schälen.

2. Die geschälten Knollen in 1/2 cm dicke Scheiben schneiden und erst in Mehl, dann in den verquirlten Eiern und zum Schluß in den mit Salz, Pfeffer und Muskat gewürzten Weißbrotbröseln wenden. Die Panierung gut festdrücken.

3. Öl und Butter in einer großen Pfanne aufschäumen lassen, die Sellerieschnitzel nacheinander auf beiden Seiten goldgelb und knusprig braten.

4. Für die Sauce Joghurt und Crème fraîche verrühren, mit Salz, Pfeffer und Zitronensaft würzig abschmecken und zum Schluß den fein geschnittenen Schnittlauch unterrühren. Die Sauce getrennt zu den knusprigen Schnitzeln reichen.

Kartoffelcarpaccio mit Pilzen und Spinat

Für 4 Personen
Zubereitungszeit: 35 Minuten

8 mittelgroße, festkochende Kartoffeln, z.B. Nicola
Salz
frisch geriebene Muskatnuß
100 g Süßrahmbutter
500 g junger Spinat
frisch gemahlener weißer Pfeffer
250 g frische Morcheln
250 g frische Pfifferlinge
1/2 Bund Kerbel

1. Kartoffeln schälen und – am besten auf einem Gurkenhobel – in hauchdünne Scheiben hobeln. Mit einem Ausstecher von 4 cm Durchmesser kleine Scheiben ausstechen und kurz in kochendem Salzwasser blanchieren. In eiskaltem Wasser abschrekken, auf einem Sieb gut abtropfen lassen und mit Salz und Muskat würzen..

2. Vier große Teller mit etwas Butter bestreichen und die Kartoffelscheiben dachziegelartig von außen nach innen darauf auslegen.

3. Den Spinat sorgfältig putzen und verlesen, gründlich waschen und sekundenlang in kochendem Salzwasser blanchieren. Auf einem Sieb abtropfen lassen und in 30 g heißer, aufschäumender Butter kurz durchschwenken. Mit Salz und Muskat würzen. Den Grill vorheizen.

4. Die Pilze putzen, waschen und gut abtrocknen. Die restliche Butter erhitzen und die Pilze darin so lange braten, bis die entstandene Flüssigkeit wieder verdampft ist. Mit Salz und Pfeffer würzen.

5. Die Kartoffelscheiben auf den Tellern unter dem vorgeheizten Grill rasch goldgelb überbacken. Den Spinat in die Mitte geben und die Pilze locker und gleichmäßig darüberfallen lassen. Mit abgezupften Kerbelblättern bestreut servieren.

N·U·D·E·L·N R·E·I·S
K·A·R·T·O·F·F·E·L·N

Ein einfaches Nudelgericht schmeckt köstlich, wenn die Zutaten stimmen

Sättigungsbeilage oder Dickmacher wurden sie lange Zeit ein wenig abfällig genannt und dementsprechend stiefmütterlich behandelt: Nudeln, Reis und Kartoffeln. Mittlerweile lehnen immer mehr Menschen Fleisch aus den unterschiedlichsten Gründen ab und bevorzugen stattdessen ein schönes Nudelgericht, einen saftigen Risotto oder knusprige Kartoffelpuffer. So entwickeln sich die ehemaligen Beilagen allmählich zum Mittelpunkt.

Es ist erstaunlich, wie die Nudeln kulinarisch Karriere gemacht haben. Als ich klein war, wurden Teigwaren selbst gemacht, allerdings äußerst selten. Als Fertigware gab es fast nur Suppennudeln oder Makkaroni, die ich, wie fast jedes Kind, damals überaus liebte. Nicht zuletzt deshalb, weil man die Tomatensauce so geräuschvoll damit aufsaugen konnte, sehr zum Ärgernis der am Tisch sitzenden Erwachsenen.

Heute gibt es Nudeln in allen Formen, frisch oder getrocknet zu kaufen und die Möglichkeiten, sie als sättigendes Hauptgericht auf den Tisch zu bringen, sind so zahlreich wie die Nudelsorten selbst. Al dente gekochte Spaghetti, vermischt mit einer frisch gekochten Tomatensauce aus vollreifen Tomaten, fein geschnittenen

Basilikumblättern und frisch geriebenem Parmesan – einfach und doch unglaublich köstlich, wenn die Qualität der Zutaten stimmt. Aber das Schlimmste, was man einem Pastagericht antun kann, sind zu weich gekochte Nudeln, zugedeckt mit einer fetten, dickpampigen Sauce. Lange Zeit war das allerdings für viele der Inbegriff italienischer Küche. Gott sei Dank hat sich das geändert. Ein echter Nudelfan weiß: Die Pasta muß Biß haben, und die Sauce darf nur sanft begleiten, niemals übertönen.

Auch Reis- und Getreidegerichte werden immer populärer. Seit ich einmal die Ehre und das Vergnügen hatte, beim marokkanischen König zum Essen eingeladen zu sein, bin ich begeistert von Couscous und köstlichen Reisgerichten, orientalisch gewürzt, vermischt mit Aprikosen, Lamm oder Taube, die ich seitdem auch gern mal zu Hause koche. Es schmeckt immer so herrlich, daß ich mich nicht beherrschen kann und zum Schluß den angelegten Reis aus der Pfanne kratze. Heute sind auch solche exotischen Leckereien leicht nachmachbar, denn das Reisangebot ist beeindruckend. Früher war Langkornreis schon eher eine Rarität. Vorwiegend wurde Rundkornreis zu Mehlspeisen verarbeitet, doch meine Mutter, immer schon an neuen Rezepten interessiert, überraschte uns gelegentlich mit einem Reisfleisch aus Langkornreis mit Paprikarahmsauce, das die ganze Familie gern aß. Heute noch ziehe ich ein würziges Pilaw, eine spanische Paella oder einen saftigen Risotto so manchem Fleischgericht vor. Meiner Meinung nach gelingen all diese Reisgerichte am besten in einer Kupferkasserolle. Sie hat einen dicken Boden, der die Anfangshitze speichert und dann bei zurückgeschalteter Kochplatte die gespeicherte Wärme allmählich und sanft weiterleitet. So können die Reiskörner langsam aufquellen und dabei die exotischen Aromen besser aufnehmen.

Während das Angebot an Nudel- und Reissorten immer besser wird, sieht es mit der Kartoffel ein wenig traurig aus. Es gibt zwar immer mehr Sorten, aber richtig gut schmecken sie selten. Wenn ich an die Kartoffelernte zu meiner Kinderzeit denke, wo zum Schluß die heißen Kartoffeln aus dem Feuer geholt wurden, frage ich mich, ob nur die Erinnerung den Geschmack verklärte, oder ob die Erdäpfel früher wirklich wesentlich aromatischer waren. Ich finde es bedauerlich, daß es heute fast nur noch „vorwiegend festkochende" Sorten gibt, die sich dann angeblich für alle Zubereitungsarten eignen. Ich halte nichts davon, denn ein lockeres Kartoffelpüree gelingt eben nur mit einer mehligkochenden Sorte. Und ein Kartoffelsalat, so wie ich ihn mag, schmeckt nur, wenn man speckige Kartoffeln wie Sieglinde, Hansa oder Selma dafür nimmt.

Ravioli mit Quarkfüllung

Für 4 Personen
Zubereitungszeit: 1 Stunde 10 Minuten

Für den Nudelteig:
300 g griffiges Mehl (Dunst)
2 Eigelbe
2 kleine Eier
1 EL Öl
1 Prise Salz
Für die Quarkfüllung:
30 g Butter
3 Eigelbe
Salz, frisch gemahlener weißer Pfeffer
frisch geriebene Muskatnuß
150 g Magerquark
50 g geriebenes Weißbrot
1 EL fein geschnittene Estragonblätter
1 EL fein geschnittene Basilikumblätter
Außerdem:
1 Ei zum Bestreichen

1. Aus den ersten Zutaten einen glatten Nudelteig kneten, zu einer Kugel formen und zugedeckt etwa 20 Minuten ruhen lassen.

2. Für die Füllung Butter und Eigelbe schaumig rühren. Mit Salz, Pfeffer und Muskat würzen, Quark, Brösel und Kräuter untermischen. Die Masse zugedeckt 30 Minuten kühlstellen.

3. Den Nudelteig zu 2 sehr dünnen, gleich großen Platten ausrollen. Das Ei mit 1 Eßlöffel Wasser verquirlen, eine Teigplatte damit bestreichen. Quarkmasse mit einem Spritzbeutel im Abstand von 3 cm als kleine Tupfen auf die bestrichene Nudelplatte spritzen. Mit der zweiten Teigplatte bedecken, um die Füllung herum leicht andrücken. Mit dem Teigrädchen Quadrate ausradeln und die Ravioli nebeneinander auf ein bemehltes Küchentuch legen.

4. Kurz vor dem Servieren in reichlich kochendem Salzwasser einige Minuten al dente kochen.

Eine köstliche, aber kostspielige Variation:
Ravioli mit Hummerfüllung:

Je 50 g Schalotten, Möhre, Staudensellerie und Lauch in kleine Würfel schneiden und in 30 g Butter andünsten. Etwas geriebene Knoblauchzehe und 1/2 fein gehackte Peperoni zugeben, mit 4 Eßlöffeln Weißwein ablöschen Ausgelöstes, gewürfeltes Fleisch von einem 800 g schweren Hummer zugeben und andünsten, die Füllung abkühlen lassen. Wie im vorherigen Rezept den Nudelteig damit füllen, zu Ravioli formen und im siedenden Salzwasser al dente kochen. Abgetropft mit Weißweinsauce mit Lauch und Trüffeln (Seite 68) übergießen.

E. W.
Die Ravioli entweder als Suppeneinlage reichen oder in aufgeschäumter Butter mit einigen Salbeiblättern kurz durchschwenken und mit reichlich frisch geriebenem Parmesan bestreut servieren.

Nudelblätter mit Spinat-Ricottafüllung und Tomatenconfit

Für 4 Personen
Zubereitungszeit: 1 Stunde 30 Minuten

Für den Nudelteig:
300 g griffiges Mehl (Dunst)
2 Eigelbe
2 kleine Eier
1 EL Öl
1 Prise Salz
Für die Füllung:
500 g italienischer Wurzelspinat
Salz
2 Schalotten
150 g Butter
1 Knoblauchzehe
Salz, frisch gemahlener weißer Pfeffer
150 g Ricotta
2 Eigelbe
30 g Gorgonzola
500 g vollreife Tomaten
6 EL bestes Olivenöl

1. Aus den Zutaten einen glatten Nudelteig kneten und zugedeckt etwa 20 Minuten ruhen lassen.

2. Spinat putzen, verlesen und gründlich waschen. Kurz in kochendem Salzwasser blanchieren, auf ein Sieb schütten, gut ausdrücken und grob hacken. Schalotten fein würfeln und in 100 g Butter aufschäumen lassen, den Spinat zugeben und andünsten. Die geschälte Knoblauchzehe auf eine Gabel spießen und den Spinat damit umrühren. Von der Kochplatte nehmen und kühlstellen.

3. Ricotta mit Eigelben und zerdrücktem Gorgonzola verrühren, mit Salz und Pfeffer würzen. Den abgekühlten Spinat unterrühren.

4. Tomaten überbrühen, häuten, halbieren und entkernen, in kleine Würfel schneiden und mit 4 Eßlöffeln Olivenöl vermischen. Salzen und pfeffern.

5. Den Nudelteig dünn ausrollen und 12 Quadrate zu 10 x 10 cm ausschneiden. Reichlich Salzwasser aufkochen, die Nudelplatten kurz garen. Mit einem Schaumlöffel herausheben und gut abtropfen lassen. Den Backofen auf 210 °C vorheizen.

6. Ein Backblech mit der restlichen Butter einfetten und vier Nudelplatten darauflegen. Jede mit etwas Ricotta-Spinatfüllung bestreichen, mit einer weiteren Nudelplatte belegen und darauf je einen Löffel Tomatenwürfel verteilen. Erneut mit einer Nudelplatte belegen und mit Ricotta-Spinat bestreichen. Darauf die letzten Nudelplatten legen und mit den restlichen Tomaten bedecken. Im heißen Backofen 10–12 Minuten backen.

7. Die Nudelpäckchen mit einer Backschaufel auf vorgewärmte Teller heben. Mit dem restlichen Olivenöl beträufeln.

E. W.
Jeder Nudelfan weiß, daß selbstgemachter Nudelteig am besten schmeckt. Wenn es aber mal schnell gehen soll, greifen Sie auf fertige Lasagneplatten zurück, die dann allerdings eine etwas längere Kochzeit benötigen.

Kartoffeltortelloni auf Lauchzwiebeln

Für 4 Personen
Zubereitungszeit: 1 Stunde 10 Minuten

Nudelteig:
300 g griffiges Mehl (Dunst)
2 Eigelbe
2 kleine Eier
1 EL Öl
1 Prise Salz
Eiweiß zum Bestreichen
Für die Füllung:
200 g mehlig-kochende Kartoffeln
3 Eigelbe
1 EL Crème fraîche
je 1 EL gehackte Petersilie und Schnittlauch
Salz, frisch gemahlener Pfeffer
frisch geriebene Muskatnuß
Für das Zwiebelgemüse:
1 Bund Lauchzwiebeln (150 g geputzt)
50 g Butter
Salz, frisch geriebene Muskatnuß
Außerdem:
30 g Butter
1 EL fein geschnittener Schnittlauch

1. Aus den ersten Zutaten einen glatten, festen Nudelteig kneten und zugedeckt etwa 20 Minuten ruhen lassen.

2. Inzwischen für die Füllung die Kartoffeln kochen, schälen und entweder sofort heiß durch die Kartoffelpresse drücken oder abgekühlt fein reiben. Eigelbe und Crème fraîche unterrühren, Petersilie und Schnittlauch zugeben und mit Salz, Pfeffer und Muskat würzen.

3. Den Nudelteig dünn zu einem großen Rechteck ausrollen. Auf die Hälfte der Teigplatte im Abstand von 4 cm haselnußgroße Portionen von der Kartoffelmasse setzen. Rundherum mit Eiweiß bestreichen, mit der zweiten Teighälfte bedecken und die Ränder um die Füllung herum mit den Fingerkuppen gut festdrücken. Mit einem Teigrädchen Quadrate ausschneiden, auf ein bemehltes Tuch legen und mindestens 15 Minuten trocknen lassen.

4. In einem großen, flachen Topf reichlich Salzwasser zum Kochen bringen und die Ravioli darin in wenigen Minuten garen.

5. Inzwischen von den Lauchzwiebeln die Wurzeln und die grünen Enden entfernen und die Zwiebeln in dünne Scheiben schneiden. 50 g Butter in einer Sauteuse aufschäumen lassen und die Zwiebeln darin kurz durchschwenken.

6. Die Lauchzwiebeln auf 4 vorgewärmte Teller verteilen und die Ravioli darauf anrichten. 30 g Butter goldbraun aufschäumen lassen, die Ravioli damit beträufeln und mit Schnittlauch bestreuen.

E. W.
Für die Füllung unbedingt mehlig-kochende Kartoffeln nehmen, sie lassen sich viel besser zu einem weichen Teig verarbeiten.
Völlig ungeeignet sind Frühkartoffeln, da diese viel zu wenig Stärke enthalten.
Köstlich schmeckt die Kartoffelfülle auch, wenn man 1 kleingehackte Zwiebel und 25 g fein gewürfelten Räucherspeck in etwas Butter andünstet und unter die Kartoffelmasse mischt.

Südtiroler Schlutzkrapfen

Für 4 Personen
Zubereitungszeit: 1 Stunde 10 Minuten

Für den Nudelteig:
100 g Roggenmehl
200 g Weizenmehl
2 Eier
1 Eigelb
1 TL Öl
Salz
Für die Füllung:
400 g junge Spinatblätter
1 Schalotte
1 kleine Knoblauchzehe
30 g Butter
1 TL Mehl
80 ml Milch
4 EL Sahne
2 EL Magerquark
30 g frisch geriebener Parmesan
Salz, frisch gemahlener Pfeffer
frisch geriebene Muskatnuß
Außerdem:
1 Ei zum Bestreichen
80 g Butter
80 g frisch geriebener Parmesan

1. Aus den beiden Mehlsorten, Eiern, Eigelb, Öl und Salz einen glatten, nicht zu festen Nudelteig kneten und zu einer Kugel formen. Zugedeckt bei Zimmertemperatur kurz ruhen lassen.

2. Für die Füllung den Spinat sorgfältig verlesen, gründlich waschen und tropfnaß in einen Topf geben. Wenige Minuten erhitzen, bis die Blätter zusammenfallen, dann fein hacken.

3. Schalotte und Knoblauch schälen, in kleine Würfel schneiden und in 10 g Butter glasig dünsten. Den Spinat zugeben und wenige Minuten dünsten. Von der Kochplatte nehmen.

4. Die restliche Butter zerlassen, das Mehl darin andünsten und mit Milch aufgießen. Unter Rühren einige Minuten kochen lassen, dann von der Kochplatte nehmen.

5. Diese Béchamelsauce mit Sahne, Quark und Parmesan unter den Spinat rühren und mit Salz, Pfeffer und Muskat kräftig würzen. Abkühlen lassen.

6. Den Nudelteig dünn ausrollen und mit einem Ausstecher runde Plätzchen ausstechen. Mit verquirltem Ei bestreichen und mit einem Teelöffel jeweils etwas von der Füllung in die Mitte geben. Die Teigplätzchen halbmondförmig zusammenklappen und die Ränder gut festdrücken.

7. Reichlich Salzwasser aufkochen, die Schlutzkrapfen vorsichtig hineinlegen und etwa 4–5 Minuten ziehen lassen.

8. Die Butter in einer großen Pfanne aufschäumen lassen. Die Schlutzkrapfen mit einem Schaumlöffel aus dem Wasser heben, gut abtropfen lassen und in die heiße Butter geben. Kurz durchschwenken und auf vorgewärmte Teller verteilen. Mit frisch geriebenen Parmesan bestreut servieren.

E. W.
Die angegebene Menge reicht für 4 Personen zum Sattwerden,
für 6–8 Personen als Zwischengericht.
Schlutzkrapfen können auch zu Sauerkraut serviert werden.

Wan Tan mit Schnecken und Spinat gefüllt auf Sojakeimlingen

Für 4 Personen
Zubereitungszeit: 1 Stunde

500 g junge Spinatblätter
Salz
2 große Schalotten
1 kleine Knoblauchzehe
1 EL Sesamöl
1 Msp frisch geriebener Ingwer
frisch geriebene Muskatnuß
frisch gemahlener Pfeffer
120 g Meeres- oder Weinbergschnecken
250 g fertiger Wan-Tan-Teig
1 EL Mehl
200 g Sojabohnenkeimlinge
10 g Butter
150 ml Crème double
1 Lauchzwiebel
etwas Szechuanpfeffer oder rosa Pfeffer
1 Prise Zucker
1 TL Austernsauce
etwas Zitronensaft

1. Die Spinatblätter sorgfältig verlesen, waschen und in kochendem Salzwasser kurz blanchieren. Auf einem Sieb abtropfen lassen und grob hacken. Schalotten und Knoblauch schälen, in kleine Würfel schneiden und in heißem Sesamöl glasig dünsten. Den Spinat zugeben, andünsten und mit Salz, Ingwer, Muskat und Pfeffer würzen. Zum Schluß das kleingeschnittene Schneckenfleisch zugeben und abkühlen lassen.

2. Den Wan-Tan-Teig ausbreiten und in gleich große Quadrate schneiden. Das Mehl mit so viel Wasser verrühren, daß eine dickliche Masse entsteht. Die Teigränder damit einstreichen.

3. Die Füllung in die Mitte der Quadrate verteilen, zusammenrollen und die Ränder gut festdrücken.

4. Die Teigtäschchen nebeneinander in einen Bambusdämpfkorb oder auf ein Lochsieb setzen und in einen Topf mit wenig kochendem Salzwasser stellen. Zugedeckt 4–5 Minuten dämpfen.

5. Die Sojabohnenkeimlinge kurz mit kochendem Wasser übergießen und gut abtropfen lassen. Die Butter in einer Pfanne zerlassen und die Keimlinge darin kurz andünsten. Die Crème double unterrühren und cremig einkochen lassen.

6. Von der Lauchzwiebel die Wurzeln entfernen und mit dem Grün in feine Ringe schneiden. Zum Schluß unter die Keimlinge mischen und mit Salz, Pfeffer, Szechuan- oder rosa Pfeffer, Austernsauce und etwas Zitronensaft würzen.

E. W.
Wan-Tan-Teig bekommt man fertig in Asienläden. Diese chinesischen Taschen kann man nicht nur auf verschiedenste Weise füllen, sondern auch ganz unterschiedlich garen. Gekocht als Suppeneinlage, auf Dampf gegart als raffinierte Vorspeise oder, was ich persönlich am liebsten mag, in heißem Öl knusprig ausgebacken als kleine Happen zwischendurch.

Ravioli mit Tomatenfüllung, sautierter Hummer in Tomaten-Hummerfond

Für 4 Personen
Zubereitungszeit: 2 Stunden

Für die Ravioli:
200 g Mehl
Salz
100 g gekochte, mehlige Kartoffeln
5 vollreife Tomaten
30 g Butter
frisch gemahlener Pfeffer
1 Prise Zucker
Für den Tomaten-Hummerfond:
2 Hummer zu je 500 g
1 große Zwiebel
1 Knoblauchzehe
1 kleine Möhre
2 Stangen Staudensellerie
1 dünne Lauchstange
2 Tomaten
1 EL Öl
100 g Butter
1 Dose Pelati-Tomaten
10 Pfefferkörner
1 Lorbeerblatt
1 Thymianzweig
einige Basilikumzweige
4 cl trockener Weißwein
2 cl Noilly-Prat
1/2 l Tomatenconsommé
Salz
etwas Zitronensaft
1 mittelgroße rohe Kartoffel
4 schöne Basilikumzweige

1. Mehl und Salz in eine Schüssel geben. Die gekochte Kartoffel durch eine Presse drücken und abgekühlt mit dem Mehl vermischen. Etwas Wasser zugeben und zu einem glatten, geschmeidigen Teig verkneten. Zugedeckt kurz ruhen lassen.

2. Für die Füllung die Tomaten überbrühen, häuten, halbieren und entkernen. Die Hälften in kleine Würfel schneiden und in der Butter andünsten. Mit Salz, Pfeffer und Zucker würzen und so lange bei sanfter Hitze köcheln lassen, bis alle Flüssigkeit verdampft ist. Kühlstellen.

3. Die Hummer in sprudelnd kochendes Wasser tauchen und 4–5 Minuten ziehen lassen. Dann kalt abschrecken, halbieren und das Fleisch aus Körper und Scheren auslösen. Das Hummerfleisch zur Seite legen und die Karkassen kleinhacken.

4. Zwiebel, Knoblauch und Möhre schälen, Selleriestangen, Lauch und Tomaten waschen, alles in kleine Stücke schneiden. Öl und 40 g Butter in einem Schmortopf erhitzen und die Hummerkarkassen darin anbraten. Die Gemüsewürfel zugeben und anschmoren. Pelati-Tomaten aufgießen. Pfefferkörner und Kräuter zugeben. Weißwein, Noilly-Prat und Tomatenconsommé zugießen. Mit wenig Salz und Zitronensaft würzen und die rohe, geschälte Kartoffel in den Hummerfond reiben. Einmal kurz aufkochen lassen und bei schwacher Hitze etwa 30 Minuten ziehen lassen. Den Fond durch ein Spitzsieb passieren und zur Seite stellen.

5. Den Ravioliteig auf bemehlter Arbeitsfläche sehr dünn ausrollen und runde Plätzchen ausstechen. In die Mitte jeweils einen kleinen Löffel von den eingekochten Tomaten geben, auf die Hälfte zusammenklappen und die Ränder gut festdrücken. Reichlich Salzwasser aufkochen und die Tomatenravioli wenige Minuten garen.

6. Das ausgelöste Hummerfleisch in Stücke schneiden und in 30 g Butter kurz sautieren. Mit den abgetropften Ravioli auf 4 vorgewärmte Suppenteller verteilen. Die restliche Butter unter den heißen Tomaten-Hummerfond rühren und über die Ravioli verteilen. Mit Basilikumzweigen garniert servieren.
Dieses Rezept meines Kollegen und Freundes Hans Haas ist für mich eine besonders feines und leichtes Sommergericht.

Pappardelle mit Lammsugo und schwarzen Oliven

Für 4 Personen
Zubereitungszeit: 50 Minuten

300 g schieres Lammfleisch vom Rücken
je 1 rote, grüne und gelbe Paprikaschote
300 g Tomaten
2 Schalotten
1 Knoblauchzehe
6 EL bestes Olivenöl
20 g Butter
Salz, frisch gemahlener weißer Pfeffer
1 EL Tomatenmark
100 ml Geflügelfond
1 Thymianzweig
1/2 Bund Petersilie
1/2 Bund Basilikum
60 g schwarze Oliven
320 g Pappardelle (sehr breite Bandnudeln)

1. Das Lammfleisch in kleine Würfel schneiden. Die Paprikaschoten waschen, halbieren und die Stengelansätze entfernen. Die Hälften mit der Schnittfläche nach unten so lange in den 220 °C heißen Backofen oder Grill legen, bis die Haut rundherum gut gebräunt ist und Blasen wirft. Aus dem Ofen nehmen. Den Backofen auf 200 °C zurückschalten. Die Schoten etwas abkühlen lassen, die Haut abziehen und das Fruchtfleisch in Würfel schneiden. Die Tomaten kurz überbrühen, häuten, halbieren, entkernen, die Hälften ebenfalls würfeln. Schalotten und Knoblauch schälen und fein hacken.

2. Olivenöl und Butter in einem Schmortopf aufschäumen lassen, die Schalotten- und Knoblauchwürfel glasig dünsten. Die Lammfleischwürfel dazugeben und kurz andünsten. Mit Salz und Pfeffer würzen und das Tomatenmark unterrühren. Kurz anschmoren, dann die Paprika- und Tomatenwürfel unterrühren und den Geflügelfond aufgießen. Thymianblättchen zugeben und im heißen Backofen zugedeckt 18–20 Minuten garen. Bei Bedarf noch etwas Wasser zugießen.

3. Petersilie hacken und die Basilikumblätter in Streifen schneiden. Die Oliven entkernen, in schmale Stifte schneiden und mit den Kräutern zum Schluß unter den Sugo mischen.

4. Die Pappardelle in reichlich kochendem Salzwasser al dente kochen. Auf einem Sieb gut abtropfen lassen und auf 4 vorgewärmte, tiefe Teller verteilen. Jeweils in die Mitte etwas vom Lammsugo geben.

E. W.
Statt mit Lammfleisch können Sie dieses Rezept auch mit Kaninchenfleisch zubereiten, das Ragout wird dann milder. Oder aber mit in Rotwein mariniertem Wildhasenfleisch.

Penne mit Rucola-Pesto und geräuchertem Mozzarella

Für 4 Personen
Zubereitungszeit: 20 Minuten

100 g Rucola
1 Bund Basilikum
1 Bund Petersilie
60 g Pinienkerne
100 g geriebener Parmesan
4 cl Geflügelfond
Salz, frisch gemahlener weißer Pfeffer
frisch geriebene Muskatnuß
1 geräucherter Mozzarella
320 g Penne

1. Rucola, Basilikum und Petersilie waschen, trockenschütteln und die Blätter von den Stielen zupfen. Kräuterblätter mit Pinienkernen und Parmesan in einem Mixer rasch pürieren. Mit Geflügelfond verdünnen, bis eine glatte, hellgrüne Creme entstanden ist. Mit Salz, Pfeffer und frisch geriebener Muskatnuß würzen.

2. Die Penne in reichlich kochendem Salzwasser al dente kochen. Auf ein Sieb schütten, abtropfen lassen und mit der Rucolacreme vermischen.

3. Auf 4 vorgewärmte tiefe Teller verteilen. Geräucherten Mozzarella in feine Streifen schneiden oder grob raspeln und darüber streuen. Eventuell mit Rucolablättern garnieren.

Spaghettini mit Tomaten-Basilikumsauce und Gambas

Für 4 Personen
Zubereitungszeit: 30 Minuten

400 g vollreife Tomaten
2 Schalotten
1 kleine Knoblauchzehe
1 kleiner Peperoncino
8 EL Olivenöl
Salz, frisch gemahlener Pfeffer
1 Prise Zucker
200 ml Sahne
4 Gambas (Tigerprawns)
1 Bund Basilikum
320 g Spaghettini

1. Die Tomaten blanchieren, häuten, halbieren und entkernen. Die Hälften in kleine Würfel schneiden. Schalotten und Knoblauch schälen, den Peperoncino halbieren und entkernen, alles fein hacken.

2. Olivenöl in einer Sauteuse erhitzen und die Schalotten- und Knoblauchwürfel glasig dünsten. Tomatenwürfel zugeben und so lange köcheln lassen, bis die Flüssigkeit der Tomaten fast völlig verdampft ist. Den gehackten Peperoncino zugeben, mit Salz, Pfeffer und Zucker würzen und die Sahne aufgießen. Weiterköcheln lassen, bis die Sauce schön gebunden ist.

3. Die Gambas aus den Schalen brechen, in kleine Stücke zerschneiden und nur wenige Minuten in der Sauce ziehen lassen.

4. Die Basilikumblätter abzupfen, in feine Streifen schneiden und zuletzt unter die Sauce mischen.

5. Die Spaghettini in reichlich kochendem Salzwasser al dente kochen, auf ein Sieb schütten, abtropfen lassen und auf 4 vorgewärmte tiefe Teller verteilen. Jeweils in die Mitte etwas von der Tomaten-Gambas-Sauce geben.

Tagliatelle mit Tomaten-Lauchzwiebelsauce

Für 4 Personen
Zubereitungszeit: 30 Minuten

400 g vollreife Tomaten
2 Bund Lauchzwiebeln
6 EL bestes Olivenöl
1 kleine Knoblauchzehe
1 Thymianzweig
Salz, frisch gemahlener weißer Pfeffer
1 Prise Zucker
30 g Butter
1 EL gehackte glatte Petersilie
320 g Tagliatelle
4 EL frisch geriebener Parmesan

1. Die Tomaten überbrühen, häuten, halbieren und entkernen. Die Hälften in kleine Stücke schneiden. Von den Lauchzwiebeln die Wurzeln und die grünen Enden entfernen, den hellen Teil in feine Scheiben schneiden.

2. Das Olivenöl in einem Schmortopf erhitzen und die Lauchzwiebeln darin sachte andünsten. Die Tomatenstücke, die geschälte, zerdrückte Knoblauchzehe und den Thymianzweig zugeben und mit Salz, Pfeffer und Zucker würzen. Bei schwacher Hitze so lange köcheln lassen, bis die Sauce dickflüssig eingekocht ist. Zum Schluß die Butter in kleinen Stücken einschwenken und die gehackte Petersilie untermischen.

3. Die Tagliatelle in reichlich kochendem Salzwasser in wenigen Minuten al dente kochen. Auf ein Sieb schütten, gut abtropfen lassen und auf 4 vorgewärmte, tiefe Teller verteilen. Jeweils etwas Tomatensauce in die Mitte geben. Mit frisch geriebenem Parmesan bestreut servieren.

Gorgonzola-Risotto

Für 4 Personen
Zubereitungszeit: 30 Minuten

1 Schalotte
1 kleine Knoblauchzehe
20 g Parmaschinken
2 EL Olivenöl
30 g Butter
200 g Arborio- oder Vialone-Reis
100 ml trockener Weißwein
ca. 3/4 l heißer Geflügelfond
50 g geriebener Parmesan
50 g Gorgonzola, in Würfel geschnitten
60 g eiskalte Butter
Salz, frisch gemahlener weißer Pfeffer
frisch geriebene Muskatnuß
1 Kopf Radicchio di Treviso
1 EL Olivenöl
4 dünne Scheiben Parmaschinken

1. Schalotte und Knoblauch schälen und in winzig kleine Würfel schneiden, ebenso den Parmaschinken.

2. Olivenöl und Butter aufschäumen lassen, die vorbereiteten Zutaten andünsten. Den Reis einrühren und glasig braten. Mit Weißwein ablöschen, einkochen lassen. Dann jeweils soviel Geflügelfond angießen, daß der Reis bedeckt ist. Unter Rühren und ständigem Nachgießen von Geflügelfond in 15–18 Minuten bißfest garen.

3. Sobald der Reis gar ist, unter weiterem Rühren Parmesan, Gorgonzola und die eiskalte Butter in kleinen Stücken hinzufügen. Zum Schluß mit Salz, Pfeffer und Muskat würzig abschmecken.

4. Den Radicchio vierteln und im heißen Olivenöl kurz anbraten. Herausnehmen und die Parmaschinkenscheiben in dem Bratfett kurz rösten. Jeweils ein Viertel vom Radicchio und eine Schinkenscheibe mit dem Risotto servieren.

Erbsenrisotto mit Morcheln

Für 4 Personen
Zubereitungszeit: 35 Minuten

3 Lauchzwiebeln, 60 g Butter
200 g Arborio- oder Vialone-Reis
100 ml trockener Weißwein
ca. 3/4 l heißer Geflügelfond
150 g ausgepalte frische Erbsen
Salz, 1 Prise Zucker
150 g frische bayerische Morcheln
frisch gemahlener weißer Pfeffer
2 cl Madeira
40 g eiskalte Butter
50 g geriebener Parmesan
3 Minzeblätter, 6 Kerbelzweige
2 EL geschlagene Sahne, 2 EL Kalbsjus

1. Von den Lauchzwiebeln Wurzeln und grüne Enden entfernen, den hellen Teil kleinschneiden. 30 g Butter aufschäumen lassen, Zwiebeln und den Reis glasig dünsten. Mit Weißwein ablöschen und einkochen lassen, dann so viel Geflügelfond zugießen, daß der Reis bedeckt ist. Unter Rühren und ständigem Nachgießen in 15–18 Minuten bißfest köcheln.

2. Die ausgepalten Erbsen in Wasser mit etwas Salz und Zucker kurz kochen. Auf einem Sieb abtropfen lassen und in eiskaltem Wasser abschrecken. Die Morcheln sorgfältig putzen, waschen und gut abtropfen lassen. In der restlichen Butter kurz andünsten. Salzen und pfeffern, mit Madeira ablöschen und einkochen lassen.

3. Die eiskalte Butter und den Parmesan unter den fertigen Risotto mischen. Erbsen und die fein gehackten Kräuter untermischen und die Sahne locker unterziehen. Falls nötig, mit Salz und Pfeffer nachwürzen.

4. Den Risotto auf 4 vorgewärmte tiefe Teller verteilen und die Morcheln darübergeben. Mit etwas heißem Kalbsjus beträufeln.

Kartoffelplätzchen

Für 4 Personen
Zubereitungszeit: 45 Minuten

500 g mehlig-kochende Kartoffeln
1 Zwiebel
30 g durchwachsener Räucherspeck
60 g Butter
2 Eiweiße
Salz
3 Eigelbe
50 g Crème fraîche
50 g frisch geriebener Parmesan
2 EL gehackte Petersilie
frisch geriebene Muskatnuß
2 EL Öl

1. Die gewaschenen Kartoffeln in der Schale gar kochen. Geschälte Zwiebel und Räucherspeck in kleine Würfel schneiden und in 10 g Butter glasig dünsten. Die Eiweiße mit etwas Salz steif schlagen. Den Backofen auf 210 °C vorheizen.

2. Die gegarten Kartoffeln sofort schälen und noch heiß durch eine Kartoffelpresse drücken. Speck-Zwiebelmischung, Eigelbe, Crème fraîche, Parmesan und Petersilie unterrühren und mit Salz, Pfeffer und Muskat würzen. Zum Schluß den steif geschlagenen Eischnee unterziehen.

3. Öl in einer Pfanne erhitzen und mit einem Eßlöffel Nocken von der Kartoffelmasse abstechen, in die Pfanne setzen. Flachdrücken und im heißen Backofen auf jeder Seite in etwa 2–3 Minuten goldbraun werden lassen.

Kartoffelpizzen

Für 4 Personen
Zubereitungszeit: 45 Minuten

1 kg gekochte, mehlige Kartoffeln
180 g Mehl
80 g frisch geriebener Parmesan
5 EL Olivenöl
Salz, frisch gemahlener weißer Pfeffer
6 vollreife Tomaten
4 Lauchzwiebeln
1 Knoblauchzehe
6 EL bestes Olivenöl
10 fein geschnittene Basilikumblätter
1 EL gehackte Oreganoblätter
8 entkernte, in Scheiben geschnittene schwarze Oliven
1 EL gerebelter Oregano
300 g Büffel-Mozzarella

1. Die geschälten Kartoffeln durch die Kartoffelpresse drücken und abkühlen lassen. Mehl, Parmesan und Öl untermischen, salzen und pfeffern und zu einem geschmeidigen, glatten Teig verkneten. Zu einer Rolle von 6 cm Durchmesser formen.

2. Tomaten überbrühen, häuten, halbieren und entkernen. Die Hälften in kleine Würfel schneiden. Die Lauchzwiebeln putzen, waschen und in dünne Scheiben schneiden. Knoblauchzehe fein hacken und mit den Zwiebeln in 2 EL Olivenöl glasig dünsten. Tomaten zugeben und kurz andünsten. Kräuter und Oliven untermischen und mit Salz und Pfeffer würzen. Den Backofen auf 220 °C vorheizen.

3. Backblech mit 2 EL Olivenöl ausstreichen und mit gerebeltem Oregano bestreuen. Etwa 1 1/2 cm dicke Scheiben von der Kartoffelrolle abschneiden, zu kleinen Pizzen formen und mit der Tomatenmischung belegen. Den Käse in kleine Würfel schneiden, darüber verteilen und mit restlichem Olivenöl beträufeln. In 25–30 Minuten goldbraun und knusprig backen.

Pizzabrot

Für 10–12 Personen
Zubereitungszeit: 30 Minuten
Ruhezeit: ca. 1 Stunde

Für den Teig:
80 g Hefe
1 kg Mehl
1/8 l Olivenöl
1 Prise Zucker
Salz
1 Eigelb
Für den Belag:
800 g vollreife Tomaten
2–3 Knoblauchzehen
1/8 l Olivenöl
Salz, frisch gemahlener Pfeffer
2 EL gerebelter Oregano
1 EL Thymianblätter

1. Die Hefe zerbröckeln und mit 3/8 l lauwarmem Wasser verrühren. Etwa 15 Minuten gehen lassen.

2. Das Mehl mit Olivenöl, Zucker, Salz und Eigelb verrühren, die aufgegangene Hefe zugießen. Zu einem glatten Hefeteig verkneten und zugedeckt an einen warmen Ort 1 Stunde gehen lassen.

3. Tomaten überbrühen, häuten, halbieren und entkernen. Das Fruchtfleisch in kleine Würfel schneiden. Knoblauch schälen, fein hacken und in 4 Eßlöffeln Olivenöl glasig dünsten. Die Tomaten zugeben, mit Salz, Pfeffer und Zucker würzen und bei schwacher Hitze etwa 15 Minuten köcheln lassen. Den Backofen auf 250 °C vorheizen.

4. Den Pizzateig noch einmal kräftig durchkneten, in 4 Stücke teilen und dünn ausrollen, auf 4 gefettete Backbleche legen. Den Tomatenbelag dünn darauf streichen, mit Oregano und Thymianblättchen bestreuen und mit dem restlichen Olivenöl beträufeln. Im heißen Backofen, am besten mit Unterhitze, knusprig backen. In Stücke teilen und direkt vom Blech zu einem Glas Rotwein knabbern.

E. W.
Man kann den Teig auch zu vier Pizzen formen und beliebig belegen:
Mit Salami, Schinken, Peperoni, Oliven, Thunfisch,
Krabben oder Meeresfrüchten und natürlich mit leicht schmelzendem Käse,
am besten mit Mozzarella aus Büffelmilch.

Gratinierte Kartoffeln mit Curryjoghurt

Für 4 Personen
Zubereitungszeit: 40 Minuten

800 g sehr kleine, festkochende Kartoffeln
80 g Butter
150 ml Geflügelfond
300 ml Vollmilch-Joghurt
1 EL mildes Currypulver
1 Bund Koriandergrün (Cilantro)
3–4 cm frische Ingwerwurzel
120 g frisch geriebenes Weißbrot

1. Den Backofen auf 210 °C vorheizen. Die Kartoffeln waschen und schälen. Ein große Auflaufform mit 40 g Butter ausfetten und die Kartoffeln dicht nebeneinander einschichten, sie dürfen aber auf keinen Fall übereinanderliegen.

2. Mit Geflügelfond übergießen und im heißen Backofen etwa 15 Minuten garen, dabei die Kartoffeln gelegentlich wenden.

3. Joghurt und Curry verrühren. Das Koriandergrün fein hacken, die Ingwerwurzel schälen und fein reiben, beides unter den Joghurt rühren.

4. Sobald die Flüssigkeit verdampft ist, die Joghurtmischung über die Kartoffeln gießen und weitere 10–12 Minuten backen.

5. Zum Schluß das geriebene Weißbrot darüber streuen, mit der restlichen Butter in kleinen Flocken belegen und unter dem zugeschalteten Grill oder bei starker Oberhitze in wenigen Minuten goldbraun gratinieren.

Macaire-Kartoffeln

Für 4 Personen
Zubereitungszeit: 1 Stunde

400 g mehlig-kochende Kartoffeln
1 Eigelb
20 g Räucherspeckwürfel
10 g Butter
20 g Zwiebelwürfel
1 TL gehackte Petersilie
Salz, frisch gemahlener Pfeffer
frisch geriebene Muskatnuß
2–3 EL Öl

1. Die Kartoffeln gründlich waschen, ungeschält auf ein Backblech legen und im 200 °C heißen Backofen unter gelegentlichem Wenden garen. Anschließend schälen und durch eine Kartoffelpresse drücken. Ein wenig abkühlen lassen, dann das Eigelb unter das Kartoffelpüree rühren.

2. Die Speckwürfel in der Butter glasig dünsten, die Zwiebelwürfel dazugeben und kurz andünsten. Mit der gehackten Petersilie zu den Kartoffeln geben und rasch zu einem glatten Teig vermischen. Mit Salz, Pfeffer und Muskat würzen.

3. Aus der abgekühlten Masse kleine Plätzchen formen. Etwas Öl in einer beschichteten Pfanne erhitzen und die Macaire-Kartoffeln portionsweise darin auf beiden Seiten goldgelb braten. Falls nötig, noch etwas Öl hinzufügen.

E. W.
Die indisch anmutenden Kartoffeln mit Curryjoghurt kann man sowohl als Beilage zu Geflügel als auch zu Fisch servieren.
Mir schmecken die Kartoffeln auch einfach mit einem grünen Salat.

Spinatnocken mit Tomaten und Parmesan

Für 4 Personen
Zubereitungszeit: 45 Minuten

100 g weiche Butter
1 Ei
Salz, frisch gemahlener Pfeffer
frisch geriebene Muskatnuß
1/2 geriebene Knoblauchzehe
100 g blanchierte, gut ausgedrückte Spinatblätter
25 g Grieß
25 g gekochte, geriebene Kartoffel
evtl. etwas Mehl
4 Tomaten
2 EL Olivenöl
2 EL Sahne
4–6 Basilikumblätter
frisch geriebener Parmesan

1. Von der Butter 50 g mit dem Ei schaumig rühren, mit Salz, Pfeffer, Muskat und geriebenem Knoblauch würzen. Den Spinat hacken, zusammen mit Grieß und Kartoffeln zu der Buttermischung geben und zu einem geschmeidigen Teig verrühren. Falls die Masse zu weich ist, noch etwas Mehl untermischen, danach 10 Minuten ruhen lassen.

2. In einem flachen Topf reichlich Salzwasser zum Kochen bringen. Mit zwei nassen Eßlöffeln Nocken von der Masse abstechen und im leicht siedendem Salzwasser etwa 10 Minuten ziehen lassen.

3. Inzwischen die Tomaten kurz überbrühen, häuten, halbieren und entkernen, in Würfel schneiden. In Olivenöl kurz andünsten, die Sahne zugießen und mit Salz, Pfeffer und den in feine Streifen geschnittenen Basilikumblättern würzen.

4. Die restliche Butter in einer Pfanne goldbraun aufschäumen lassen. Die Nocken mit einem Schaumlöffel aus dem Wasser heben, gut abtropfen lassen und kurz in der heißen Butter schwenken.

5. Das Tomatenragout auf vorgewärmte Teller verteilen und die Nocken daraufsetzen. Mit etwas brauner Butter beträufeln und mit frisch geriebenem Parmesan bestreut servieren.

E. W.
Die Spinatnocken reichen für 4 Personen als Vorspeise oder Zwischengericht, für 2 Personen ist es eine sättigende Mahlzeit. Probieren Sie sie auch einmal mit Mozzarellasauce überbacken: 1/8 l Geflügelfond auf die Hälfte einkochen, 1/8 l Crème double zugeben und wieder auf die Hälfte reduzieren. Mit Salz, Pfeffer und Zitronensaft würzen. 40 g Butter, 2 EL geschlagene Sahne und 50 g Mozzarellawürfel untermischen. Die Nocken mit der Sauce übergießen und im heißen Ofen überbacken.

Gebratene Steinpilze mit flüssiger Polenta gratiniert

Für 4 Personen
Zubereitungszeit: 50 Minuten

1/2 l Geflügelfond
1/2 l Milch
Salz
1 Lorbeerblatt
120 g Maisgrieß (Polenta)
6 mittelgroße Steinpilze
4 Schalotten
1/2 Knoblauchzehe
3 EL Olivenöl
80 g Butter
frisch geriebene Muskatnuß
1/2 Bund Petersilie
100 g frisch geriebener junger Parmesan

1. Geflügelfond mit Milch, Salz und Lorbeerblatt aufkochen. Unter Rühren mit einem Kochlöffel den Maisgrieß einrieseln lassen und unter ständigem Rühren etwa 30 Minuten ausquellen lassen. Die Polenta soll weich und geschmeidig werden.

2. Die Steinpilze sorgfältig putzen und in 3 mm dicke Scheiben schneiden. Schalotten und Knoblauchzehe schälen und in kleine Würfel schneiden. Den Backofen auf 230 °C vorheizen.

3. Olivenöl und 30 g Butter zusammen erhitzen, die Pilze bei mittlerer Hitze goldgelb braten. Mit Salz und Muskat würzen, Schalottenwürfel, Knoblauch und die fein gehackte Petersilie dazugeben und kurz durchschwenken.

4. Die Pilze auf 4 tiefe Teller verteilen. Mit der Polenta bedecken und mit Parmesan bestreuen.

5. Die Butter aufschäumen lassen, durch ein feines Sieb gießen und erneut erhitzen bis sie gerade goldbraun ist. Die Parmesanschicht mit der flüssigen, gebräunten Butter beträufeln und im heißen Backofen 5–8 Minuten gratinieren.

Gratinierte Grießnocken

Für 4 Personen
Zubereitungszeit: 1 Stunde

1 l Milch
Salz, gemahlener weißer Pfeffer
frisch geriebene Muskatnuß
200 g Hartweizengrieß
3 Eigelbe
40 g zerlassene Butter
50 g frisch geriebener Parmesan

1. Die Milch mit Salz, Pfeffer und Muskat aufkochen und den Hartweizengrieß einrieseln lassen. Unter ständigem Rühren bei ganz schwacher Hitze etwa 10 Minuten ausquellen lassen.

2. Von der Kochplatte nehmen, etwas abkühlen lassen, dann nacheinander die Eigelbe, zerlassene Butter und 20 g Parmesan unterrühren. Die Masse ca. 1 cm hoch auf ein geöltes Backblech streichen und 15 Minuten ruhen lassen. Den Grill oder den Backofen auf 220 °C vorheizen.

3. Mit einer runden Ausstechform Halbmonde aus der Grießmasse ausstechen und schuppenförmig in eine mit Butter ausgestrichene feuerfeste Form schichten. In den heißen Backofen schieben und goldbraun überbacken.

Serviettenknödel auf böhmische Art

Beilage für 6–8 Personen
Zubereitungszeit: 1 Stunde

500 g Mehl, am besten Wiener Griessler
10 g Salz
30 g Hefe
ca. 1/4 l lauwarme Milch
1 Ei
1 Eigelb
150 g altbackenes Baguette

1. Das Mehl mit Salz vermischen und in eine Schüssel füllen, die Hefe hineinbröckeln. Unter Rühren die lauwarme Milch, das Ei und das Eigelb zugeben und so lange mit einem Kochlöffel schlagen, bis ein glatter Teig entstanden ist.

2. Das altbackene Baguette in kleine Würfel schneiden und gleichmäßig unter den Hefeteig mischen. Zugedeckt an einem warmen Platz mindestens 20 Minuten gehen lassen.

3. In einem länglichen, flachen Topf reichlich Salzwasser zum Kochen bringen.

4. Den Teig zu etwa 15 cm langen Rollen mit einem Durchmesser von 4–5 cm formen und im leise siedenden Salzwasser unter gelegentlichem Wenden 15–18 Minuten garen.

5. Die Knödelrollen mit einem Schaumlöffel herausheben und gut abtropfen lassen. Mit Küchengarn in Scheiben schneiden und als Beilage zu Sauerbraten oder Rehbraten servieren.

Markknödel mit Pfifferlingen

Für 4–6 Personen
Zubereitungszeit: 40 Minuten
Ruhezeit: 30 Minuten

150 g Rindermark
150 g altbackenes Weißbrot
ca. 100 ml heiße Milch
100 g Weißbrot ohne Rinde
20 g Butter
100 g Pfifferlinge
1 EL Schalottenwürfel
30 g Kochschinkenwürfel
1 EL Öl
2 EL gehackte Petersilie
3 Eigelbe
2 Eier
Salz, frisch gemahlener Pfeffer
evtl. 1 EL Mehl

1. Das Mark gut wässern, abtrocknen und in kleine Würfel schneiden. Das altbackene Weißbrot in dünne Scheiben schneiden, mit Milch übergießen und etwa 10 Minuten weichen lassen.

2. Das entrindete Weißbrot in kleine Würfel schneiden und in der heißen Butter goldbraun braten. Die Pfifferlinge putzen, nur im Notfall waschen, kleinschneiden und mit den Schalotten- und Schinkenwürfeln im heißen Öl andünsten.

3. Die eingeweichten Weißbrotscheiben ausdrükken. Geröstete Brotwürfel, Pfifferlinge, Markwürfel, Petersilie, Eigelbe und Eier zugeben und zu einer glatten Masse verarbeiten. Mit Salz und Pfeffer würzen, 30 Minuten ruhen lassen.

4. Falls die Masse zu weich ist, noch etwas Mehl untermischen. Kleine Knödel aus der Masse formen und in siedendem Salzwasser etwa 10 Minuten leise köcheln lassen. Abtropfen lassen und als Beilage zu Wild oder Schmorgerichten servieren.

F·I·S·C·H U·N·D M·E·E·R·E·S·F·R·Ü·C·H·T·E

Mein Grundprinzip: den feinen Eigengeschmack bestmöglich bewahren

Ich bin leidenschaftlicher Fischesser und liebe Krustentiere aller Art. Schon bei dem Gedanken an frische Austern läuft mir das Wasser im Munde zusammen. Aufbrechen und ausschlürfen – ohne Zitrone, nur mit etwas knusprigem Weißbrot und einem Gläschen Sancerre dazu, das ist für mich Genuß pur.
So frisch wie möglich und ohne viel Schnickschnack zubereitet – so mag ich Fisch vom Meer oder Fluß am liebsten. Ich erinnere mich noch an meine erste, mit einer Fliege gefangenen Bachforelle im Münstertal, die mir dann Familie Fuchs einfach in Butter knusprig braun gebraten servierte, oder an den Wurzelkarpfen mit Kren, den meine Mutter so unvergeßlich zubereitete.
Das größte Erlebnis für mich als gelegentlichen Hobbyangler war allerdings das Hochseefischen auf Bimini in der Karibik. Neben dem Anglerspaß war es natürlich eine Wonne, die selbst gefangenen Prachtexemplare anschließend zu zerlegen und roh als Carpaccio oder einfach kurz in heißem Öl fritiert zu essen.
Absolute Frische ist die Grundvoraussetzung für ein feines Fischgericht. Der schnelle Transport und die gute Kühlung machen es heute möglich, auch im Binnenland

fangfrische Meeresfische und Krustentiere zu erhalten. Außerdem gibt es, dank der wieder sauberer werdenden Gewässer, viele Süßwasserfische, die vorzüglich schmecken und die man überall schlachtfrisch bekommt. Ob der Geschmack besser ist, wenn man die Fische, vor allem Raubfische, in Bassins hält, bis der Feinschmecker sie auf dem Teller haben möchte, bezweifle ich ein wenig. Nach dem Schlachten ist es besser, wenn sich das Fischfleisch einige Stunden auf Eis entspannen kann, damit es sich vom Schlachtstreß erholt.

Fischkauf ist Vertrauenssache. Ein guter Fischhändler zeigt Ihnen sicher gern die Kiemen der Fische. Sind sie leuchtend rot und feuchtglänzend, ist es sicher ein ganz frischer Fisch. Lassen Sie die Finger von Fischen mit trüben Augen und von Hummern oder Langusten, bei denen der Übergang vom Kopfteil zum Schwanz durch eine weißliche Naht sichtbar ist. Sie vergeuden nicht nur Geld, sondern auch unnötige Zeit für die Zubereitung. Übrigens: Frische Krustentiere erkennt man auch daran, daß sie schwer in der Hand liegen.
Es gibt wohl kaum ein Lebensmittel, das eine so kreative, vielseitige Zubereitung erlaubt wie Fische und Krustentiere. Mein Grundprinzip ist, den feinen, zarten Eigengeschmack bestmöglich zu bewahren. Kurze Garzeiten bei sanften Temperaturen sind dafür die Voraussetzung. Ich bevorzuge Pochieren, schonendes Braten oder auch Grillen, dazu eine leichte, aufgeschlagene Buttersauce oder eine Kräuter-Tomatensauce auf Olivenölbasis.

Eines meiner schönsten kulinarischen Erlebnisse war ein frisch gefangener Sankt Petersfisch, den mein Freund Jacques nur mit Zitrone, Basilikum und bestem Olivenöl würzte, in Folie hüllte und im Pizzaofen garte.
Fisch zuzubereiten ist nicht schwierig und auch für Kochanfänger nachvollziehbar – wenn das Produkt stimmt. Aus einem alten Hummer kann auch der beste Koch keinen Gaumenschmaus zaubern.

Glattbutt mit Pilzkruste auf Kopfsalat mit tomatisierter Champagnersauce

Für 4 Personen
Zubereitungszeit: 40 Minuten

600 g ausgelöstes Glattbuttfilet
200 g gemischte Zuchtpilze wie Champignons, Austern- und Shii-Take-Pilze
2 Schalotten
120 g Butter
1 EL gehackter Kerbel
Salz, frisch gemahlener Pfeffer
1 große Tomate
20 g gesalzene Butter
1 TL Tomatenmark
einige abgezupfte Thymianblättchen
2 cl Noilly-Prat
etwas mehr als 1/8 l Champagner
200 ml Fischfond
200 ml Crème double
Cayennepfeffer
Saft von 1/2 Zitrone
50 g frisch geriebenes Weißbrot
50 g Champignons
1 mittelgroßer Kopfsalat

1. Das Fischfilet in etwa 80 g schwere Scheiben schneiden und kühlstellen.

2. Für die Pilzkruste die Pilze putzen und nicht zu fein hacken. 1 Schalotte schälen und klein würfeln, in 80 g Butter glasig dünsten. Die Pilze zugeben und so lange andünsten, bis die Flüssigkeit verdampft ist. Den Kerbel untermischen und mit Salz und Pfeffer würzen. Abkühlen lassen.

3. Die zweite Schalotte schälen und klein würfeln. Die Tomate überbrühen, häuten, halbieren, entkernen und würfeln. Die gesalzene Butter aufschäumen lassen, die Schalottenwürfel glasig dünsten. Tomatenwürfel, Tomatenmark und Thymian zugeben, andünsten und mit Noilly-Prat und 1/8 l Champagner ablöschen. Um die Hälfte einkochen lassen, Fond aufgießen und auf ein Drittel reduzieren. Die Crème double einrühren und cremig einkochen. Mit Salz, Pfeffer, Cayenne und etwas Zitronensaft würzen. Die Sauce durch ein Sieb passieren.

4. Die Weißbrotbrösel unter die abgekühlte Pilzmischung rühren. Die Glattbuttscheiben mit Salz, Pfeffer und etwas Zitronensaft würzen, mit der Pilzfarce bestreichen. Die restliche Butter in einer beschichteten Pfanne erhitzen und die Fischscheiben auf beiden Seiten goldgelb braten.

5. Die Sauce mit dem Stabmixer schaumig aufschlagen, einige Spritzer frischen Champagner zugeben.

6. Vom Salat die äußeren, welken Blätter entfernen, den Kopf halbieren, waschen, gut abtropfen lassen und die Hälften in feine Streifen schneiden.

7. Die Salatstreifen auf 4 vorgewärmte Teller verteilen, die gebratenen Fischscheiben darauf verteilen und mit der Champagnersauce beträufeln.

E. W.
Dieses schnelle Fischgericht esse ich vor allem im Sommer gern, wenn es richtig knackigen Kopfsalat gibt. Im Winter sollten Sie einen Eissalat vorziehen, da der Treibhaussalat zu schnell matschig wird. Statt Glattbutt eignen sich auch Scheiben von der Lotte (Seeteufel) für dieses Gericht.

Zander in der Salzkruste mit Thymiansauce

Für 2–3 Personen
Zubereitungszeit: 1 Stunde

1 Zander von ca. 1,5–1,8 kg (ausgenommen, aber mit Schuppen)
1 kleine Fenchelknolle
ausgelöste Fruchtfilets von 1/2 Zitrone
10 weiße Pfefferkörner
je 1 Thymian- und Rosmarinzweig
1 frisches Lorbeerblatt
Für die Salzkruste:
2 kg grobes, ungereinigtes Meersalz
3 Eiweiße (100 g)
Für die Thymiansauce:
1/8 l Fischfond
4 EL trockener Weißwein
1 EL Noilly-Prat
40 g eiskalte gesalzene Butter
1/2 TL abgezupfte frische Thymianblättchen
1 EL geschlagene Sahne
frisch gemahlener Pfeffer, Salz

1. Den Zander waschen, die Kiemen entfernen, den Fisch jedoch nicht schuppen. Die Fenchelknolle putzen, waschen, halbieren und in feine Scheiben schneiden. Die Fenchelscheiben mit den Zitronenfilets, Pfefferkörnern, dem Thymian- und Rosmarinzweig sowie dem Lorbeerblatt in die Bauchhöhle des Zanders füllen.

2. Den Backofen auf 220 °C vorheizen. Das grobe Meersalz mit den Eiweißen verrühren, bis eine formbare, aber nicht zu weiche Masse entsteht, eventuell etwas Wasser zugeben. Etwa die Hälfte dieser Salzmischung – etwas größer als den Fisch – auf einem Backblech ausbreiten. Den Zander darauf legen und mit der restlichen Masse überdecken. Mit angefeuchteten Händen gut andrücken und den Fischkörper nachformen. In den heißen Backofen schieben und 30–35 Minuten garen.

3. Für die Sauce Fischfond, Weißwein und Vermouth auf ein Drittel der Menge einkochen lassen. Die eiskalte Butter in kleinen Stückchen unterrühren und mit einem Stabmixer aufmixen. Zum Schluß die abgezupften Thymianblättchen und die geschlagene Sahne unterziehen, mit Pfeffer und, falls nötig, mit Salz abschmecken.

4. Den Fisch aus dem Ofen nehmen und die Salzkruste aufklopfen. Die Haut des Fisches vorsichtig abziehen, damit kein Salz an das Fischfleisch kommt. Die Fischfilets von den Gräten ablösen, auf vorgewärmten Tellern anrichten und mit der Thymiansauce beträufelt servieren.

E. W.
Ist die Sauce ein wenig zu dünn geraten, gibt man noch einige Stückchen Butter zu; ist sie zu dick, mit etwas Fischfond verdünnen. Dazu passen Salzkartoffeln und Salat oder feines, kurz in Butter geschwenktes Frühlingsgemüse.

Zander mit Spinat-Kartoffelragout überbacken

Für 4 Personen
Zubereitungszeit: 1 Stunde

1 Zander von ca. 1,2 kg
1 Stange Staudensellerie
1 kleine Petersilienwurzel
100 g Lauch (nur weißer Teil)
1 Schalotte
1 kleines Lorbeerblatt
1 Thymianzweig
3 zerdrückte Pfefferkörner
Salz
400 ml Weißwein
2 cl Noilly Prat
300 ml Crème double
400 g festkochende Kartoffeln
6 EL Öl
500 g junge Spinatblätter
30 g Butter
1 EL frisch geriebener Meerrettich
Salz, gemahlener weißer Pfeffer
etwas Zitronensaft
2 EL geschlagene Sahne

1. Den Zander am besten gleich vom Fischhändler filetieren lassen, die Karkassen aber mitnehmen.

2. Jedes Zanderfilet in 4 gleichmäßige Streifen schneiden und zugedeckt kalt stellen. Karkassen mit geputztem und kleingeschnittenem Gemüse in einen Topf geben. Lorbeerblatt, Thymian und Pfefferkörner zugeben, 1/2 l Wasser aufgießen. Salzen, aufkochen und bei schwacher Hitze etwa 20 Minuten ziehen lassen. Durch ein Sieb gießen. 1/8 l vom Fischfond mit Weißwein und Noilly Prat in eine Sauteuse gießen und auf ein Drittel der Menge einkochen lassen. Die Crème double unterrühren und wieder cremig einkochen lassen.

3. Kartoffeln schälen und in 1/2 cm große Würfel schneiden, in 4 Eßlöffeln Öl in einer Pfanne knusprig braun braten. Auf ein Sieb schütten und das überschüssige Öl abtropfen lassen.

4. Den Spinat verlesen, gründlich waschen und in kochendem Salzwasser 2 Minuten blanchieren. Mit einem Schaumlöffel herausheben, in Eiswasser abschrecken und auf einem Sieb abtropfen lassen.

5. Das restliche Öl und die Butter erhitzen, die Zanderfilets 4–5 Minuten bei mittlerer Hitze auf beiden Seiten anbraten. Grill oder Backofen mit Oberhitze vorheizen.

6. Die Sauce mit dem Stabmixer aufschlagen, Kartoffeln und Spinat untermischen und mit Meerrettich, Salz, Pfeffer und Zitronensaft abschmecken. Zum Schluß die geschlagene Sahne unterziehen.

7. Die Zanderfilets auf vier Teller verteilen, mit dem Kartoffel-Spinatragout bedecken und unter dem Grill oder im Backofen bei starker Oberhitze einige Minuten goldgelb überbacken.

E. W.
Das Rezept stammt aus der Zeit, als ich in der Aubergine gemeinsam mit meinen hochgeschätzten Kollegen Karl Ederer und Gesumino Piruddu erfolgreich Kochkurse durchführte. Auch heute treffen wir uns noch, um Erfahrungen auszutauschen. Da der Zander kein sehr aromatisches Fleisch hat, verhilft ihm die würzige Hülle zu mehr Pep. Dazu paßt ein rassiger Riesling.

Gebratener Hecht mit Kapern-Zitronenbutter auf Karotten-Gurkengemüse

Für 4 Personen
Zubereitungszeit: 1 Stunde

1,2 kg Hecht
1 EL Kapern
1 kleine Gärtnergurke
Salz
2 mittelgroße Möhren
40 g Butter
Cayennepfeffer
1 Bund Petersilie
1/8 l Fischfond
4 cl Weißwein
Saft von 1 Zitrone
100 g eiskalte, in Scheiben geschnittene Butter
2 EL geschlagene Sahne

1. Den Hecht am besten gleich vom Fischhändler filetieren, enthäuten und entgräten lassen. Die Karkassen mitnehmen und einen Fond (siehe Seite 59) daraus kochen.

2. Die Kapern kurz wässern, in einem Sieb abtropfen lassen und hacken.

3. Die Gurke schälen, der Länge nach halbieren, die Kerne mit einem Löffel ausschaben und die Hälften in kleine Würfel schneiden. In kochendem Salzwasser wenige Minuten blanchieren und auf einem Sieb gut abtropfen lassen.

4. Die Möhren schälen und ebenfalls in Würfel schneiden. 20 g Butter in einer Kasserolle erhitzen und die Möhren andünsten. Mit Wasser knapp bedecken und einkochen lassen. Die Gurkenwürfel zugeben und mit Salz und Cayennepfeffer würzen. Die Petersilie fein hacken und zum Schluß untermischen. Den Backofen auf 180 °C vorheizen.

5. Fischfond und Weißwein auf ein Drittel der Menge einkochen lassen. Den Zitronensaft zugeben und die eiskalte Butter nach und nach mit einem Stabmixer unter die Sauce quirlen. Gehackte Kapern und die geschlagene Sahne unterziehen, mit Cayennepfeffer und Salz abschmecken.

6. Die Hechtfilets in 4 Portionsstücke teilen. 20 g Butter in einer länglichen Kasserolle erhitzen, die Filets hineinlegen und im heißen Backofen unter Wenden in 4–6 Minuten garen.

7. Die Fischstücke mit der Sauce überziehen, das Gemüse rundherum verteilen und servieren.

E. W.
Diese Zubereitungsart eignet sich für fast alle Fische.
Beim Gemüse können Sie Ihre Fantasie spielen lassen: Statt Gurke passen auch Lauchzwiebeln, Navetten oder zarte Kohlrabi.

Gebackener Aal mit jungem Knoblauch und Steinpilzen

Für 4 Personen
Zubereitungszeit: 45 Minuten

2 junge, küchenfertige Aale von je ca. 600 g
Salz, frisch gemahlener weißer Pfeffer
1 Knolle junger, ägyptischer Knoblauch
2 Bund Lauchzwiebeln
5 EL bestes Olivenöl
40 g Butter
100 ml Noilly-Prat
100 ml trockener Weißwein
150 ml Fischfond (siehe Seite 59)
200 g festkochende Kartoffeln, z.B. Nicola
300 g mittelgroße Steinpilze
frisch geriebene Muskatnuß
1/2 Bund glatte Petersilie
2 EL Kalbsjus (siehe Seite 58)

1. Die Aale am besten gleich vom Fischhändler abziehen und in 4 cm breite Stücke schneiden lassen. Die Stücke mit Salz und Pfeffer einreiben. Die Knoblauchzehen auslösen und von den Lauchzwiebeln die Wurzeln und das grüne Ende entfernen, den hellen Teil in feine Scheibchen schneiden. Den Backofen auf 200 °C vorheizen.

2. In einer Pfanne 3 Eßlöffel Olivenöl und die Butter aufschäumen lassen, die Aalstücke auf beiden Seiten anbraten. Mit Noilly-Prat und Weißwein ablöschen, in den heißen Backofen schieben und offen so lange braten lassen, bis die Flüssigkeit fast völlig verdampft ist. Mit so viel Fischfond übergießen, daß die Aalstücke knapp bedeckt sind. Zugedeckt in 25–30 Minuten bei 180 °C fertig schmoren.

3. Die Kartoffeln schälen, in 1/2 cm große Würfel schneiden und in wenig Salzwasser garen.

4. Die Steinpilze gründlich putzen und in nicht zu feine Scheiben schneiden. Das restliche Olivenöl erhitzen und die Pilzscheiben goldgelb braten. Mit Salz und Muskat würzen, die fein gehackte Petersilie unterschwenken.

5. Die geschmorten Aalstücke auf 4 vorgewärmte Teller verteilen, die gut abgetropften Kartoffelwürfel und die Steinpilzscheiben darübergeben und den erhitzten Kalbsjus darüber träufeln.

E. W.
Wenn Sie ungehäutete Aale haben: Die Haut mit grobem Salz abreiben, abspülen, hinter Kopf und Brustflossen rundum einschneiden und etwas ablösen. Den Fisch an einer festen Schnur aufhängen, die angelöste Haut mit Zange oder Küchentuch fest packen und zum Schwanzende hin nach unten abziehen, dabei das Schwanzende festhalten.

Bachforelle auf Wiesenkräutern in Folie

Für 4 Personen
Zubereitungszeit: 25 Minuten

4 küchenfertige Bachforellen à ca. 300 g
Salz, frisch gemahlener Pfeffer
Saft von 1 Zitrone
extrastarke Alufolie
50 g flüssige Butter, 100 g Egerlinge
2 junge Möhren, 2 Stangen Staudensellerie
2 Tomaten, 2 EL Olivenöl
4 cl Weißwein
2 Handvoll frisch gepflückte Frühlings-Wiesenkräuter wie Brunnen- oder Kapuzinerkresse, Brennesseln, Sauerampfer, Löwenzahn, Vogelmiere, Gänseblümchen usw.

1. Die Forellen waschen, trockentupfen und innen und außen mit Salz, Pfeffer und Zitronensaft würzen. Ausreichend große Bögen extrastarke Alufolie mit der flüssigen Butter bestreichen und jeweils eine Forelle darauf legen.

2. Egerlinge, Möhren und Staudensellerie putzen und waschen. Die Tomaten kurz überbrühen, häuten, halbieren und entkernen. Das Gemüse in kleine Würfelchen schneiden und in dem Olivenöl andünsten. Den Weißwein angießen und etwas einkochen lassen. Mit Salz und Pfeffer würzen. Den Backofen auf 220 °C vorheizen.

3. Die Kräuter fein hacken, mit dem Gemüse vermischen und die Forellen damit füllen. Restliche Füllung auf den Fischen verteilen. Die Folie zusammenfalten und absolut dicht verschließen. Nebeneinander auf ein Backblech legen und im heißen Backofen etwa 15 Minuten garen.

4. Den Fisch in der Folie servieren, erst bei Tisch öffnen. So bleibt das Aroma am besten erhalten.

Karpfen mit Rote Bete und Petersilienwurzeln

Für 4 Personen
Zubereitungszeit: 45 Minuten

1 wilder Graskarpfen von ca. 1,8 kg
4 junge Rote Bete
9 mittelgroße Petersilienwurzeln
3 mittlere Lauchstangen
Salz
1 Prise Zucker
1 TL Kümmel
2 EL Obstessig
100 g Butter
1/4 l Fischfond
Saft von 1/2 Zitrone
Cayennepfeffer
1/2 Bund glatte Petersilie
1/2 frische Meerrettichstange

1. Den Karpfen am besten gleich vom Fischhändler filetieren lassen. Jedes Filet in 4 Stücke teilen.

2. Die Rote Bete und die Petersilienwurzeln gründlich waschen und bürsten. Von der Lauchstange die Wurzeln und das grüne Ende entfernen. Die Rote Bete in kochendem Salzwasser mit Zucker, Kümmel und Obstessig garen. Die Petersilienwurzeln schälen, der Länge nach sechsteln und in Salzwasser bißfest kochen. Die Lauchstange in feine Scheiben schneiden und gründlich waschen. Auf einem Sieb abtropfen lassen.

3. In einer flachen Kasserolle 30 g Butter aufschäumen lassen und die Lauchringe andünsten. Salzen, den Fischfond aufgießen und auf die Hälfte der Menge einkochen lassen.

4. Die Rote Bete schälen und zuerst in dünne Scheiben, dann in feine Streifen schneiden. In zwei Sauteusen jeweils 20 g Butter aufschäumen lassen und die Gemüse separat darin durchschwenken.

5. Die Karpfenstücke salzen und mit Zitronensaft beträufeln. Auf den gedünsteten Lauch legen und zugedeckt bei schwacher Hitze garen.

6. Die Rote Bete und Petersilienwurzelstreifen bergartig auf vorgewärmte Teller häufen und mit je 2 Fischstücken belegen.

7. Den Fischfond durch ein Sieb passieren und die restliche Butter mit einem Stabmixer unterschlagen. Mit Salz, Pfeffer und Cayennepfeffer würzen und die gehackte Petersilie und den frisch geriebenen Meerrettich unter die Sauce mischen. Den Fisch damit übergießen und servieren.

E. W.
Überwiegend bekommt man in Fischgeschäften Zuchtkarpfen zu kaufen. Wenn Sie aber mal die Gelegenheit haben, einen frisch gefangenen Karpfen zu erhalten, dann nützen Sie die Chance, das Fleisch ist nämlich wesentlich aromatischer.

Hechtklößchen auf Blattspinat mit Flußkrebsen

Für 4 Personen
Zubereitungszeit: 50 Minuten

250 g entgrätetes Hechtfilet
1 Ei
150 ml eiskalte Sahne
Salz, gemahlener weißer Pfeffer
frisch geriebene Muskatnuß
400 g junge Spinatblätter
1/4 l Fischfond
1/16 l Riesling oder Champagner
1/4 l Crème double
1 EL Noilly-Prat
Cayennepfeffer
etwas Zitronensaft
30 g eiskalte gesalzene Butter
4 EL geschlagene Sahne
20 g Butter
1 Knoblauchzehe
1/2 Bund Dill
1 TL Kümmel
12 Flußkrebse

1. Hechtfleisch durch die feine Scheibe des Fleischwolfs drehen, in eine Schüssel geben und in einer größeren, mit Eiswürfeln gefüllten Schüssel kalt stellen. Das Ei und nach und nach die Sahne unterrühren, mit Salz, Pfeffer und Muskat würzen. Die Masse durch ein Haarsieb streichen und gut kühlen.

2. Spinat sorgfältig verlesen, gründlich waschen und in kochendem Salzwasser 2 Minuten blanchieren. Mit dem Schaumlöffel herausheben, in Eiswasser abschrecken. Auf einem Sieb abtropfen lassen.

3. Für die Sauce Fischfond und Wein auf 1/8 l einkochen lassen. Crème double unterrühren und so lange kochen lassen, bis die Sauce gebunden ist. Mit Noilly-Prat, Zitronensaft, Salz und Cayennepfeffer würzen und die gesalzene Butter in kleinen Stücken mit einem Stabmixer unterschlagen. Zuletzt 2 Eßlöffel geschlagene Sahne unterziehen.

4. Die Butter aufschäumen lassen und den gut abgetropften Spinat wenige Minuten durchschwenken. Mit Salz, Pfeffer und Muskat würzen. Die Knoblauchzehe schälen, auf eine Gabel spießen und den Spinat damit umrühren.

5. Reichlich Salzwasser mit Dill und Kümmel aufkochen und die Flußkrebse 2–3 Minuten sprudelnd kochen lassen. Herausheben, die Panzer aufbrechen und das Schwanzfleisch herauslösen. In die Sauce geben und kurz durchschwenken.

6. In einem zweiten Topf Salzwasser aufkochen. Aus der gut gekühlten Hechtmasse mit zwei Teelöffeln Nockerl formen und im leise siedenden Salzwasser garen. Auf keinen Fall kochen lassen.

7. Den Spinat in die Mitte von 4 Tellern geben. Die Hechtnockerl darauf setzen und mit der heißen Krebssauce überziehen. Sofort servieren.

E. W.
Daß gerade diese Klößchen so berühmt geworden sind, hat einen praktischen Grund: Das Hechtfleisch ist fest und äußerst aromatisch, enthält aber zahlreiche kleine Gräten. Was liegt also näher, als das Fleisch zu pürieren und durch ein Sieb zu streichen.

Gebratener Seeteufel mit Muschelragout

Für 4 Personen
Zubereitungszeit: 45 Minuten

1 kg Seeteufel (Lotte) am Stück
700 g spanische Miesmuscheln
1 Schalotte
1 Knoblauchzehe
5 EL Olivenöl
1 Zweig Thymian
1/8 l trockener Weißwein
Salz, frisch gemahlener Pfeffer
2 EL Crème double
80 g eiskalte Butter
Cayennepfeffer
etwas Zitronensaft
1/2 Bund Petersilie
6 Basilikumblätter

1. Den Seeteufel am besten vom Fischhändler enthäuten und in 4 Portionsstücke teilen lassen.

2. Die Muscheln unterm fließenden kalten Wasser gründlich abbürsten. Schalotte und Knoblauchzehe schälen und klein würfeln. 2 Eßlöffel Olivenöl in einer tiefen Pfanne erhitzen, die Schalotten- und Knoblauchwürfel andünsten. Die gut abgetropften Muscheln und den Thymian zugeben, den Weißwein aufgießen und den Topf zudecken. Bei starker Hitze unter Schütteln des Topfs so lange garen, bis die Muschelschalen aufspringen. Die Muscheln mit einem Schaumlöffel herausheben und etwas abkühlen lassen. Das Muschelfleisch aus den Schalen lösen, noch geschlossene Muscheln wegwerfen.

3. Die Muschelbrühe durch ein Sieb gießen und auf die Hälfte der Menge reduzieren. Die Crème double unterrühren und cremig einkochen lassen. Die Butter in kleinen Stücken mit einem Stabmixer unter die Sauce quirlen und mit Salz, Pfeffer, Cayennepfeffer und Zitronensaft würzen. Zum Schluß die Muscheln, die gehackte Petersilie und die streifig geschnittenen Basilikumblätter untermischen.

4. Das restliche Olivenöl erhitzen und die mit Salz und Pfeffer gewürzten Seeteufelscheiben bei starker Hitze auf jeder Seite 3–4 Minuten braten.

5. Die Seeteufelscheiben auf vorgewärmten Tellern anrichten und mit dem Muschelragout überziehen. Dazu paßt Blattspinat und ein fruchtiger spanischer Roséwein aus Navarra.

E. W.
Seeteufel, fast noch besser als Lotte bekannt, ist der optimale Fisch für alle, die Angst vor Gräten haben: Er hat nur eine knorpelige Mittelgräte. Das feste Fleisch verträgt sich vorzüglich mit würzigen Zutaten. Entscheiden Sie sich aber immer für einen ganzen, mittelgroßen Fisch, verkauft wird ohnehin nur das Schwanzstück. Der Rest dieses Fisches ist ein überdimensionaler, häßlicher Kopf, der meist gleich nach dem Fang entfernt wird.

Gedünstete Seezunge auf zweierlei Sellerie und Trüffelstreifen

Für 4 Personen
Zubereitungszeit: 45 Minuten

4 küchenfertige Seezungen à 250–300 g
Salz, frisch gemahlener Pfeffer
etwas Zitronensaft
20 g Butter
4–5 EL Fischfond

Für das Gemüse:
1 Staudensellerie (geputzt 360 g)
1 kleiner Knollensellerie (geputzt 360 g)
Salz
30 g Butter

Für die Sauce:
1/4 l Fischfond
2 cl trockener Weißwein
1 cl Noilly-Prat
1 EL Crème double
40 g kalte Butter
Salz, frisch gemahlener Pfeffer
Cayennepfeffer

Für die Garnitur:
20 g Trüffel
einige Kerbelzweige

1. Die Seezungen am besten gleich vom Fischhändler küchenfertig vorbereiten lassen.

2. Den Backofen auf 180 °C vorheizen. Die Seezungen auf beiden Seiten mit Salz, Pfeffer und Zitrone würzen, nebeneinander in eine feuerfeste Form legen. Mit dem Fischfond begießen und im heißen Backofen etwa 8–10 Minuten pochieren. Dann herausnehmen, mit Alufolie abdecken und noch ein paar Minuten nachziehen lassen.

3. Den Staudensellerie waschen und in feine Scheiben schneiden. Den Knollensellerie schälen und erst in dünne Scheiben, dann in kleine Rauten schneiden. Beide Selleriesorten kurz in kochendem Salzwasser blanchieren, abtropfen lassen und in der heißen Butter weichdünsten. Gesäuberten Trüffel in feine Streifen schneiden.

4. Für die Sauce den Fischfond mit Wein und Vermouth auf zwei Drittel der Menge einkochen lassen. Die Crème double unterrühren und zum Schluß die kalte Butter in kleinen Stücken mit einem Stabmixer untermixen. Mit Salz, Pfeffer und Cayennepfeffer abschmecken.

5. Die gedünsteten Selleriestücke auf 4 Tellern verteilen, die Seezungen darauf anrichten, mit der Sauce überziehen und mit Trüffelstreifen und Kerbelblättern bestreut servieren.

E. W.

Bitten Sie Ihren Fischhändler, auch die dünne, helle Haut auf der Unterseite der Seezungen abzuziehen, der Fisch sieht dann besonders schön weiß aus. Fragen Sie nach Seezungen aus Dieppe oder vom Ärmelkanal – das sind die feinsten.

Kingfisch gegrillt auf Mango- und Gurkenscheiben mit Kräutervinaigrette

Für 4 Personen
Zubereitungszeit: 40 Minuten

1 Kingfisch von ca. 1,2 kg
1/2 TL abgezupfte Thymianblättchen
1 frische Knoblauchzehe
2 EL Öl
2 reife Mangos
1 Gärtnergurke
1 Bund Basilikum
1 Bund Zitronenmelisse
1 Bund Dill
Saft von 2 Zitronen
4 EL bestes Olivenöl
1 EL Mandelöl
2 EL Basilikum-Olivenöl
6 Tomaten
100 g Pinienkerne
5–6 Chilischoten
Salz, frisch gemahlener Pfeffer

1. Den Kingfisch am besten gleich vom Fischhändler ausnehmen und quer in 150–200 g schwere Steaks schneiden lassen. Thymianblättchen und die geschälte Knoblauchzehe fein hacken, mit dem Öl verrühren und die Fischscheiben damit bestreichen. Übereinanderlegen und kühlstellen. Den Holzkohlengrill anheizen.

2. Mangos und Gurke schälen. Das Mangofruchtfleisch in dünnen Scheiben vom Kern schneiden. Die Gurke mit dem Gurkenhobel in feine Scheiben hobeln. 4 Glasteller schuppenförmig abwechselnd mit den Mango- und den Gurkenscheiben auslegen.

3. Von den Kräutern jeweils einige schöne Zweige für die Garnitur zur Seite legen, den Rest fein hakken und mit Zitronensaft, Salz, Pfeffer und den drei Ölsorten zu einer Vinaigrette verrühren. Mit der Hälfte davon die angerichteten Mango- und Gurkenscheiben beträufeln.

4. Die Tomaten überbrühen, häuten, halbieren und entkernen. Die Hälften in kleine Würfel schneiden. Pinienkerne in einer trockenen Pfanne hell rösten. Die Chilischoten längs halbieren, die Kerne entfernen, die Schoten fein hacken und über die Mango-Gurkenscheiben streuen. Jetzt die restliche Vinaigrette darüber träufeln.

5. Den marinierten Fisch auf dem Holzkohlengrill von beiden Seiten in wenigen Minuten goldgelb grillen, auf keinen Fall durchgaren, die Fischsteaks müssen noch einen rohen Kern haben sonst wird das Fleisch trocken und strohig. Den gegrillten Fisch auf dem Mango-Gurkenteller anrichten und mit den zur Seite gelegten Kräutern garnieren.

E. W.
Karl Heinz Hauser war lange Zeit in der Aubergine ein sehr geschätzter Mitarbeiter in führender Position und hatte schon immer ein Faible für außergewöhnliche Rezeptkreationen. Dieses hat er mir speziell für dieses Buch entwickelt.

Seewolf Bocuse d'or

Für 8 Personen
Zubereitungszeit: 2 Stunden 30 Minuten

1 Seewolf von 1,5 bis 1,8 kg (filetiert)
1 bretonischer Hummer, ca. 600 g
3 große festkochende Kartoffeln

Für die Artischocken:
8 frische, zarte Artischocken
2 EL Olivenöl, 1 Thymianzweig,
1 Lorbeerblatt, 1 Knoblauchzehe
100 ml Champagner, 5 cl Noilly-Prat
80 g frisch geriebenes Weißbrot
1 TL abgezupfte Thymianblätter

Für die Tomaten:
16 kleine Tomaten, Salz, frisch gemahlener Pfeffer
1 Fenchelknolle, 20 g Butter
1 Rezept Sauce Rouille (siehe Seite 55)

Für die Fenchelschiffchen:
2 Fenchelknollen,1 kleiner Zucchino
je 1 rote und gelbe Paprikaschote
30 g entkernte schwarze Oliven
2 EL Olivenöl, 5 cl Noilly-Prat
je 2 cl Pernod und Champagner
Blätter von 1/2 Bund Basilikum, fein geschnitten

Für die Sauce:
100 g Champignons, 20 g Butter
3 Schalotten, etwas Knoblauch
1 Thymianzweig, 1 Lorbeerblatt
je 5 cl Noilly-Prat und Champagner
300 ml Fischfond (siehe Seite 59)
1/4 l Sahne, 100 ml Crème fraîche
Cayennepfeffer, Zitronensaft
1/2 TL abgezupfte Thymianblätter

Außerdem:
300 ml Hummerfond (siehe Krebsfond Seite 59)
Salz, frisch gemahlener weißer Pfeffer
8 EL Olivenöl

1. Den Seewolf filetieren lassen, die Karkassen mitnehmen und einen Fond daraus kochen (Seite 59). Hummer kochen und abkühlen lassen. Seewolffilets in 8 Stücke teilen. Hummerfleisch auslösen, in Scheiben schneiden. Kartoffeln schälen, in Julienne schneiden und mit Wasser bedeckt zur Seite stellen.

2. Artischocken großzügig putzen und in Salzwasser vorgaren. Mit einem Ausstecher (5 cm) ausstechen, die Abschnitte in Olivenöl andünsten. Kräuter und Knoblauch zugeben, salzen und pfeffern, den Noilly-Prat und Champagner aufgießen, fast völlig einkochen. Pürieren und durch ein Sieb streichen, die Masse auf die Böden häufen und mit Hummerscheiben fächerartig belegen. Weißbrotbrösel und Thymian vermischen und darüberstreuen.

3. Tomaten überbrühen, häuten und einen Deckel abschneiden. Aushöhlen, salzen und pfeffern. Fenchel putzen, halbieren, in feine Scheiben schneiden und in Butter dünsten, etwas abgekühlt mit Sauce Rouille verrühren, in die Tomaten füllen.

4. Für die Schiffchen Fenchelknollen sechsteln und 8 schiffchenförmige Hüllen in Salzwasser blanchieren. Rest in feine Streifen schneiden, ebenso die geputzten Paprika, Zucchino und entkernte Oliven, in Olivenöl andünsten, Noilly-Prat, Pernod und Champagner zugießen, ganz verdampfen lassen, mit Salz, Pfeffer, Basilikum würzen, in die Schiffchen füllen.

5. Für die Sauce Champignons und Schalotten klein würfeln, in Butter mit Thymian und Lorbeer andünsten. Noilly-Prat und Champagner zugießen, fast einkochen lassen. Fischfond zugeben, halb einkochen. Sahne und Crème fraîche unterrühren und cremig reduzieren. Mit Salz, Cayenne und Zitronensaft abschmecken, Thymian untermischen.

6. Je 100 ml Hummerfond in 3 Auflaufformen gießen, je eine Gemüsesorte in die Form setzen, mit Öl beträufeln. Im heißen Backofen gratinieren.

7. Kartoffeljulienne abtropfen lassen und trocknen. Auf gewürzte Seewolfscheiben verteilen, festdrükken. Fisch mit der Kartoffelseite nach unten in heißem Öl bei mittlerer Hitze goldbraun braten.

8. Fisch mit einer Backschaufel vorsichtig herausheben, wenden und auf vorgewärmte Teller legen, mit den überbackenen Gemüsen umkränzen.

Steinbutt mit Lauchsauce

Für 4 Personen
Zubereitungszeit: 1 Stunde

1 Steinbutt von ca. 1 kg
30 g Lauch
1 Petersilienwurzel
1 kleine Möhre
1 Schalotte
1 Knoblauchzehe
1 geschälte Tomate
2 EL Öl
1 Lorbeerblatt
1/8 l trockener Weißwein
2 cl Noilly-Prat
2 cl trockener Weißwein
120 g Lauch (nur der weiße Teil)
90 g eiskalte Butter
Salz, gemahlener weißer Pfeffer
Cayennepfeffer
1 Msp gemahlener Safran
40 g Butter zum Braten

1. Den Steinbutt am besten gleich vom Fischhändler häuten und filetieren lassen. Die Karkassen unbedingt mitnehmen. Die Fischgräten in reichlich kaltes Wasser legen.

2. Lauch, Petersilienwurzel und Möhre putzen, Schalotte und Knoblauch schälen und in kleine Stücke schneiden, ebenso die geschälte Tomate. Das Öl in einem Kochtopf erhitzen und das Gemüse andünsten. Die gut abgetropften Fischgräten und das Lorbeerblatt zugeben, 3/4 l Wasser und 1/8 l Wein aufgießen. 15 Minuten leise kochen, dann bei schwacher Hitze noch 20 Minuten ziehen lassen. Den Fond durch ein Haarsieb gießen und kalt stellen.

3. Vom Fischfond 200 ml abmessen und mit Noilly-Prat und 2 cl Weißwein auf die Hälfte der Menge einkochen lassen.

4. Das Weiße vom Lauch der Länge nach halbieren und in feine Streifen schneiden. Waschen und gut abgetropft in einen Topf geben. 2 cl Wasser zugießen, aufkochen und so lange kochen lassen, bis die Flüssigkeit verdampft ist.

5. Die eiskalte Butter in kleinen Stückchen mit einem Stabmixer unter die Sauce schlagen, die Lauchwürfel untermischen und die Sauce mit Salz, Pfeffer, Cayennepfeffer und Safran würzen. Warmstellen, aber nicht mehr kochen lassen.

6. Die Steinbuttfilets mit Salz und Pfeffer würzen und in der heißen Butter auf jeder Seite etwa 2 Minuten braten. Auf 4 vorgewärmte Teller verteilen und mit der Lauchsauce überziehen.

E. W.
Für dieses einfache, aber feine Rezept eignen sich auch andere Meeresfische wie zum Beispiel Glattbutt, Seezunge, Lachs, aber auch Süßwasserfische wie Lachsforelle, Forelle oder Saibling.

Frikadellen von Kabeljau und Krabbe

Für 4 Personen
Zubereitungszeit: 1 Stunde
Kühlzeit: 1 Stunde

Für die Fischfarce:
500 g Schwanzstück vom Kabeljau
1/2 l Milch
1 Lorbeerblatt, 1 Thymianzweig
Salz, 5 schwarze Pfefferkörner
500 g ausgelöstes Fleisch von Stein- oder Tiefseekrabbe (frisch oder aus der Dose)
frisch gemahlener weißer Pfeffer
2 kleine Zwiebeln, 2 Lauchzwiebeln
1 Stange Staudensellerie
30 g Butter
1 EL Currypulver, 1 EL fein geriebene Ingwerwurzel
6 EL fein geschnittener Schnittlauch
6 EL gehackte Petersilie, 2 EL englischer Senf
1 EL Weißwein
300 g feste Mayonnaise (siehe Seite 67)
2 Eigelbe, 90 g frisch geriebenes Weißbrot
etwas Tabasco
frisch gemahlener weißer Pfeffer
Außerdem:
2–3 EL Mehl, 2 EL Milch
2 Eigelbe, 60–80 g frisch geriebenes Weißbrot
6–8 EL Öl

1. Kabeljau waschen und trockentupfen. Milch mit Lorbeerblatt, Thymianzweig, Salz und Pfefferkörnern aufkochen und den Kabeljau darin kurz pochieren. Herausheben und etwas abkühlen lassen. Dann enthäuten und entgräten, das Fleisch zerpflücken und in eine Schüssel geben. Das ausgelöste Fleisch der Krabbe ebenfalls zerpflücken und locker mit dem Kabeljaufleisch vermischen.

2. Die Zwiebeln schälen, Lauchzwiebeln und Selleriestange putzen, waschen und alles in kleine Würfel schneiden. Die Butter aufschäumen lassen und das Gemüse andünsten. Currypulver und geriebenen Ingwer zugeben, kurz andünsten und von der Kochplatte nehmen. Abkühlen lassen und vorsichtig unter das Fischmus rühren.

3. Die Mayonnaise, Eigelbe und 90 g Brösel zugeben und zu einer lockeren Farce verarbeiten, aber auf keinen Fall zu stark rühren oder kneten. Mit Tabasco, Salz und Pfeffer pikant würzen und die Masse etwa 1 Stunde kalt stellen.

4. Aus der Fischmasse Frikadellen formen und zuerst in Mehl, dann in mit Milch verquirlten Eigelben und zum Schluß in den frisch geriebenen Bröseln wenden. Die Panierung gut festdrücken.

5. Das Öl in einer beschichteten Pfanne erhitzen und die Fischfrikadellen auf beiden Seiten goldgelb braten. Heiß servieren.

E. W.
Die Inspiration für diese lockeren, raffinierten Fischfrikadellen habe ich von meinen vielen Amerikareisen mitgebracht. Mit diesem ‚Fast food vom Feinsten‘ können Sie jeden noch so anspruchsvollen Genießer begeistern.

St. Petersfisch auf Paprikabutter mit Zucchini- und Auberginenchips

Für 4 Personen
Zubereitungszeit: 40 Minuten

1 Sankt Petersfisch von 1,3–1,5 kg
2 rote Paprikaschoten
1 Schalotte
1 Knoblauchzehe
4 EL Olivenöl
2 Thymianzweige
Salz, frisch gemahlener weißer Pfeffer
100 ml Weißwein
150 ml Fischfond
1 lange, schmale Aubergine
2 kleine Zucchini
2–3 EL Mehl
60 g Butter
Öl zum Ausbacken
1/2 Bund Basilikum

1. Den Sankt Petersfisch am besten gleich vom Fischhändler filetieren lassen. Die Karkassen aber unbedingt mitnehmen und daraus einen Fischfond (siehe Seite 59) kochen.

2. Die Paprikaschoten halbieren, die Stielansätze entfernen und die Hälften so lange im 220 °C heißen Backofen rösten, bis die Haut ganz dunkelbraun ist und Blasen wirft. Die Schoten häuten und kleinschneiden. Die Schalotte und den Knoblauch schälen, in kleine Würfelchen schneiden und in heißem Olivenöl andünsten. Paprikastücke und Thymianzweige dazugeben und mit Salz und Pfeffer würzen. Den Weißwein und den Fischfond aufgießen und 6–8 Minuten leise köcheln lassen.

3. Aubergine und Zucchini waschen, trocknen und in dünne Scheiben schneiden. Mit Salz und Pfeffer würzen und leicht in Mehl wenden.

4. In einer beschichteten Pfanne 30 g Butter aufschäumen lassen und die mit Salz und Pfeffer gewürzten Fischfilets auf beiden Seiten anbraten, ohne daß sie bräunen.

5. Das Ausbacköl erhitzen und die Gemüsescheiben goldgelb und knusprig fritieren. Auf Küchenkrepp gründlich abtropfen lassen.

6. Die Paprikasauce in einen Mixer geben und kurz pürieren, dann durch ein feines Sieb passieren. Die gebratenen Fische auf 4 vorgewärmte Teller verteilen. Den Bratfond mit dem Paprikapüree ablöschen, kurz aufkochen lassen und mit der restlichen Butter binden. Die geschnittenen Basilikumblättchen unterrühren und die Sauce über die Fischstücke verteilen. Die Auberginen- und Zucchinichips locker darüberfallen lassen, sofort servieren.

E. W.
Der aufrecht schwimmende Plattfisch mit großem Kopf und riesigen Augen ist unverwechselbar. Auffallend sind auch die zwei schwarzen Punkte auf beiden Seiten, die die Fingerabdrücke des Apostels Petrus darstellen sollen. Der Fisch hat ein feines, festes Fleisch, von dem nach dem Zerlegen nur 30–40 Prozent Fischfilet übrigbleiben.

Hummer mit Ingwer und Orange

Für 2 Personen
Zubereitungszeit: 35 Minuten

1 europäischer Hummer von ca. 600 g
2 EL Olivenöl
3 ungeschälte Knoblauchzehen
2 Estragonzweige
1 kleine, längliche Schalotte
6 dünne Scheiben frischer Ingwer
Salz, frisch gemahlener Pfeffer
4 cl Cognac
1/8 l Weißwein
2 cl Grand Marnier
1/4 l Sahne
etwas Zitronensaft
Saft von 1/2 Orange
Cayennepfeffer
1 große Orange mit unbehandelter Schale

1. Den Hummer mit dem Kopf voran in sprudelnd kochendem Wasser töten. Die Scheren abdrehen, hochkant legen und mit einem großen Messer anschlagen, so daß die Schale aufspringt. Auseinanderbrechen und das Fleisch vorsichtig auslösen. Den Hummerkörper längs halbieren, den Magensack und den Darm entfernen.

2. Das Olivenöl mit den Knoblauchzehen erhitzen. Die Estragonblätter von den Stielen zupfen und zur Seite legen, die Schalotte schälen und in feine Scheiben schneiden. Die Estragonstengel, Schalotten- und Ingwerscheiben in das heiße Öl geben, kurz andünsten und den mit Salz und Pfeffer gewürzten Hummer dazugeben. Bei mittlerer Hitze auf beiden Seiten anbraten. Mit dem Cognac übergießen und flambieren. Die Hummerhälften herausnehmen und warmstellen.

3. Den Bratfond mit Wein ablöschen und auf ein Drittel der Menge einkochen lassen. Grand Marnier zugießen und kurz aufkochen lassen. Die Hummerhälften zurück in die Pfanne geben, mit Sahne übergießen, mit Zitronen- und Orangensaft beträufeln und mit Salz, Pfeffer und Cayennepfeffer würzen. Die Sahne bei mittlerer Hitze cremig einkochen lassen, dabei die Hummerhälften immer wieder mit der Sahnesauce begießen. Zum Schluß die fein geschnittenen Estragonblätter einrühren.

4. Von der Orange mit einem Zestenreißer etwa 1 Eßlöffel Schale abziehen und zur Seite legen, die Orange mit einem Messer so dick schälen, daß die weiße Haut völlig entfernt ist, die Fruchtfilets mit einem scharfen Messer aus den Trennhäuten lösen.

5. Jeweils eine Hummerhälfte auf einem vorgewärmten Teller anrichten. Die Sauce durch ein Sieb streichen und den Hummer damit übergießen. Mit Orangenspalten und -zesten garnieren und mit körnig gekochtem Basmatireis servieren.

E. W.
Wenn Sie keinen Zestenreißer haben, können Sie auch die dünn abgeschnittene Orangenschale in feine Streifchen zerteilen und kurz in kochendem Wasser überbrühen.

Garnelenschwänze in feuriger Tomatensauce

Für 4 Personen
Zubereitungszeit: 45 Minuten

800 g Garnelenschwänze
400 g vollreife Tomaten
3 mittelgroße Zwiebeln
2 Knoblauchzehen
2 Stangen Staudensellerie mit Grün
250 g gelbe und grüne Paprikaschoten
4 EL Öl
1/2 TL Salz
1/2 TL Zucker
1 Lorbeerblatt
1 Thymianzweig
2–4 kleine, scharfe Chilischoten

1. Die Garnelen aus den Schalen brechen und den dunklen Darm an der Rückenseite entfernen. Die Tomaten kurz überbrühen, häuten, halbieren und entkernen. Die Hälften in kleine Stücke schneiden. Zwiebeln und Knoblauchzehen schälen, von den Selleriestangen die grünen Blätter abschneiden und zur Seite legen. Die Stengel, geputzte Paprikaschoten, die geschälten Zwiebeln und Knoblauchzehen in ganz kleine Würfel schneiden.

2. Das Öl in einem Schmortopf erhitzen und Zwiebeln und Knoblauch glasig braten. Das übrige Gemüse zugeben, mit Salz und Zucker würzen und die Kräuter unterrühren. Etwa 20 Minuten bei schwacher Hitze köcheln lassen.

3. Die Chilischoten halbieren, die Kerne entfernen und die Schoten fein hacken. Da die Schärfe der Chilis sehr verschieden ist, zuerst nur eine kleine Menge in die Sauce geben und immer wieder probieren, bis die Sauce die gewünschte Schärfe hat.

4. Die Garnelen unter die Sauce mischen und etwa 4–5 Minuten garen. Mit Reis servieren.

Asiatisch marinierte Garnelen vom Holzkohlengrill

Für 4 Personen
Zubereitungszeit: 20 Minuten
Marinierzeit: mind. 1 Stunde

16 Riesengarnelen
4 Stengel Zitronengras
1 kleine Schalotte
2 Knoblauchzehen
2 mittelscharfe Chilischoten
20 g eingelegter Ingwer
1/4 TL Korianderkörner
1/4 TL weiße Pfefferkörner
1 EL dunkle Sojasauce
3 EL Erdnußöl

1. Die Garnelen bis auf das letzte Schwanzglied schälen, den Darm auf der Rückenseite entfernen. Die Zitronengrasstengel der Länge nach halbieren. Die Garnelen mit einem spitzen Messer einstechen und jeweils 2 auf einen Stengel spießen.

2. Schalotte und Knoblauch schälen, die Chilischoten halbieren und entkernen, den Ingwer gut abtropfen lassen. Alles sehr fein hacken. Koriander- und Pfefferkörner im Mörser fein zerstoßen, mit den gehackten Zutaten vermischen, die Sojasauce und das Erdnußöl unterrühren.

3. Die Spieße nebeneinander auf eine Platte legen, mit der Marinade übergießen und mindestens 1 Stunde ziehen lassen, dabei die Spieße immer wieder umdrehen. Den Holzkohlengrill anheizen.

4. Die Spieße auf dem heißen Holzkohlengrill von beiden Seiten wenige Minuten grillen.

Gebratener Hummer mit Kürbis und Kartoffeln

Für 4 Personen
Zubereitungszeit: 1 Stunde

2 bretonische Hummer à ca. 600 g
4 EL Öl
80 g in kleine Würfel geschnittene Möhre, Knoblauch, Lauch, Zwiebel, Staudensellerie
2 Tomaten
1 Thymianzweig
1 Lorbeerblatt
8 Pfefferkörner
1/16 l trockener Weißwein
1/4 l Fischfond
4 festkochende Kartoffeln
1 kg Muskatkürbis
140 g Butter
1 Bund Basilikum
Öl zum Ausbacken

1. Die Hummer mit dem Kopf voran in sprudelnd kochendem Wasser töten. Herausnehmen, die Scheren ausbrechen, Körper zurück ins Wasser geben und fertig garen. Die Hummerschwänze auslösen und quer in Medaillons schneiden.

2. Die Karkassen klein hacken und in 2 Eßlöffeln heißem Öl anrösten. Das kleingeschnittene Gemüse zugeben und unter Rühren andünsten. Die Tomaten in Würfel schneiden und mit den Kräutern und den Pfefferkörnern zugeben. Mit Wein ablöschen und bei starker Hitze einkochen lassen. Den Fischfond aufgießen, einmal aufkochen lassen und bei schwacher Hitze 30 Minuten ziehen lassen. Anschließend durch ein Sieb passieren und auf ein Drittel der Menge einkochen lassen.

3. Die Kartoffeln schälen und auf dem Gurkenhobel in dünne Scheiben hobeln. Den Kürbis schälen, das Fruchtfleisch in 1–2 mm dünne Scheiben schneiden und daraus runde Plätzchen ausstechen.

4. In zwei Pfannen jeweils 50 g Butter erhitzen. In einer Pfanne die Kartoffelscheiben, in der zweiten die Kürbisplätzchen goldgelb und knusprig braten. Die Hummerscheiben kurz im restlichen Öl braten, dabei 1 TL fein geschnittene Basilikumblätter zugeben und leicht salzen. Die restlichen Basilikumblätter abzupfen und in heißem Öl fritieren.

5. Die Kürbisplätzchen auf vorgewärmte Teller verteilen, die Hummerscheiben und -scheren hübsch darauf anrichten und die kroß gebratenen Kartoffelscheiben und Basilikumblätter darüber streuen. Den Hummerfond mit der restlichen kalten Butter binden und über das Hummerfleisch träufeln.

E. W.
Es gibt verschiedene Methoden, Hummer auf humane Weise zu töten. Ich stecke die Krustentiere mit dem Kopf voran in sprudelnd kochendes Wasser und verschließe den Topf sofort mit einem Deckel. Werden mehrere Krustentiere gekocht, muß man mit dem Einlegen unbedingt warten, bis das Wasser wieder sprudelnd kocht.

Jakobsmuscheln mit Steinpilzen und Tomaten

Für 4 Personen
Zubereitungszeit: 30 Minuten

16 Jakobsmuscheln
16 mittelgroße Steinpilze
2 Schalotten
3 ungeschälte Knoblauchzehen
8 mittelgroße Tomaten
6 EL Olivenöl
Salz, frisch gemahlener Pfeffer
etwas Zitronensaft
1/2 TL fein gehackte Thymianblättchen
Salz, frisch gemahlener Pfeffer
100 ml Weißwein
1/2 Bund glatte Petersilie
8 Scheiben Baguette
2–3 Knoblauchzehen

1. Die Jakobsmuscheln öffnen, indem man mit einem starken Messer zwischen die Schalen fährt und den Muskel von der flachen Schalenhälfte abtrennt. Die flache Schale abheben, die Muschel auslösen, Kiemenrand und graue Teile entfernen. Helle Nüßchen und die orangefarbenen Rogen gründlich waschen, mit einem Tuch trocknen.

2. Die Steinpilze sorgfältig putzen, mit einem Tuch abreiben, die Stiele abschneiden und hacken, die Hüte ganz lassen. Schalotten und 1 Knoblauchzehe schälen und in sehr kleine Würfel schneiden. Die Tomaten kurz überbrühen, häuten, halbieren, entkernen und in schmale Streifen schneiden.

3. Vom Olivenöl 4 Eßlöffel erhitzen, 2 ungeschälte Knoblauchzehen und die Pilzhüte darin anbraten. Mit Salz und Pfeffer würzen, Knoblauch und Pilze aus der Pfanne heben, warmstellen.

4. Die Jakobsmuschelnüßchen und die Rogen im heißen Fett kurz anbraten. Gehackte Knoblauchzehe, Schalotten- und Pilzwürfel dazugeben, mit Thymian bestreuen und kurz durchschwenken. Die Tomatenstreifen untermischen, mit Salz, Pfeffer und etwas Zitronensaft würzen und mit Weißwein ablöschen. Einige Minuten bei starker Hitze aufkochen lassen. Zum Schluß mit der grob gehackten Petersilie bestreuen und auf vorgewärmten Tellern mit den Pilzköpfen hübsch anrichten.

5. Die Baguettescheiben im Toaster goldbraun rösten, mit fein zerdrücktem Knoblauch einreiben, mit Olivenöl beträufeln und dazu reichen.

E. W.
Dies ist eines der vielen Rezepte, die beim gemeinsamen Kochen mit meiner lieben Freundin Ingrid am heimischen Herd entstanden sind.
Frische Jakobsmuscheln in der Schale sind ein kostspieliges Vergnügen und das Öffnen, Säubern und Vorbereiten ist mühsam, aber es lohnt sich.
Wenn Sie tiefgekühlte Ware verwenden, entfällt zwar die Vorarbeit, aber Sie müssen mehr nehmen, da diese Muscheln wesentlich kleiner sind.

Tintenfischragout mit Staudensellerie, Tomaten, Fenchel und provenzalischer Buttersauce

Für 4 Personen
Zubereitungszeit: 45 Minuten

500 g Tintenfische (Kalmare)
4 große Tomaten
1 kleine Fenchelknolle
80 g Staudensellerie
80 g Butter
4 cl Olivenöl
1 Spritzer Cognac
1 geschälte Knoblauchzehe
1/2 Bund Petersilie
1/2 TL abgezupfte Thymianblätter
4 Basilikumblätter
1/4 l Fischfond
Salz, frisch gemahlener Pfeffer
Cayennepfeffer
etwas Zitronensaft

1. Die Tintenfische sorgfältig säubern, waschen und in schmale Streifen schneiden. Die Tomaten kurz überbrühen, häuten, halbieren, entkernen und das Fruchtfleisch in Streifen schneiden. Von der Fenchelknolle das Grün entfernen und zur Seite legen. Die Knolle und die Selleriestangen waschen und ebenfalls in feine Streifen schneiden.

2. Im Mixer 60 g Butter und 2 cl Olivenöl mit einem Spritzer Cognac, in Stücke geschnittener Knoblauchzehe, grob gehackter Petersilie, Thymian und Basilikumblättern fein pürieren. Diese provenzalische Butter in den Kühlschrank stellen.

3. Fenchel und Staudensellerie in der restlichen Butter sachte andünsten, knapp mit Wasser bedecken und so lange einkochen lassen, bis nur noch etwa 4 Eßlöffel Flüssigkeit übrig sind.

4. Das restliche Olivenöl in einer Pfanne erhitzen und die Tintenfischstreifen bei starker Hitze wenige Minuten scharf anbraten. Von der Kochplatte nehmen und etwas nachziehen lassen.

5. Die Gemüseflüssigkeit in eine Sauteuse abgießen, den Fischfond zugeben und kurz einkochen lassen. Die kalte Provenzalbutter in kleinen Stücken mit einem Stabmixer unterschlagen. Die Sauce mit dem Gemüse vermischen. Die Tomaten- und die Tintenfischstreifen unterrühren und noch einmal kurz erhitzen, aber nicht mehr kochen lassen. Mit Salz, Pfeffer, Cayennepfeffer und etwas Zitronensaft würzig abschmecken.

E. W.
Zum provenzalischen Tintenfischragout kann man al dente gekochte Tagliatelle, körnig gekochten Reis oder nur knuspriges Baguette servieren – als Getränk paßt am besten ein Gläschen gekühler Côte de Provence.

Nordseemuscheln „Rheinische Art“ mit Gemüsekonfetti

Für 6 Personen
Zubereitungszeit: 1 Stunde 30 Minuten

3 kg Nordseemuscheln
300 g Zwiebeln
100 g Knollensellerie
100 g Lauchstange
1 Lorbeerblatt
6 schwarze, zerdrückte Pfefferkörner
1/2 l trockener Weißwein
1/2 l Fischfond (siehe Seite 59)
Für die Gemüsekonfetti:
1/2 kleine Sellerieknolle
1 große Kartoffel
1 große Möhre
1/2 Lauchstange
1 Zucchino
Zum Klären des Muschelfonds:
100 g mageres, gehacktes Rindfleisch
1 Eiweiß
Gemüsereste von den Konfetti
6 Korianderkörner
4 Pfefferkörner
1 Gewürznelke
1 Tasse gestoßenes Eis

1. Die Muscheln waschen, gründlich bürsten und dabei geöffnete Muscheln entfernen. Zwiebeln und Sellerie schälen, vom Lauch die Wurzeln und das grüne Ende entfernen, die Stange halbieren und waschen. Das Gemüse in grobe Stücke schneiden.

2. Einen großen Topf mit starkem Boden gut erhitzen. Muscheln, Gemüsewürfel, Lorbeerblatt und Pfefferkörner hineingeben und mit Weißwein ablöschen. Den Fischfond auffüllen und den Topf fest zudecken. Die Muscheln 3–5 Minuten kochen lassen, dabei den Topf einige Male schwenken, ohne den Deckel zu öffnen.

3. Die Muscheln herausheben und das Fleisch aus den Schalen lösen. Den Muschelfond durch ein Sieb abgießen und um ein Drittel einkochen lassen.

4. Sellerieknolle, Kartoffel und Möhre schälen, Lauch und Zucchino waschen. Die Gemüse in 1 mm dicke Scheiben schneiden und „Konfetti“ mit einem Durchmesser von 3–5 mm ausstechen. Die Gemüsereste aufbewahren.

5. Die Gemüsekonfetti nacheinander im Muschelfond bißfest kochen. Herausheben und in eiskaltem Wasser abschrecken.

6. Den Muschelfond abkühlen lassen. Rindfleisch, Eiweiß, Gemüsereste, Gewürze und gestoßenes Eis verrühren und unter den kalten Muschelfond rühren. Langsam aufkochen und 30 Minuten bei schwacher Hitze köcheln lassen. Vorsichtig durch ein mit einem Mulltuch ausgelegtes Sieb gießen. Falls nötig, mit Salz nachwürzen.

7. Das Muschelfleisch mit den Gemüsekonfetti in eine hitzebeständige Glasform oder Schüssel geben, mit dem Muschelfond übergießen und zugedeckt sofort auf den Tisch bringen.

E. W.
Dies ist ein Rezept meines Freundes Günter Scherrer, Küchenchef des Restaurants Victorian. Wenn ich zur Muschelzeit in Düsseldorf bin, gehört es zu meinen Lieblingsgerichten bei ihm.

FLEISCH UND INNEREIEN

Den saftigsten Schmorbraten ergibt die Schulter

Ich muß vorwegnehmen, daß ich bin kein großer Fleischesser bin. Das soll nicht heißen, ich sei Vegetarier, aber zu große Fleischportionen schrecken mich eher ab. Lieber nur ein kleines Stück, dafür erstklassig.
Wenn ich an Fleisch denke, fällt mir der Nierenbraten meiner Mutter ein, der nur an besonderen Festtagen auf den Tisch kam. Dieser Nierenbraten war anders als die üblichen: Die Niere wurde nämlich nicht eingerollt, sondern samt ihrem Fettmantel in einer Pfanne kroß gebraten und separat zum Kalbsrollbraten gereicht. Dieses Rezept erfand meine Mutter meinem Vater zuliebe, der ein Schwäche für das goldbraune, knusprige Nierenfett hatte. Eine der Vorlieben, die ich geerbt habe, wie auch die Schwäche für Innereien. Eine Scheibe frische Kalbsleber, kurz auf beiden Seiten in hellbraun aufgeschäumter Butter geschwenkt, etwas fein gehackte Schalotte mitgebraten und mit Salz, Pfeffer und einigen Tropfen Aceto Balsamico abgeschmeckt, da läuft mir schon das Wasser im Mund zusammen. Ich gehöre auch zu denjenigen, die sich nicht beim Gedanken an ein frisches Kalbshirn schütteln, sondern es, paniert und in Butter gebacken, mit Sauce Tatar genußvoll essen.

Ich habe auch nichts gegen ein saftiges Steak, aber nur dann, wenn das Fleisch ausgezeichnet ist und genügend Zeit zum Reifen hatte. Für uns Köche ist es relativ einfach, gutes Fleisch zu bekommen. Für die Hausfrauen hingegen ist es oft ein Problem, da viele Metzger das Rindfleisch nicht genug gereift verkaufen. Ich kann nur jedem raten, sich einen guten Metzger zu suchen. Scheuen Sie sich auch nicht, ihm kritische Fragen zu stellen. Ein richtiger Metzgermeister wird sich freuen, wenn Sie Interesse und Qualitätsbewußtsein haben.

Da die Haushalte immer kleiner werden, liegen kurzgebratene Teilstücke im Trend. Sich mal schnell ein Steak zu braten, das klingt zwar sehr einfach und man möchte meinen, das kann nun wirklich jeder – weit gefehlt. Ich habe im Laufe der Jahre festgestellt, daß alle Fleischteile, die man nur kurz brät, wie Steak, Lende oder Kotelett, dann am besten gelingen, wenn das Fleisch Zimmertemperatur hat, ehe es ins heiße Fett gelegt wird. Das verhindert einen Kälteschock, der die Fleischfasern zusammenzieht und das Fleisch zäh werden läßt.

Mein Tip: In einer Pfanne mit dickem Boden zu gleichen Teilen Öl und Butter hellbraun aufschäumen lassen. Dann das Fleisch auf beiden Seiten braten und mit einer Backschaufel herausheben. Niemals mit einer Gabel in das Fleisch stechen, denn dadurch geht schmackhafter Fleischsaft verloren. Die Kurzbratstücke nach dem Garen immer einige Minuten ruhen lassen. Das Bratfett wegschütten und den Bratfond mit einem Stück frischer Butter auflösen, erst dann mit Wasser, Fond oder Wein ablöschen. Wichtig ist dabei, daß der Bratensatz auf keinen Fall zu braun wird, das gibt der Sauce einen bitteren Geschmack.

Kurzgebratenem ziehe ich persönlich allerdings einen saftigen Schmorbraten vor, insbesondere einen aus der Schulter. Egal, ob von Lamm, Kalb, Zicklein oder Rind, das Schulterfleisch ist fettmarmoriert und dadurch viel saftiger und aromatischer. Man kann es nämlich drehen und wenden wie man will, Fett ist nun mal der beste Geschmacksträger. Nehmen Sie lieber etwas weniger Fett zum Braten und verzichten Sie auf die Sahne für die Sauce – und schmoren Sie dafür ein fettdurchzogenes Stück Fleisch langsam im eigenen Saft. Unentbehrlich dabei ist ein nicht zu großer, schwerer Schmortopf mit fest schließendem Deckel, Ist der Topf zu groß, kocht die Flüssigkeit viel zu rasch ein, das Fleisch wird trocken und viel köstlicher Bratensaft geht verloren. Schmorbraten und die Aromaten müssen bequem Platz haben, dann erhält man garantiert saftiges Fleisch. Den Bratenfond muß man dann nur noch samt mitgeschmortem Gemüse und Kräutern durch ein Sieb passieren und vor dem Servieren mit dem Stabmixer kurz aufschäumen. Allerhöchstens noch ein Stückchen Butter zum Verfeinern, mehr ist nicht nötig für einen köstlichen Festtagsbraten.

Tendrons vom Kalb mit Gremolata

Für 4 Personen
Zubereitungszeit: 2 1/2 Stunden

8 Tendrons (Kalbsbrustscheiben) zu je 200 g
Salz, frisch gemahlener Pfeffer
1 TL Paprikapulver edelsüß
2 EL Öl
50 g Butter
200 g Zwiebeln
100 g Möhren
100 g Staudensellerie
5 Tomaten (300 g Fruchtfleisch)
1 TL Tomatenmark
200 ml trockener Weißwein
1 Bund glatte Petersilie
ca. 1/8 l Kalbsfond
Für die Gremolata:
25 g Butter
1 EL gehackte Petersilie
1 EL fein geschnittene Estragonblätter
1 zerdrückte Knoblauchzehe
1 Msp gemahlener Kümmel
etwas abgeriebene Zitronen- und Orangenschale (unbehandelt)

1. Die Tendrons mit Salz, Pfeffer und edelsüßem Paprikapulver würzen, zusammenrollen und mit einem Küchengarn umwickeln.

2. Öl und 20 g Butter in einem schweren Schmortopf erhitzen und die gebundenen Tendrons auf beiden Seiten goldbraun anbraten.

3. Zwiebeln und Möhren schälen und in kleine Würfel schneiden, ebenso die Selleriestangen. Das Bratfett vom Fleisch abgießen, die restliche Butter in den Topf geben und das Gemüse zurühren. Anschmoren, ohne Farbe nehmen zu lassen.

4. Die geschälten, in Würfel geschnittenen Tomaten und Tomatenmark unterrühren, andünsten, dann den Weißwein, die gehackte Petersilie und den Kalbsfond zugeben und etwa 1 Stunde 30 Minuten zugedeckt bei schwacher Hitze schmoren. Falls notwendig, noch etwas Wasser angießen.

5. Für die Gremolata die Butter aufschäumen lassen, die Kräuter, Knoblauch und Gewürze unterrühren und von der Herdplatte nehmen.

6. Sobald das Fleisch weich ist, die Gremolata darüber verteilen und servieren.

E. W.
Das knorpelige Brustfleisch ist nicht jedermanns Sache. Ich finde es aber großartig, denn das weichgeschmorte Fleisch löst sich ganz leicht von den knorpeligen Teilen und schmeckt besonders zart. Dazu ein gutes Weißbrot und ein Glas fruchtiger Roséwein, z.B. ein Côtes-du-Rhône – das ist für mich ein echter Gaumenschmaus.

Kalbsrücken mit Steinpilzgaletten und kroß gebratenen Nierenscheiben

Für 4 Personen
Zubereitungszeit: 1 Stunde 15 Minuten

200 g kleine Steinpilze
60 g Butter
Salz
frisch gemahlener Pfeffer
frisch geriebene Muskatnuß
150 g altbackenes Weißbrot ohne Rinde
ca. 1/8 l heiße Milch
1 EL gehackte Petersilie
2 Eier
1 Schweinsnetz
4 große, festkochende Kartoffeln
2 EL flüssige Butter
4–5 Schalotten
4 EL Öl
50 ml roter Portwein
50 ml Rotwein
500 g Kalbsrücken, ausgelöst und enthäutet
1 Kalbsniere
10 Wacholderbeeren
1/8 l heller Kalbsjus
1 EL Gin

1. Pilze putzen und in Scheiben schneiden, in 20 g Butter kurz andünsten. Mit Salz, Pfeffer und Muskat würzen und abkühlen lassen.

2. Das Weißbrot würfeln und mit heißer Milch übergießen. Kurz ziehen lassen, dann Petersilie und Eier unterrühren, mit Salz, Pfeffer und Muskat würzen.

3. Das Schweinsnetz in warmes Wasser legen, bis es geschmeidig ist. Auf einem Küchentuch ausbreiten und trocknen, in 4 Stücke teilen. Pilze als Ring mit einem Durchmesser von 6 cm auf den Netzstücken auslegen. Knödelmasse 1 cm dick daraufstreichen und mit dem Netz umhüllen, überstehende Ränder abschneiden. Backofen auf 180 °C vorheizen.

4. Die Kartoffeln schälen und in dünne Scheiben schneiden. 4 runde, flache, gefettete Förmchen schuppenartig damit auskleiden. Mit Butter beträufelt im Backofen 15–20 Minuten backen.

5. Die Schalotten schälen und in Würfel schneiden. In 2 Eßlöffel Öl glasig dünsten. Port- und Rotwein aufgießen und bei starker Hitze einkochen lassen. Von der Kochstelle nehmen.

6. Den Kalbsrücken in 4 Scheiben schneiden und mit Salz und Pfeffer würzen, in 2 Eßlöffel Öl und 20 g Butter auf jeder Seite 2–3 Minuten braten. In einer zweiten Pfanne die Steinpilzgaletten in der restlichen Butter auf beiden Seiten goldgelb braten.

7. Die Kalbsniere in Scheiben schneiden und im restlichen Öl scharf anbraten. Die gehackten Wacholderbeeren dazugeben, mit Gin ablöschen.

8. Jeweils eine gebratene Kalbsrückenscheibe mit einer Steinpilzgalette, fertig gebackenen und gestürzten Kartoffelscheiben (Pommes maxim) und etwas vom Schalottenconfit anrichten. Einige kroß gebratene Nierenscheiben auf den Kartoffeln verteilen und mit heißem Kalbsjus beträufeln.

E. W.
Mit diesem Rezept erkochte sich Patrik Jaros,
mein Nachfolger in der Aubergine,
den 3. Platz beim begehrten Bocuse d'or-Wettbewerb.

Gekochte Kalbsstelze mit Gemüse

Für 6 Personen
Zubereitungszeit: 2 Stunden

1 Kalbshaxe (Kalbsstelze) von ca. 1,2 kg
1 Lorbeerblatt
2 Gewürznelken
1 Zwiebel
je 1 Zweig Thymian, Rosmarin und Petersilie
Salz
100 g Kartoffeln
50 g Möhren
50 g Petersilienwurzeln
50 g Knollensellerie
50 g Zwiebeln
2–3 EL Estragonessig
1 EL Schalottenwürfel
100 g kalte gesalzene Butter
frisch gemahlener Pfeffer
1 Bund Schnittlauch
1–2 EL frisch geriebener Meerrettich

1. Die Kalbsstelze in einen großen Topf legen und mit 4 l Wasser begießen. Aufkochen und den sich bildenden Schaum abschöpfen. Das Lorbeerblatt mit den Gewürznelken an die Zwiebel spicken und mit den zusammengebundenen Kräuterzweigen zum Fleisch geben. Salzen und bei schwacher Hitze ca. 2 Stunden köcheln lassen.

2. Das Gemüse putzen, waschen, schälen und in Würfel oder Streifen schneiden.

3. Sobald das Fleisch weich ist, etwa 1/2 l von der Brühe abnehmen, das Gemüse mit dieser Brühe in einen Topf geben und bißfest kochen.

4. Von der Kalbsbrühe 1/8 l abmessen, in eine Sauteuse geben und mit Essig und Schalottenwürfel auf die Hälfte der Menge einkochen. Dann die kalte Butter in kleinen Flocken unterschlagen.

5. Das Gemüse auf 6 vorgewärmte Teller verteilen, mit dem in Scheiben geschnittenen Fleisch belegen und mit der Sauce übergießen. Mit frisch gemahlenem Pfeffer, fein geschnittenem Schnittlauch und frisch geraspeltem Meerrettich bestreut servieren.

E. W.
Die Kalbsstelze ist richtig weich, wenn sich die Fleischbündel leicht vom Knochen lösen. Ehe man die einzelnen Fleischpartien aufschneidet, müssen sorgfältig die Sehnen- und Knorpelteile entfernt werden. Eine typisch bayerische Spezialität ist es, die gekochten und abgekühlten Fleischstücke in Mehl zu wenden und in Butter zu braten. Dazu serviert man Kartoffel-Gurkensalat.

Milchkalbsnuß mit Steinpilzen

Für 4 Personen
Zubereitungszeit: 1 Stunde 45 Minuten

800 g Kalbsnuß
Salz, frisch gemahlener Pfeffer
1/2 TL Paprikapulver edelsüß
4 EL Öl, 40 g Butter
500 g Cocktailtomaten
1 Schalotte, 1 Knoblauchzehe
1 Prise Zucker
300 g mittelgroße Steinpilze
etwas Zitronensaft
2 cl Noilly-Prat, 2 cl Weißwein
1 TL abgezupfte Estragonblätter

1. Backofen auf 220 °C vorheizen. Die Kalbsnuß mit Salz, Pfeffer und Paprika würzen. 2 Eßlöffel Öl und 20 g Butter in einem Schmortopf im heißen Backofen hellbraun aufschäumen lassen. Die gewürzte Kalbsnuß hineinlegen und unter häufigem Wenden und Begießen etwa 1 Stunde braten, nach 15 Minuten die Hitze auf 170 °C zurückschalten.

2. Inzwischen die Tomaten brühen, häuten, vierteln und entkernen. Schalotte und Knoblauch schälen und fein hacken, in der restlichen Butter glasig dünsten. Die Tomaten zugeben, mit Salz, Pfeffer und Zucker würzen und einige Minuten köcheln lassen.

3. Steinpilze putzen, mit einem Tuch abreiben, in Scheiben schneiden und im restlichen Öl scharf anbraten. Mit Salz, Pfeffer und Zitronensaft würzen.

4. Die Kalbsnuß herausnehmen und warmstellen. Den Bratensatz mit Noilly-Prat und Wein ablöschen und mit einem Pinsel von Topfboden und -rand lösen. Etwas einkochen lassen, die Tomaten und die Pilze zugeben, das Fleisch darauf legen und noch einmal 10 Minuten in den heißen Backofen stellen.

5. Das Fleisch in Scheiben schneiden und auf dem Gemüse anrichten. Mit fein gehackten Estragonblättern bestreuen.

Kalbsragout mit Tomaten, Lauchzwiebeln und Champignons

Für 4 Personen
Zubereitungszeit: 1 Stunde 40 Minuten

1,2 kg Kalbfleisch (Schulter)
Salz, frisch gemahlener Pfeffer
1 Bund Lauchzwiebeln
200 g möglichst kleine Champignons
200 g vollreife Tomaten
5 EL Öl
1/4 l Tomatensaft
1/8 l Madeira
2 Thymianzweige
1 Knoblauchzehe

1. Vom Kalbfleisch Haut und Sehnen entfernen, in gleich große Stücke schneiden. Mit Salz und Pfeffer würzen. Von den Lauchzwiebeln die Wurzeln und die grünen Enden entfernen, die Pilze putzen. Tomaten kurz überbrühen, häuten, halbieren, entkernen und das Fruchtfleisch in Würfel schneiden. Den Backofen auf 180 °C vorheizen.

2. In einem Schmortopf 3 Eßlöffel Öl erhitzen, die Fleischwürfel anbraten. In den Backofen schieben und etwa 50 Minuten schmoren, dabei immer wieder mit etwas Wasser begießen. Die Zwiebeln zugeben und in weiteren 20 Minuten unter häufigem Begießen mit Wasser (insgesamt 1/2 l) fertig garen.

3. Das restliche Öl in einer Pfanne erhitzen und die Champignons 2–3 Minuten scharf anbraten, dann mit Tomatensaft und Madeira unter das Ragout mischen und noch etwa 10 Minuten köcheln lassen.

4. Die Thymianblättchen abzupfen und mit der geschälten Knoblauchzehe fein hacken. Kurz vor dem Servieren unter das Ragout mischen und, falls nötig, mit Salz und Pfeffer nachwürzen.

Kalbshals mit Périgord-Trüffel und Sellerie gefüllt

Für 4 Personen
Zubereitungszeit: 2 Stunden

1,2 kg Kalbshals, ohne Knochen
Salz, frisch gemahlener Pfeffer
frisch geriebene Muskatnuß
120 g Périgord-Trüffel
2 EL Madeira
250 g Sellerieknolle
200 g Staudensellerie
200 g Schalotten
100 g Lauch
100 g Möhren
40 g Butter
3 Gewürznelken
2 Pimentkörner
1 Rosmarinzweig
ca. 1/2 l Brühe oder Wasser

1. Den Kalbshals am besten vom Metzger so aufschneiden lassen, daß man das Fleischstück füllen kann. Den Kalbshals aufklappen, etwas flachklopfen und mit Salz, Pfeffer und Muskat würzen.

2. Die Trüffeln in feine Scheiben hobeln und das Fleisch damit belegen. Mit Madeira beträufeln und erneut mit Salz, Pfeffer und Muskat würzen.

3. Die Sellerieknolle schälen und mit Gurkenhobel oder Aufschnittmaschine in hauchdünne Scheiben schneiden, in kochendem Salzwasser kurz blanchieren und auf einem Tuch trocknen. Leicht überlappend auf den Trüffelscheiben auslegen. Das Fleisch aufrollen und mit Küchengarn verschnüren

4. Das restliche Gemüse waschen, putzen, schälen und in ganz kleine Würfel schneiden. Den Backofen auf 180 °C vorheizen.

5. Die Butter in einem Schmortopf erhitzen und den Rollbraten von allen Seiten goldbraun anbraten. Das gewürfelte Gemüse zugeben und anschmoren. Etwas Brühe oder Wasser angießen, Gewürznelken, Pimentkörner und den Rosmarinzweig zugeben und im heißen Backofen unter gelegentlichem Begießen mit Brühe oder Wasser gut 1 Stunde garen.

6. Das Fleisch herausnehmen und in Alufolie gewickelt nachziehen lassen. Bratenfond mit dem Gemüse durch ein Sieb passieren und noch einige Minuten durchkochen lassen.

7. Das Fleisch in Scheiben schneiden, auf vorgewärmte Teller verteilen und mit der Sauce übergießen. Dazu paßt gut ein Selleriepüree.

E. W.
Das Halsstück zählt zu den preiswerten Teilen vom Kalb, und es ist mir wesentlich lieber als das magere Fleisch aus der Keule. Das Auslösen des Halsknochens ist allerdings für den Laien ein wenig mühsam. Bitten Sie ihren Metzger, dies für Sie zu erledigen, denn für den Fachmann ist das kein Problem. Da das Fleisch für diesen Braten relativ billig ist, darf die Füllung dafür um so kostspieliger ausfallen.

Kalbsrouladen gefüllt mit Parmaschinken und Gemüse-Kräuter-Risotto auf Paprikaragout

Für 4 Personen
Zubereitungszeit: 1 Stunde 20 Minuten

4 Kalbsrouladenscheiben zu je 150 g aus der Oberschale
Salz, frisch gemahlener Pfeffer
4 EL Olivenöl
1 EL Schalottenwürfel
60 g Staudenselleriewürfel
60 g Möhrenwürfel
120 g Arborio- oder Vialone-Reis
140 ml Kalbsfond
5 cl Sahne
1 Msp fein geriebener Knoblauch
1 TL fein gehackte Thymian-, Oregano- und Basilikumblätter
120 g hauchdünn geschnittener Parmaschinken
30 g Butter
Für die Paprikasauce:
je 1 rote, gelbe und grüne Paprikaschote
1 kleine Schalotte
1 EL Olivenöl
100 ml Kalbsfond (siehe Seite 58)
100 ml Sahne
1 Msp geriebener Knoblauch
Salz, frisch gemahlener Pfeffer
40 g Butter
2 EL geschlagene Sahne

1. Die Fleischscheiben in einen Plastikbeutel legen und mit der flachen Seite des Fleischklopfers flachklopfen. Mit Salz und Pfeffer würzen.

2. In einem Kochtopf 2 Eßlöffel Olivenöl erhitzen und die Schalottenwürfel andünsten. Den Reis dazurühren und kurz anschmoren, das Gemüse untermischen und den Fond aufgießen. Mit Salz und Pfeffer würzen, zugedeckt bei schwacher Hitze ca. 15 Minuten ausquellen lassen. Am besten gelingt der Reis, wenn man ihn zugedeckt im Backofen bei 160 °C gart. Sobald die Reiskörner keinen rohen Kern mehr haben, Sahne, Knoblauch und gehackte Kräuter untermischen. Etwas auskühlen lassen.

3. Die gewürzten Fleischscheiben mit den Parmaschinkenscheiben belegen und die Reismasse nicht zu dick daraufstreichen. Von der Schmalseite her aufrollen und die Rouladenenden mit Holzspießchen feststecken oder mit Küchengarn zusammenbinden. Den Backofen auf 200 °C vorheizen.

4. Olivenöl in einer Pfanne erhitzen und die Rouladen rundherum anbraten. In den heißen Backofen schieben und unter häufigem Begießen mit dem Bratfett 10–15 Minuten braten.

5. Fürs Ragout die Paprikaschoten waschen, halbieren, Stielansätze und Samenstränge entfernen. Die Paprikahälften und die geschälte Schalotte in sehr kleine Würfel schneiden. Olivenöl in einer Sauteuse erhitzen und die Gemüsewürfel sachte anschmoren, den Kalbsfond zugießen, mit Knoblauch, Salz und Pfeffer würzen und das Gemüse zugedeckt bei schwacher Hitze bißfest garen. Die Sahne einrühren und bei starker Hitze etwas einkochen lassen. Die Butter in kleinen Stückchen einschwenken und kurz vorm Servieren die geschlagene Sahne locker unter die Sauce ziehen.

6. Die Kalbfleischröllchen aus dem Backofen nehmen, das Bratfett abgießen und die Butter dazugeben. Aufschäumen lassen und die Rouladen darin durchschwenken.

7. Die Spießchen oder die Schnur entfernen und die Rouladen noch etwa 2 Minuten ruhen lassen. Die Rouladen ganz lassen oder in 4 Scheiben aufschneiden und auf dem Paprikaragout anrichten.

Gefüllte Spanferkelbrust

Für 4–6 Personen
Zubereitungszeit: 2 Stunden

2 Spanferkelbrüste von je 700 g
Salz, frisch gemahlener Pfeffer
200 g altbackenes Weißbrot
ca. 1/4 l heiße Milch
30 g Kochschinken
2 Schalotten
10 g Butter
1/2 Bund glatte Petersilie
1 Liebstöckelzweig
3 Eier
frisch geriebene Muskatnuß
30 g Butter

1. In die Spanferkelbrüste am besten gleich vom Metzger eine Tasche einschneiden lassen. Das Fleisch waschen, trockentupfen und innen und außen mit Salz und Pfeffer einreiben.

2. Das Weißbrot in kleine Würfel schneiden, in eine Schüssel geben und mit heißer Milch übergießen. Etwa 15 Minuten einziehen lassen.

3. Schinken und die geschälten Schalotten in kleine Würfel schneiden und in der zerlassenen Butter andünsten. Petersilie und Liebstöckel fein hacken und mit der Schalotten-Schinkenmischung und den Eiern vorsichtig unter das eingeweichte Brot rühren. Es muß eine gleichförmige Masse entstehen. Mit Salz, Pfeffer und Muskat würzen. Den Backofen auf 180 °C vorheizen.

4. Die Füllung in die Spanferkelbrüste geben und die Öffnungen mit Küchengarn zunähen oder mit Holzspießchen zustecken.

5. Die Butter in einem Schmortopf erhitzen und das Fleisch auf beiden Seiten anbraten. Mit 1/41 Wassers begießen und zugedeckt in den heißen Backofen stellen. Nach 1 Stunde den Deckel abnehmen und das Fleisch bei 200 °C noch 30 Minuten weiterbraten, dabei gelegentlich mit Wasser begießen.

6. Das Fleisch herausnehmen und vor dem Anschneiden 10 Minuten ruhen lassen. Den Bratensaft um die Hälfte einkochen lassen, durch ein Sieb streichen und über die aufgeschnittenen Fleischscheiben verteilen.

E. W.
Die Spanferkelbrüste nicht zu voll füllen, da die Brotfüllung während des Garens ziemlich aufgeht. Ein wenig von der Füllung darf allerdings herausquellen, da dies der Sauce eine angenehme Bindung verleiht. Anstelle des Kochschinkens kann man auch frisches Kalbsbrät unter die Brotmasse mischen. Dann ist es allerdings besser, den Liebstöckel durch 2 Eßlöffel frisch gehackte Frühlingskräuter wie Basilikum, Kerbel, Estragon, Schnittlauch und Kresse zu ersetzen.

Sauerbraten auf böhmische Art

Für 6 Personen
Zubereitungszeit: 4–4 1/2 Stunden
Marinierzeit: 2–3 Wochen

1,5 l Obstessig
400 g Zucker
1 EL Wacholderbeeren
8 Lorbeerblätter
4 Gewürznelken
10 Pimentkörner
1/2 EL weiße Pfefferkörner
1 flache Rinderschulter, 1,2–1,5 kg
Salz, frisch gemahlener Pfeffer
1 EL Mehl zum Bestäuben
2 EL Öl
200 g Zwiebeln
200 g Möhren
200 g Knollensellerie
1 EL Tomatenmark
1/2 l Sahne
2 EL Crème fraîche
4–6 EL Preiselbeersaft

1. Den Obstessig mit 4 l Wasser, Zucker und den Gewürzen in einen Topf füllen und einige Minuten kochen, dann abkühlen lassen. Die Rinderschulter in diese Beize legen und an einem kühlen Platz 2–3 Wochen marinieren. Das Fleisch alle paar Tage wenden und, falls nötig, die Marinade noch ein wenig mit Obstessig nachsäuern.

2. Am Tag der Zubereitung die Rinderschulter aus der Marinade nehmen, gut abtrocknen, mit Salz und Pfeffer einreiben und in Mehl wenden. Den Backofen auf 210 °C vorheizen.

3. Das Öl in einem schweren Schmortopf erhitzen und das Fleisch auf beiden Seiten anbraten. Das Gemüse putzen, schälen und in kleine Würfel schneiden. Zum Fleisch geben, kurz anschmoren und ohne Deckel in den Backofen schieben.

4. Die Marinade durch ein Sieb gießen und aufkochen lassen. Sobald das Gemüse leicht angeröstet ist und der Braten eine goldgelbe Kruste hat, mit der Einlegflüssigkeit ablöschen, das Tomatenmark unterrühren und bei 180 °C zugedeckt 3 1/2 bis 4 Stunden schmoren lassen.

5. Den Braten aus dem Topf nehmen und in Alufolie wickeln. Sahne und Crème fraîche unter die Sauce rühren und cremig einkochen lassen. Mit dem Stabmixer fein pürieren, dann durch ein Sieb passieren und mit Preiselbeersaft abschmecken.

6. Den Braten in die Sauce geben, noch einmal aufkochen lassen. Dann herausnehmen, in Scheiben schneiden und mit der Sauce übergießen. Dazu die Serviettenknödel von Seite 116 servieren.

E. W.
Erschrecken Sie nicht, wenn Sie die Marinade probieren – nur wenn sie einen sehr intensiven, fast unangenehmen Geschmack hat, wird das Fleisch richtig mürbe und aromatisch.

Geschmorte Ochsenwade mit roten Zwiebeln und Champagner

Für 4 Personen
Zubereitungszeit: ca. 3 Stunden

1,2 kg Ochsenwade (Stelze)
Salz, frisch gemahlener Pfeffer
250 g rote Zwiebeln
100 g Butter
1/4 l Champagner
100 ml Kalbsjus (siehe Seite 58)

1. Die Ochsenwade waschen, trockentupfen und mit Salz und Pfeffer einreiben.

2. Die Zwiebeln schälen und in Scheiben schneiden. Butter in einem Schmortopf aufschäumen lassen, die Zwiebeln anschmoren. Salzen und pfeffern. Die gewürzte Ochsenstelze darauf legen. Zugedeckt bei ganz schwacher Hitze schmoren lassen. Nach etwa 30 Minuten 200 ml Champagner aufgießen und weitere 2 Stunden zugedeckt schmoren lassen, dabei die Stelze gelegentlich wenden und, falls nötig, noch etwas Wasser nachgießen.

3. Den Deckel abnehmen, die Stelze mit Kalbsjus übergießen und noch etwa 20 Minuten sanft köcheln lassen. Kurz vor dem Servieren mit dem restlichen Champagner übergießen.

4. Das weichgeschmorte Fleisch vom Knochen lösen, Sehnen und Knorpel entfernen. Die Fleischbündel in Scheiben schneiden auf den Zwiebeln anrichten. Mit Bratfond übergießen und mit einem sahnigen Kartoffelpüree servieren.

Zwiebelfleisch vom Rinderfilet mit Majoran

Für 4 Personen
Zubereitungszeit: 35 Minuten

350 g Rinderfilet
300 g Zwiebeln
3 EL Öl
20 g Butter
1 EL Estragonessig
Salz, frisch gemahlener Pfeffer
1 Msp Paprikapulver
1 Prise Majoran
6 cl trockener Weißwein
2 EL Fleischbrühe
1/2 TL Senf

1. Rinderfilet in schmale Streifen, die geschälten, halbierten Zwiebeln in feine Scheiben schneiden.

2. In einer Pfanne 1 Eßlöffel Öl und die Butter aufschäumen lassen, die Zwiebelscheiben unter gelegentlichem Rühren goldbraun anrösten.

3. Inzwischen in einer zweiten Pfanne das restliche Öl erhitzen und die Fleischstreifen scharf anbraten.

4. Die Zwiebeln mit dem Essig ablöschen und das Fleisch zugeben. Mit Salz, Pfeffer, Paprika und Majoran würzen und den Weißwein aufgießen. Bei schwacher Hitze kurz köcheln lassen und zum Schluß den mit Brühe verrührten Senf unterrühren.

E. W.
Zum Zwiebelfleisch vom Rinderfilet, einem köstlichen Schnellgericht, serviere ich entweder hausgemachte breite Bandnudeln oder Salzkartoffeln.

Pochierte Rinderlende mit jungem Gemüse und Sauce Béarnaise

Für 6–8 Personen
Zubereitungszeit: 45 Minuten
Marinierzeit: 6 Stunden

1,2 kg Rinderlende
120 g grobes Meersalz
1 Lorbeerblatt
1 Thymianzweig
5 Pfefferkörner
2 mittelgroße Rote Bete
12 kleine Kartoffeln
12 mittelgroße Karotten
250 g junge breite Bohnen
40 g Butter
Für die Sauce Béarnaise:
2 Eigelbe
2 cl Weißwein
Salz, frisch gemahlener weißer Pfeffer
Cayennepfeffer
4 Tropfen Estragonessig
100 g kalte Butter
24 Estragonblätter

1. Von der Rinderlende Haut, Sehnen und Fett entfernen. Die Abschnitte aufbewahren. Das schiere Fleisch dick mit grobem Salz einreiben und mit einem Küchentuch zudecken, bei Zimmertemperatur etwa 6 Stunden, im Kühlschrank 12 Stunden marinieren lassen.

2. Anschließend das Salz abreiben oder, wenn es nötig sein sollte, abwaschen.

3. Die Fleischabschnitte mit kaltem Wasser aufsetzen, Lorbeer, Thymian und Pfeffer zugeben und bei schwacher Hitze 30 Minuten köcheln lassen. Durch ein Sieb in einen flachen Topf gießen, erneut aufkochen. Die Rinderlende in die siedende Brühe legen und 15–20 Minuten je nach Dicke pochieren.

4. Rote Bete und Kartoffeln schälen, die Karotten schaben, von den Bohnen die Enden abschneiden. Rote Bete und die Kartoffeln entweder tournieren (olivenförmig zuschnitzen) oder in Streifen schneiden, Karotten ganz lassen. Jedes Gemüse knapp mit Salzwasser bedeckt kochen lassen, bis das Wasser verdampft und das Gemüse gegart ist. Danach kurz in der aufgeschäumten Butter schwenken.

5. Für die Sauce Béarnaise die Eigelbe mit 2 cl Wasser, Wein, Gewürzen und Estragonessig in einer Sauteuse mit dem Schneebesen bei schwacher Hitze cremig aufschlagen. Kalte Butter in kleinen Stücken unter ständigem Schlagen zugeben. Zum Schluß die fein geschnittenen Estragonblätter untermischen.

6. Das Fleisch herausnehmen, etwa 5 Minuten ruhen lassen. In dünne Scheiben schneiden und mit Gemüse umkränzt auf vorgewärmten Tellern anrichten. Mit Sauce Béarnaise übergießen und sofort servieren.

E. W.
Man kann die Sauce Béarnaise auch mit zerlassener, flüssiger Butter zubereiten, dann benötigt man allerdings 125 g. Die Butter erhitzen und den sich bildenden Schaum vor der Verwendung abschöpfen.

Kalbsbriesröschen auf Frühlingszwiebeln und gebackenen Morcheln

Für 2 Personen
Zubereitungszeit: 45 Minuten

300 g Kalbsbries
1 Bund Lauchzwiebeln
12 kleine Morcheln
30 g gesalzene Butter
1 Prise Zucker
frisch gemahlener weißer Pfeffer
4 cl Champagner
2 cl Crème double
30 g eiskalte Butter
2 EL geschlagene Sahne
2 EL Olivenöl
Salz
4 cl Madeira
6 cl brauner Kalbsjus (siehe Seite 58)
Cayennepfeffer
2 EL Mehl
1 Ei
2–3 EL frisch geriebenes Weißbrot ohne Rinde
Öl zum Ausbacken
2–3 Kerbelzweige

1. Das Kalbsbries einige Stunden in kaltes Wasser legen, dabei das Wasser immer wieder erneuern. Herausnehmen, auf einem Tuch abtropfen lassen und sorgfältig die Häute, Adern und Blutgerinnsel entfernen. In etwa 40 g schwere Röschen teilen.

2. Von den Lauchzwiebeln die Wurzeln und das grüne Ende entfernen. Die Zwiebeln in feine Scheiben schneiden. Die Morcheln gründlich putzen und waschen, auf einem Tuch trocknen lassen.

3. In einer Sauteuse 20 g gesalzene Butter aufschäumen lassen, Zwiebelscheiben zugeben und mit Zucker und Pfeffer würzen. Champagner zugießen, etwas einkochen lassen und die Crème double einrühren. Kurz aufkochen, dann 20 g eiskalte Butter in kleinen Flöckchen einschwenken und zum Schluß die geschlagene Sahne locker unterheben.

4. Inzwischen restliche gesalzene Butter mit Olivenöl in einer beschichteten Pfanne erhitzen, gesalzene und gepfefferte Briesröschen bei mittlerer Hitze langsam goldbraun und saftig braten.

5. Madeira in einer Sauteuse bei starker Hitze auf ein Drittel der Menge einkochen lassen. Kalbsjus unterrühren, erneut um ein Drittel reduzieren. Die restliche kalte Butter in kleinen Stückchen unterschlagen. Mit etwas Cayennepfeffer würzen.

6. Die Morcheln leicht mit Salz und Pfeffer würzen und erst in Mehl, dann in dem verquirltem Ei und zuletzt in Weißbrotbröseln wenden. In heißem Öl goldbraun ausbacken.

7. Die Lauchzwiebeln auf 2 vorgewärmte Teller verteilen, die Briesröschen darauf anordnen und die Madeirasauce darüberträufeln. Mit den gebackenen Morcheln umkränzen und mit abgezupften Kerbelblättern bestreut servieren.

E. W.
Kalbsbriesröschen sind ein ausgesprochenes Frühlingsgericht,
das nur mit frischen Morcheln schmeckt.
Da diese oft Sand in den Falten enthalten, gründlich säubern.

Milchkalbsleber mit weißem Pfirsich und Balsamico-Pfeffersauce

Für 4 Personen
Zubereitungszeit: 20 Minuten

2 reife, aber nicht zu weiche weiße Pfirsiche
70 g Butter
etwas Puderzucker
1 EL eingelegte grüne Pfefferkörner
4 Scheiben Milchkalbsleber zu je 140–160 g
1–2 EL Mehl
Salz
5 cl Aceto Balsamico (mindestens 7 Jahre alt)
100 ml Kalbsjus (siehe Seite 58)

1. Die Pfirsiche kurz in kochendes Wasser tauchen, in Eiswasser abschrecken und die Haut abziehen. Die Früchte halbieren, entkernen und in schmale Spalten schneiden. 20 g Butter in einer Sauteuse aufschäumen lassen, die Pfirsichspalten zugeben und mit etwas Puderzucker bestäuben – die Menge hängt von der Süße der Früchte ab. Die Pfirsichspalten kurz darin glasieren, die zerdrückten grünen Pfefferkörner zugeben und zur Seite stellen.

2. Die Kalbsleberscheiben mit Mehl bestäuben und in 30 g heißer Butter auf jeder Seite in etwa 2 Minuten rosig braten. Salzen, herausnehmen und den Bratsatz mit Essig ablöschen. Bei starker Hitze fast völlig einkochen lassen, den Kalbsjus zugeben und kurz aufkochen lassen. Die restliche Butter in kleinen Stückchen unterschlagen.

3. Die Pfirsichspalten auf den Leberscheiben verteilen und mit der Sauce überzogen servieren.

Gratinierte Kutteln

Für 4 Personen
Zubereitungszeit: 1 Stunde

400 g gekochte Kalbskutteln
150 g Zwiebeln
80 g Möhren
100 g Lauch
80 g Staudensellerie
70 g Butter
1 Msp geriebener Knoblauch
1 Bouquet garni, bestehend aus 1 Stückchen Lauch, je 1 Thymian- und Rosmarinzweig, 2 Petersilienstengeln
Salz, frisch gemahlener weißer Pfeffer
frisch geriebene Muskatnuß
Saft von 1/2 Zitrone
200 ml Weißwein, am besten Silvaner
1/4 l Geflügelfond
1/8 l Crème fraîche
4 Estragonblätter
6 Basilikumblätter
1 EL gehackte Petersilie
2 EL frisch geriebener Parmesan
2 EL frisch geriebener Emmentaler

1. Die Kutteln in messerrückendicke Streifen schneiden. Zwiebeln schälen, halbieren und in feine Streifen schneiden. Möhren, Lauch und Staudensellerie putzen, waschen und in 1/2 cm dicke Scheiben oder in Streifen schneiden.

2. In einer Kasserolle 40 g Butter hellbraun aufschäumen lassen. Die Zwiebeln zugeben und anschmoren, aber keine Farbe annehmen lassen. Geriebenen Knoblauch, das Bouquet garni und die Kutteln dazurühren, mit Salz, Pfeffer, Muskat und Zitronensaft würzen und bei schwacher Hitze einige Minuten köcheln lassen.

3. Mit dem Weißwein ablöschen und langsam einköcheln lassen. Den Geflügelfond zugießen und erneut auf die Hälfte der Menge reduzieren. Crème fraîche unterrühren und sämig einkochen lassen.

4. In der Zwischenzeit 20 g Butter in einer Kasserolle aufschäumen lassen und das Gemüse anschmoren. Salzen, mit etwas Wasser beträufeln und bißfest garen. Den Backofen auf 220 °C, wenn möglich mit Oberhitze, vorheizen.

5. Das Gemüse und die fein gehackten Kräuter mit den Kutteln vermischen. Die Oberfläche mit Parmesan und Emmentaler bestreuen, mit der restlichen Butter in kleinen Flocken belegen und im heißen Backofen goldbraun gratinieren.

E. W.
Manchmal werden Kalbskutteln auch als Bienenwabenkutteln bezeichnet, weil sie so ähnlich aussehen. In Süddeutschland ist es kein Problem, vorgekochte Kutteln beim Metzger zu bekommen. In Norddeutschland ist es ratsam, sie rechtzeitig vorzubestellen. Wenn man die Kutteln selber kocht, muß man einige Stunden Kochzeit einkalkulieren, sie schmecken nämlich nur, wenn sie schön weich sind. Man kann das Kuttelragout auch in tiefe Teller füllen, mit Käse bestreuen und dann gratinieren.

Beuschel vom Zicklein

Für 4–6 Personen
Zubereitungszeit: 1 Stunde 40 Minuten

250 g Zickleinherz
250 g Zickleinlunge
1/4 l Rotwein, 1/16 l Rotweinessig
1 Selleriestange von 10 cm Länge
1 kleine Petersilienwurzel
1 kleine Möhre
1 Stückchen Lauchstange
1 Thymianzweig
3 Wacholderbeeren
3 Knoblauchzehen
1 kleine Zwiebel mit 2 Nelken und 1 Lorbeerblatt gespickt
2 Schalotten, Salz
30 g Butter, 2 EL Mehl
1/4 l Einlegflüssigkeit von Gewürzgurken
50 g Essiggurken
1 EL gewässerte Sardellen
1 EL Kapern
1 Msp geriebener Knoblauch
1 Prise gerebelter Majoran
1 Msp Dijonsenf
1 Msp Paprikapulver, edelsüß
100 ml Sahne, 1 EL saure Sahne
1 Spritzer Weißweinessig
frisch gemahlener Pfeffer

1. Herz und Lunge waschen, Sehnen und Adern entfernen. In einen Kochtopf geben, mit Rotwein, Essig und 1/2 l Wasser übergießen und aufkochen. Den sich dabei bildenden Schaum abschöpfen. Selleriestange, Petersilienwurzel, Möhre, Lauch und Thymian mit Küchengarn zusammenbinden und mit den Wacholderbeeren, den ungeschälten Knoblauchzehen sowie der Spickzwiebel zu den Innereien geben. Salzen und bei schwacher Hitze weichkochen.

2. Herz und Lunge herausnehmen, zwischen zwei Teller legen und mit einem Gewicht beschwert abkühlen lassen. Den Sud auf die Hälfte der Menge einkochen lassen. Dann durch ein Sieb passieren und zur Seite stellen.

3. Die Schalotten schälen, in kleine Würfel schneiden und in heißer Butter glasig dünsten. Das Mehl darüber stäuben und hellbraun anrösten. Unter ständigem Rühren nach und nach den reduzierten Kochsud und die Gewürzgurkenlake zugießen, etwa 20 Minuten köcheln lassen.

4. Essiggurken, Sardellen und Kapern fein hacken und mit Knoblauch, Majoran, Senf und Paprika in die Sauce rühren. Noch weitere 5 Minuten ziehen lassen, dann durch ein Spitzsieb passieren.

5. Das Herz und die Lunge in feine Streifchen (Julienne) schneiden und in eine Kasserolle geben, mit der Sauce übergießen und aufkochen. Süße und saure Sahne unterrühren und noch einmal mit Senf, einem Spritzer Weißweinessig und reichlich Pfeffer würzig abschmecken. Kurz kochen lassen und in vorgewärmte tiefe Teller füllen.

E. W.
Beuschel wird traditionell mit Semmelknödeln serviert, es passen aber auch die Markknödel mit Pfifferlingen von Seite 116 ausgezeichnet dazu.

Gebratener Lammsattel mit Tomaten-Olivenkruste auf lauwarmem Paprikagemüse

Für 4 Personen
Zubereitungszeit: 1 Stunde

2 Lammkarrees (Rippenstücke) zu je 600 g
Salz, frisch gemahlener Pfeffer
je 1 rote, gelbe und grüne Paprikaschote
1 Aubergine
1 Zucchino
8 EL bestes Olivenöl
8 cl Balsamico-Vinaigrette (siehe Seite 30)
150 g Tomaten
60 g entkernte schwarze Oliven
2 Thymianzweige
1/2 Bund Basilikum
60 g getrocknete Tomaten
ca. 80 g frisch geriebenes Weißbrot
Knoblauch nach Belieben
20 g Butter

1. Von den Lammkarrees alle Häute und Sehnenteile sorgfältig entfernen, das Fleisch mit Salz und Pfeffer würzen. In den Kühlschrank stellen. Den Backofen auf 250 °C vorheizen.

2. Für das Paprikagemüse die Schoten halbieren, Stielansätze und Samenstränge entfernen, die Hälften mit der Hautseite nach oben in den heißen Ofen legen. Wenn die Haut braun ist und Blasen wirft, häuten und in 1 cm breite Streifen schneiden.

3. Aubergine und Zucchino in 1/2 cm dicke Scheiben schneiden, in 3 EL Olivenöl braten. Auf einer Platte auslegen. Die Paprikastreifen in der gleichen Pfanne kurz schwenken, darübergeben. Mit Vinaigrette übergießen und 30 Minuten marinieren.

4. Für die Tomatenkruste die Tomaten überbrühen, häuten, halbieren, entkernen und die Hälften in Würfel schneiden. In 2 Eßlöffeln Olivenöl anschmoren, mit Salz und Pfeffer würzen und kühlstellen.

5. Oliven, abgezupfte Thymian- und Basilikumblätter hacken, die getrockneten Tomaten in kleine Würfel schneiden, alles unter die abgekühlten Tomatenwürfel mischen, zum Schluß so viel Weißbrotbrösel zugeben, bis die Masse geschmeidig und streichbar ist. Mit Salz und Pfeffer und, wer mag, noch zusätzlich mit Knoblauch würzig abschmecken.

6. Grill vorheizen. In einer Pfanne das restliche Öl und die Butter aufschäumen lassen. Die Lammkarrees rundum anbraten, das Fleisch muß innen noch blutig sein. Nebeneinander in eine längliche, feuerfeste Form legen, mit der Tomaten-Olivenkruste bestreichen und unterm Grill oder im heißen Backofen bei Oberhitze goldbraun überbacken.

7. Herausnehmen und kurz ruhen lassen. Das Paprikagemüse auf 4 Teller verteilen. Das Fleisch in 2 cm dicke Scheiben aufschneiden und auf dem Gemüse anrichten. Mit Baguette servieren.

E. W.
Dieses herrliche Sommergericht ist das
Lieblingsessen von Patrik Jaros.
Als Beilage genügt frisches, knuspriges Baguette.

Lammstelzen mit Tomaten und Basilikum

Für 4 Personen
Zubereitungszeit: ca. 1 Stunde 45 Minuten

4 Lammstelzen (ca. 1 kg)
Salz, frisch gemahlener Pfeffer
4 EL Olivenöl
800 g Eiertomaten
100 g Zwiebeln
1 Lorbeerblatt
1 Thymianzweig
5 Salbeiblätter
2 Gewürznelken
1 Stückchen frische Ingwerwurzel
Für die Paste:
50 g frischer, grüner Speck
1 Knoblauchzehe
1 Bund Basilikum
je 1 Stückchen unbehandelte Orangen- und Zitronenschale

1. Von den Lammstelzen Haut und Sehnen entfernen, mit Salz und Pfeffer einreiben. Den Backofen auf 180 °C vorheizen. Das Öl in einem großen Schmortopf erhitzen und die Stelzen rundum anbraten. Zugedeckt in den Backofen schieben und etwa 30 Minuten schmoren lassen.

2. Tomaten kurz überbrühen, häuten, halbieren, entkernen und die Hälften in Stücke schneiden. Die geschälten Zwiebeln in kleine Würfel schneiden. Die Kräuter fein hacken.

3. Den Deckel des Schmortopfes abnehmen und die Zwiebeln und die Würzzutaten im Bratfett glasig dünsten. Die Tomaten zugeben, den Deckel wieder auflegen und in gut 1 Stunde fertig garen, dabei das Fleisch zwischendurch wenden und, falls nötig, mit etwas Wasser übergießen.

4. Für die Paste den Speck, die geschälte Knoblauchzehe, Basilikum und die Zitrusschalen fein hacken. Unter die Bratensauce rühren und noch einige Minuten durchziehen lassen.

E. W.
Zu diesem würzigen, nach Mittelmeer duftendem Lammgericht serviere ich am liebsten grüne Bohnen mit reichlich Bohnenkraut und einen Gratin aus Kartoffeln und weißen Rübchen, siehe Seite 84. Lammstelzen sind die Vorderläufe junger Lämmer. Sie sind viel preiswerter als die Hinterkeulen, aber sanft geschmort ein absolut saftiger Leckerbissen.

Lammragout mit Gemüse und Kräuterpaste

Für 4 Personen
Zubereitungszeit: 1 Stunde 20 Minuten

600 g Lammfleisch (Schulter)
Salz, frisch gemahlener Pfeffer
1 EL Mehl
200 g Zwiebeln
1 Knoblauchzehe
2 EL Olivenöl
1 l Lammfond
150 g Möhren
200 g festkochende Kartoffeln
200 g Knollensellerie
50 g fetter grüner (frischer) Speck
1/2 Bund glatte Petersilie
1/2 TL abgezupfte Thymianblätter
5 Basilikumblätter

1. Das Lammfleisch in 3 cm große Würfel schneiden. Mit Salz und Pfeffer würzen, leicht mit Mehl bestäuben. Zwiebeln und Knoblauchzehe schälen und in kleine Würfel schneiden.

2. Das Olivenöl in einem Schmortopf erhitzen, das Fleisch anbraten. Zwiebeln und Knoblauch zugeben und kurz anschmoren. Mit Lammfond ablöschen und langsam bei schwacher Hitze weichschmoren.

3. Inzwischen Möhren, Kartoffeln und Knollensellerie schälen und in gleich große Würfel oder Streifen schneiden. In 1/2 l kochendem Salzwasser bißfest garen, auf einem Sieb abtropfen lassen und in Eiswasser abschrecken.

4. Den Speck fein hacken und mit den Kräutern im Blitzhacker fein pürieren.

5. Wenn das Fleisch weich ist, das Gemüse und die Kräuterpaste unter das Ragout mischen und noch einige Minuten ziehen lassen. Falls nötig, mit Salz und Pfeffer nachwürzen.

Geschmorte Zickleinschulter mit Knoblauch

Für 4 Personen
Zubereitungszeit: 1 1/2 Stunden

2 Zickleinschultern zu je ca. 400 g
Salz
frisch gemahlener Pfeffer
1 Knolle junger Knoblauch
4 EL Olivenöl
20 g Butter
1 Thymianzweig
1 Rosmarinzweig

1. Die Zickleinschultern waschen, trockentupfen und mit Salz und Pfeffer einreiben. Die einzelnen Knoblauchzehen mit der Schale auseinanderlösen. Den Backofen auf 180 °C vorheizen.

2. Olivenöl und Butter in einem Schmortopf erhitzen und die Schultern bei mittlerer Hitze goldbraun anbraten. Knoblauchzehen und Kräuter zugeben und zugedeckt im heißen Backofen gut 1 Stunde schmoren lassen. Dabei gelegentlich mit Wasser (ca. 1/4 l) übergießen.

3. Das Fleisch herausnehmen und in Alufolie gehüllt warmhalten. Die Kräuter entfernen und den Bratensaft mit den Knoblauchzehen durch ein Sieb streichen. Kurz aufkochen lassen.

4. Das Fleisch von den Knochen lösen und mit dem Bratensaft übergießen. Dazu passen gefüllte Zwiebeln (Seite 79) und Kartoffelplätzchen (Seite 110).

Geschmorte Zickleinkeule mit jungen Möhren, Zuckerschoten, Spargel und neuen Kartoffeln

Für 4 Personen
Zubereitungszeit: ca. 2 Stunden

1 Zickleinkeule (ca. 1,2 kg)
Salz, frisch gemahlener Pfeffer
4 EL Öl
40 g Butter
4 Knoblauchzehen
1 Thymianzweig
Für das Gemüse:
12 junge Möhren
12 weiße Spargelstangen
12 kleine, neue Kartoffeln
120 g Zuckerschoten
80 g Butter
Salz, etwas Zucker
Für die Gremolata:
1 EL gehackte Petersilie
2 geschnittene Estragonblätter
1 Msp Kümmel
1 gehackte Knoblauchzehe
1/2 TL abgeriebene Orangen- und Zitronenschale
25 g Butter

1. Die Zickleinkeule mit Salz und Pfeffer einreiben. Den Backofen auf 200 °C vorheizen. Öl und Butter in einem Bräter erhitzen und das Fleisch bei mittlerer Hitze rundum anbraten. Mit etwas Wasser ablöschen, die ungeschälten Knoblauchzehen und den Thymian zugeben. Im heißen Backofen, unter häufigen Begießen mit Wasser (insgesamt ca. 1/2 l), etwa 1 Stunde braten.

2. Inzwischen Möhren, Spargel und Kartoffeln schälen, von den Zuckerschoten die Enden abknipsen. Möhren und Spargel getrennt in jeweils 40 g Butter andünsten, mit Salz und Zucker würzen und kurz durchschwenken. Vom Herd nehmen. Die Zuckerschoten in Salzwasser kurz blanchieren und in Eiswasser abschrecken. Die Kartoffeln etwa 5 Minuten in Salzwasser kochen, das Wasser abgießen und die Kartoffeln ausdampfen lassen.

3. Möhren, Spargel und Kartoffeln um das Fleisch anrichten und gemeinsam im heißen Backofen noch 20 Minuten garen. 5 Minuten vor Ende der Garzeit die Zuckerschoten zugeben.

4. Für die Gremolata Kräuter, Knoblauch, Kümmel und Zitrusschale zusammen fein hacken, die Butter in Flocken unterrühren und in einer Sauteuse aufschäumen lassen. Von der Kochplatte nehmen und den fertigen Braten mit der Gremolata übergießen.

E. W.
Ich persönlich mag Schmorbraten aus der Schulter lieber, da das Fleisch saftiger ist als das der Keulen. Für 4 Personen benötigt man 2 Zickleinschultern. Früher war das Fleisch junger Ziegen ein typisches Arme-Leute-Essen. Heute hat man Mühe, es überhaupt zu bekommen, und man muß dafür tief in die Tasche greifen. Aber es lohnt sich, denn das Fleisch ist besonders zart und saftig.

Kaninchenrücken mit Mairübchen und Thymian-Buttersauce

Für 2 Personen
Zubereitungszeit: 1 Stunde

1 Kaninchenrücken von ca. 500 g mit Kaninchennieren und -leber
Salz, frisch gemahlener Pfeffer
150 g Schalotten
200 g junge weiße Rübchen (Mairübchen)
40 g Butter
3 EL Olivenöl
etwas Zucker
1 Thymianzweig
Für die Sauce:
4 cl Geflügelfond
1 TL Zitronensaft
2 cl Sahne
30 g gesalzene Butter
Cayennepfeffer
1/2 TL abgezupfte Thymianblättchen
1 EL geschlagene Sahne
Blättchen von 2–3 Kerbelzweigen

1. Vom Kaninchenrücken Nieren und Leber auslösen und zur Seite legen. Den Rücken samt Knochen in 4 gleich große Teile schneiden. Die Rückenstücke innen und außen mit Salz und Pfeffer würzen, die Bauchlappen übereinanderschlagen, mit Küchengarn umwickeln und festbinden.

2. Die Schalotten schälen und halbieren. Das Grün von den Rübchen abschneiden und zur Seite legen. Die Rübchen schälen, mit dem Buntmesser erst in 1 cm dicke Scheiben, dann in Stifte schneiden.

3. Den Backofen auf 180 °C vorheizen. 20 g Butter und 1 Eßlöffel Öl in einer Kasserolle, am besten aus Kupfer, aufschäumen lassen und die Kaninchenteile rundum goldbraun anbraten, die Hitze darf aber keinesfalls zu stark sein, sonst wird die Butter zu braun. Die Schalotten zugeben, mit etwas Zucker, Salz und Pfeffer bestreuen und ebenfalls leicht anbräunen. Den Thymianzweig zugeben und das Fleisch im heißen Backofen unter Begießen mit etwa 1/8 l Wasser und dem eigenem Saft garen.

4. Die Rübchenstifte in kochendem Salzwasser kurz blanchieren, auf ein Sieb schütten und abtropfen lassen. Restliche Butter, 1 Eßlöffel Öl und 1 Prise Zucker hellbraun aufschäumen lassen, Rübchen zugeben und kurz durchschwenken. Mit Salz und Pfeffer würzen. Auf einem Sieb abtropfen lassen. Kurz vor Ende der Garzeit zum Kaninchen geben.

5. Für die Sauce den Geflügelfond mit Zitronensaft und Sahne aufkochen, dann die eiskalte Butter in kleinen Flocken mit einem Stabmixer unterschlagen. Mit Cayennepfeffer und Thymianblättchen würzen, die geschlagene Sahne locker unterziehen.

6. Leber und Niere in kleine Stücke schneiden und im restlichen Öl kurz anbraten.

7. Das Garn von den Kaninchenteilen entfernen. Die Stücke auf 2 vorgewärmten Tellern anrichten. Mit den Schalotten und Mairübchen umlegen und mit dem Fleischsaft übergießen. Die streifig geschnittenen Rübchenblätter und die Innereien darüber verteilen, mit der Thymian-Buttersauce beträufeln. Mit den Kerbelblättern bestreut servieren.

Kaninchenpflanzerl im Kartoffelmantel

Für 4 Personen
Zubereitungszeit: 50 Minuten

2 ganze Kaninchenrücken
4 Kaninchennieren
60 g gekochter Schinken
2 EL Brotwürfel
30 g blanchierte Lauchwürfel
30 g blanchierte Spitzkohlwürfel
1 EL frisch gehackte Petersilie
1 TL frisch gehackte Majoranblätter
50 g Hähnchenbrust
60 ml gut gekühlte Sahne
Salz, frisch gemahlener weißer Pfeffer
2 große, möglichst längliche, festkochende Kartoffeln
4 EL Öl
10 g Butter

1. Von den Kaninchenrücken die Fleischstränge auslösen. Aus den Knochen einen Fond kochen (siehe Kalbsfond Seite 58) und einfrieren. Die Nieren halbieren, Sehnen und Fett entfernen und in 1/2 cm große Würfel schneiden, ebenso das ausgelöste Kaninchenfleisch. Mit Schinken, den Brot- und Gemüsewürfeln und den Kräutern in einer Schüssel vermischen.

2. Die Hähnchenbrust in kleine Würfel schneiden und im Blitzhacker pürieren, bis eine feste Masse entstanden ist. Nach und nach die gekühlte Sahne unterrühren, bis die Farce cremig ist. Durch ein Sieb streichen und mit den vorbereiteten Zutaten zu einem formbaren Fleischteig vermischen. Mit Salz und Pfeffer würzig abschmecken. Den Backofen auf 180 °C vorheizen.

3. Die Kartoffeln waschen, schälen und auf dem Gurkenhobel in feine Scheiben hobeln. Jeweils ein paar Scheiben übereinanderlegen und in feine Streifen (Julienne) schneiden. Vorsichtig salzen.

4. Die Kaninchenfarce zu kleinen Plätzchen formen. Die Kartoffeljulienne ausdrücken und die Pflanzerl damit umhüllen. Den Kartoffelmantel mit einem Tuch gut andrücken.

5. In einer Pfanne Öl und Butter erhitzen und die Pflanzerl auf beiden Seiten goldbraun braten. Auf ein Gitter, mit darunterliegender Fettpfanne, legen und im Backofen in ca. 5 Minuten fertig garen.

E. W.
Mit frischem Salat sind die Pflanzerl ein leichtes Sommeressen. Das raffinierte Rezept ist von meinem Kollegen und Freund Hans Haas vom Tantris in München, der dazu auch gern eine Sauerrahm-Schnittlauchsauce serviert.

Sauté von Kaninchen mit Artischocken

Für 4 Personen
Zubereitungszeit: 1 Stunde

1 junges Kaninchen von 1,2–1,3 kg
Salz, frisch gemahlener Pfeffer
8 EL Olivenöl
20 g Butter
1 Rosmarinzweig
4 Knoblauchzehen
8 kleine Distelartischocken
10 kleine Tomaten
100 ml Geflügelfond
1 Bund Basilikum
Öl zum Ausbacken

1. Das Kaninchen in 8 Stücke hacken, waschen, trockentupfen, mit Salz und Pfeffer würzen. 4 Eßlöffel Olivenöl und die Butter in einem großen Schmortopf erhitzen, die Kaninchenteile bei mittlerer Hitze anbraten. Rosmarin und die geschälten, zerdrückten Knoblauchzehen zugeben, anschmoren. Zugedeckt bei schwacher Hitze im eigenen Saft etwa 45 Minuten schmoren lassen, dabei gelegentlich mit dem Bratensaft begießen.

2. Von den Artischocken die harten Blattspitzen abschneiden, halbieren und das Stroh entfernen. Die Tomaten kurz überbrühen und häuten.

3. In einer Sauteuse das restliche Öl erhitzen und die Artischocken langsam unter Wenden goldbraun braten. Die Tomaten zugeben, kurz durchschwenken und mit Salz und Pfeffer würzen.

4. Die garen Kaninchenstücke herausnehmen und warmstellen. Den Bratsatz mit dem Fond ablöschen und etwa um die Hälfte einkochen lassen.

5. Die Kaninchenteile mit dem Gemüse in die Sauce geben und kurz ziehen lassen.

6. Die Basilikumblätter von den Stielen zupfen und in heißem Öl kroß ausbacken.

7. Das Kaninchensauté auf 4 vorgewärmte Teller verteilen und mit den knusprigen Basilikumblättern bestreuen. Dazu die Kartoffeltortelloni auf Lauchzwiebeln (Seite 100) servieren.

E. W.
Achten Sie beim Kauf des Kaninchens darauf, das es nicht zu schwer ist. Ein Gewicht bis 1,5 kg wäre ideal, denn dann sind sie noch richtig jung und zart. Leider werden heute immer häufiger Kaninchen mit 2 Kilo und mehr angeboten. Diese größeren Exemplare benötigen eine längere Garzeit, aber immer bei sanfter Hitze schmoren.

G·E·F·L·Ü·G·E·L

Von der richtigen Aufzucht hängt es ab,
ob sich die Zubereitung lohnt

Eine meiner Leibspeisen ist ein saftig gebratenes Masthuhn mit neuen Kartoffeln und jungem Knoblauch. Ein Gericht, das wahrlich keine große Kochkunst erfordert, dafür aber viel Erfahrung beim Einkauf. Es schmeckt nämlich nur dann unwiderstehlich gut, wenn die verwendeten Zutaten wirklich vom bester Qualität sind. Leider wird in vielen Haushalten bei den Lebensmitteln häufig an der falschen Stelle gespart. Ein fleischiger Gockel, der freien Auslauf hatte, kostet zwar um einiges mehr als so ein unterernährter Gummiadler aus der Massenhaltung, dafür sättigt eine 1,5 Kilo schwere Poularde locker eine vierköpfige Familie. Außerdem schmeckt natürlich das Fleisch viel besser und bleibt beim Braten saftig. Dasselbe gilt für alle anderen Geflügelarten wie Ente, Gans, Truthahn, Stubenküken, Taube, Perlhuhn oder Kapaun. Die richtige Aufzucht entscheidet, ob sich der Aufwand der Zubereitung lohnt. Kaufen Sie deshalb unbedingt kritisch und qualitätsbewußt ein.

Es lohnt sich, denn die vielfältigsten Rezepte warten darauf, von Ihnen ausprobiert zu werden. Dank vieler Anregungen aus fremden Küchen hat sich in den letzten Jahren der deutsche Grillhähnchenhorizont enorm erweitert. Neben den traditionellen französischen Geflügelgerichten haben vor allem die asiatischen die Geflügelküche bedeutend beeinflußt. Chinesen, Inder und Thais sind wahre Künstler im Umgang mit dem zarten Fleisch. Nur kurz im Wok gebraten, raffiniert gewürzt und meist mit Gemüse kombiniert – das sind die Merkmale der leichten, fernöstlichen Rezepte. Daß auch ich meine Liebe für diese Küche entdeckt habe, sehen Sie daran, daß relativ viele asiatisch inspirierte Kompositionen in diesem Buch zu finden sind.

Doch auch die traditionelle Geflügelküche hat etwas: Einer goldbraun gebratenen Gans oder Ente kann ich niemals widerstehen, auch wenn ich bei dem Gedanken an meine Figur ein schlechtes Gewissen bekomme. Aber Ente mit Blaukraut und Kartoffelknödeln schmeckt nun mal zu gut. Zum Weihnachtsfest gibt es bei uns daheim einen gebratenen Kapaun, dem ich am Tag vorher frische Trüffelscheiben unter die Haut schiebe. Sicherlich ein kostspieliger Genuß, aber an Festtagen darf man sich schon mal etwas gönnen. Wenn Sie es auch mal probieren wollen, benötigen Sie kein Rezept – die Menge der Trüffelscheiben hängt einzig und allein davon ab, was das Haushaltsbudget gestattet. Aber niemals die Trüffelscheiben in den Bauch legen. Das gibt eigenartigerweise einen komischen Geruch. Gebraten wird der Kapaun wie die Knoblauch-Poularde Seite 183.
Was ich nicht verstehe: daß sich das Perlhuhn, eine Fasanenart aus Westafrika, die in Europa wie Hausgeflügel gezüchtet wird, bei uns nicht so recht durchsetzt. Es schmeckt viel würziger, eben ein bißchen wie Fasan. Ähnlich wie ein Masthuhn fülle ich das Perlhuhn am liebsten mit reichlich gesalzener Butter und einem Petersilienstrauß, würze es mit Pfeffer und brate es im Backofen goldbraun.

Grundsätzlich zum Garen: Alle Geflügelsorten werden immer zuerst auf den Keulen angebraten, da sie längere Zeit brauchen als das Brustfleisch, um weich zu werden. Damit die Brusthaut auch schön rösch wird und das Fleisch dennoch saftig bleibt, muß man immer wieder mit Bratfett begießen und darauf achten, daß die Temperatur nicht zu hoch ist. Leider entstehen durch das Begießen oft braune Flecken auf der Haut. Dagegen hilft ein kleiner Trick: Gießen Sie das Bratenfett durch ein kleines Drahtsieb über das Geflügel.
Und weil ich gerade aus der Kochlöffelschublade plaudere: Kapaun und Masthuhn lasse ich in der Geflügelbrühe halbgar ziehen, nehme sie dann heraus und tupfe sie vorsichtig trocken, bevor ich sie im heißen Backrohr goldbraun und knusprig brate. So bleiben die Vögel wesentlich saftiger.

Knoblauch-Poularde mit Kartoffeln

Für 4 Personen
Zubereitungszeit: 1 Stunde 15 Minuten

1 Poularde von ca. 1,7 kg
Salz, frisch gemahlener Pfeffer
3 große Rosmarinzweige
1/8 l bestes Olivenöl
1 TL Paprikapulver, edelsüß
3 frische Knoblauchknollen
12 kleine Frühkartoffeln

1. Die Poularde sorgfältig waschen und trockentupfen. Innen und außen mit Salz und Pfeffer würzen und einen Rosmarinzweig in die Bauchhöhle stecken. Den Backofen auf 180 °C vorheizen.

2. In einem Bräter 2 Eßlöffel Olivenöl erhitzen, das Geflügel mit den Keulen nach unten hineinlegen. In den Backofen schieben und zugedeckt etwa 20 Minuten braten lassen. Das restliche Olivenöl mit Paprikapulver verrühren.

3. Die Knoblauchknollen in einzelne Zehen zerteilen, die Kartoffeln gründlich unterm fließenden kalten Wasser bürsten, halbieren.

4. Das Geflügel wenden und die ungeschälten Knoblauchzehen, die Kartoffelhälften und die restlichen Rosmarinzweige dazugeben. Mit Paprikaöl und Bratensaft beträufeln und in etwa 45–50 Minuten goldbraun braten. Dabei immer wieder mit dem Paprikaöl und Bratensaft bestreichen.

5. Die Poularde herausnehmen und in vier Teile schneiden. Jeweils ein Geflügelviertel mit Kartoffeln und Knoblauchzehen auf vorgewärmten Tellern anrichten und mit dem Bratensaft übergießen.

E. W.
Wie gut mir dieses einfache Geflügelgericht schmeckt sehen Sie auf Seite 180. Das Geheimnis des unvergleichlichen Geschmacks liegt in der Auswahl erstklassiger Produkte: Frische freilaufende Hühner, dazu junger, noch saftiger Knoblauch, die ersten aromatischen Kartoffeln und nicht zuletzt bestes Olivenöl – dann kann nichts schiefgehen.

Poulardenbrust asiatisch mit Sojakeimlingen

Für 4 Personen
Zubereitungszeit: 30 Minuten
Marinierzeit: 30 Minuten

4 fleischige Poulardenbrüste
2 EL süße Sojasauce
150 g Sojakeimlinge
je 1 rote, gelbe und grüne Paprikaschote
100 g Champignons oder Shiitake-Pilze
100 g möglichst kleine Zuckerschoten
1/2 Chinakohl
Salz
2 EL Öl
1 EL Sesamöl
1 EL Speisestärke
1/2 EL rote Currypaste
1 EL frisch geriebener Ingwer
1/2 Bund Koriandergrün (Cilantro)
150 g gegarte Glasnudeln
80 ml Geflügelfond

1. Die Poulardenbrüste waschen, mit Küchenkrepp trocknen und in schmale Streifen schneiden. In eine Schüssel geben, mit der Sojasauce vermischen und zugedeckt etwa 30 Minuten marinieren. Den Backofen auf 220 °C vorheizen.

2. Von den Sojakeimlingen die untersten Wurzeln abzwicken. Die Paprikaschoten halbieren, Stengelansätze und Samenkerne entfernen und die Hälften mit der Hautseite nach oben so lange im heißen Backofen rösten, bis die Haut bräunt und Blasen wirft. Dann die Haut abziehen und die Schoten in schmale Streifen schneiden. Champignons oder Shiitake-Pilze putzen und in Scheiben schneiden. Von den Zuckerschoten die Enden abknipsen, den Chinakohl in Streifen schneiden.

3. In einem Wok oder einer tiefen, möglichst beschichteten Pfanne 2 Eßlöffel Öl erhitzen und das Gemüse unter ständigem Rühren scharf anbraten, salzen. Herausnehmen und warmstellen.

4. Das Sesamöl in die Pfanne geben. Die marinierten Geflügelstreifen mit Speisestärke bestäuben und scharf anbraten. Currypaste, Ingwer und Koriandergrün zugeben und kurz durchschwenken.

5. Zum Schluß das Gemüse und die Glasnudeln unterrühren und den Geflügelfond aufgießen. Kurz kochen lassen, im Wok auf den Tisch bringen. Körnig gekochten Reis dazu servieren.

E. W.
Die thailändische rote Currypaste ist sehr aromatisch und durch Chilis sehr scharf, deshalb sparsam verwenden. Die Glasnudeln in einem Sieb in eine Schüssel mit heißem Wasser hängen, mit der Küchenschere zerschneiden und 15 Minuten quellen lassen.

Curryhuhn

Für 4–6 Personen
Zubereitungszeit: 1 Stunde
Marinierzeit: 2–3 Stunden

1 Masthuhn von 1,5 kg
1 EL Chinagewürz
1/2 TL Currypulver
1/2 TL Mushroom-Sojasauce
10 Spritzer Sojasauce
1/2 TL Austernsauce
1 TL Sweet and Sour Sauce
2 Spritzer Reisessig
1 TL Fructosesirup mit Ingwer
2 Scheiben frischer Ingwer
1 Knoblauchzehe
2 Steinpilze
1 EL Kokoscreme
Für die Currysauce:
30 g Butter
1 EL Currypulver
1 EL Zwiebelwürfel
1 EL Schalottenwürfel
2 Stangen Staudensellerie
1 Apfel
1 TL Currypaste
2 Gewürznelken
1 EL gehackte Ingwerwurzel
1 EL Fructosesirup mit Ingwer
1/8 l Geflügelfond
100 ml Sahne
30 g Hühnerfett
2 EL Zwiebelwürfel
1/2 Lorbeerblatt
1 kleine rote Paprikaschote
10 Shiitake-Pilze
40 g Kokosfett
20 g kalte Butter

1. Das Masthuhn waschen, trockentupfen und in 8 Stücke teilen. Mit Chinagewürz einreiben. Die übrigen Würzzutaten zu einer Marinade verrühren, die Hähnchenteile damit bestreichen. Knoblauch schälen und in Scheiben schneiden, die Steinpilze putzen und ebenfalls in Scheiben schneiden. Beides auf den Geflügelteilen verteilen, mit Kokoscreme bestreichen und etwa 1 Stunde marinieren.

2. Für die Currysauce die Butter zerlassen, Currypulver, Zwiebel- und Schalottenwürfel darin andünsten. Die Selleriestangen und den geschälten, entkernten Apfel in kleine Würfel schneiden und zugeben. Mit der Currypaste, Nelken, gehacktem Ingwer und Fructosesirup würzen und den Geflügelfond aufgießen. Kochen lassen, bis ein Drittel der Flüssigkeit verdampft ist, dann die Sahne aufgießen und cremig einkochen lassen.

3. Das Hühnerfett in kleine Würfel schneiden und mit den Zwiebelwürfeln und Lorbeerblatt in einer Pfanne zerlassen.

4. Die rote Paprikaschote halbieren, Stengelansatz und Samenstränge entfernen und die Hälften in kleine Würfel schneiden. Die Pilze putzen und in Scheiben schneiden. Das Hühnerfett durch ein Sieb gießen, erneut erhitzen und Paprikawürfel und Shiitake-Pilze darin andünsten.

5. Die Steinpilz- und Knoblauchscheiben von den Hähnchenteilen nehmen. Das Kokosfett in einer großen Pfanne oder im Wok erhitzen und die Geflügelstücke auf allen Seiten anbraten. Zugedeckt bei schwacher Hitze etwa 15 Minuten schmoren lassen. Die Steinpilzscheiben, den Knoblauch und das Shiitake-Paprikagemisch darübergeben und in etwa 10 Minuten fertig garen.

6. Die kalte Butter in kleinen Stücken unter die Currysauce rühren und zum Geflügel servieren. Dazu paßt körnig gekochter Basmatireis.

Gefüllte Masthuhnkeulen

Für 4 Personen
Zubereitungszeit: 1 Stunde 15 Minuten

4 fleischige Masthuhnkeulen
Salz, frisch gemahlener Pfeffer
100 g Weißbrot ohne Rinde
20 g Butter
4–5 EL lauwarme Milch
2 Hühnerlebern
2 Hühnerherzen
1 Schalotte
1 Eigelb
1 EL gehackte Petersilie
frisch geriebene Muskatnuß
etwas abgeriebene, unbehandelte Zitronenschale
2 EL Olivenöl
40 g Staudensellerie
1 kleine Möhre
1 kleine Zwiebel
1 Knoblauchzehe
1 Thymianzweig
1 Lorbeerblatt
3 Gewürznelken
1 TL frisch geriebener Ingwer

1. Die Keulen entbeinen und innen und außen mit Salz und Pfeffer würzen.

2. Für die Füllung das Weißbrot in kleine Würfel schneiden, die Hälfte davon in 10 g Butter goldgelb braten. Mit den ungerösteten Brotwürfeln vermischen, mit Milch übergießen und einige Minuten einziehen lassen. Hühnerlebern und -herzen sowie die geschälte Schalotte in kleine Würfel schneiden. Die restliche Butter in einer beschichteten Pfanne erhitzen, die Innereien und Schalottenwürfel anbraten. Mit dem eingeweichten Brot vermischen, Eigelb und Petersilie zugeben und gründlich verrühren. Mit Salz, Pfeffer, Muskat und Zitronenschale würzen. Die Keulen damit füllen und die Enden jeweils mit einem Holzspießchen zustecken. Den Backofen auf 180 °C vorheizen.

3. Das Öl in einem Schmortopf erhitzen und die Keulen darin auf allen Seiten anbraten. In den heißen Backofen schieben und unter Begießen mit etwas Wasser etwa 25 Minuten braten. Die Keulen dabei gelegentlich wenden.

4. Möhre, Zwiebel und Knoblauch schälen und wie den Staudensellerie in sehr kleine Würfel schneiden. Mit Thymian, Lorbeerblatt, Gewürznelken und Ingwer zu den Hähnchenkeulen geben und in weiteren 20–25 Minuten zugedeckt fertig garen. Zwischendurch die Keulen immer wieder mit etwas Wasser (insgesamt ca. 300 ml) und dem sich bildenden Bratensaft begießen.

5. Thymianzweig, Lorbeerblatt und Gewürznelken aus der Sauce fischen. Die Keulen auf vorgewärmten Tellern anrichten und mit der Schmorflüssigkeit als Sauce servieren.

E. W.
Die Sauce nicht passieren sondern mit den Gemüsestückchen servieren. Das lästige Suchen nach den einzelnen Kräutern und Gewürzen entfällt, wenn man diese entweder in ein Mullsäckchen oder in eine Gewürzkugel füllt.

Geschmorte Stubenküken mit Okraschoten und Paprika

Für 4–6 Personen
Zubereitungszeit: 1 Stunde

4 Stubenküken zu je 300 g
Salz, frisch gemahlener Pfeffer
1 EL Mehl
1 TL Paprikapulver, edelsüß
200 g Zwiebeln
250 g Tomaten
200 g Perlzwiebeln
je 3 kleine rote und grüne, türkische Paprikaschoten
4 EL Öl
150 g kleine Maiskolben
150 g frische Okraschoten
300 ml Geflügelfond
80 g Speisestärke
5 g Backpulver
80 ml Eiswasser
2 Eiweiße
Öl zum Ausbacken

1. Stubenküken waschen, trocknen und jedes in 4 Stücke teilen. Salz, Pfeffer, Mehl und Paprika vermischen, über die Teile stäuben und einmassieren.

2. Zwiebeln schälen, halbieren und in feine Streifen schneiden. Tomaten überbrühen, häuten, halbieren, entkernen und die Hälften in kleine Würfel schneiden. Die Perlzwiebeln schälen. Paprikaschoten halbieren, Stengelansätze und Samenstränge entfernen und die Hälften in feine Streifen schneiden. Den Backofen auf 200 °C vorheizen.

3. In einem Wok oder Schmortopf 2 Eßlöffel Öl erhitzen, Zwiebelstreifen glasig dünsten. Restliches Öl in einer Pfanne erhitzen und die Geflügelteile scharf anbraten, auf die Zwiebeln setzen. Tomatenwürfel und Perlzwiebeln zugeben und so lange in den Backofen stellen, bis die Flüssigkeit verdampft ist. Dann die Maiskolben und die Paprikastreifen untermischen, Geflügelfond angießen und zugedeckt weitere 25 Minuten im Backofen garen, die Temperatur dabei auf 220 °C erhöhen.

4. Inzwischen die Okraschoten waschen und halbieren. Stärke und Backpulver vermischen, unter Rühren das Wasser zugießen. Die Eiweiße halbsteif schlagen und zum Schluß unterziehen.

5. In einer Friteuse reichlich Öl auf 170 °C erhitzen. Die Okraschoten durch den Teig ziehen und portionsweise in 2–3 Minuten goldgelb ausbacken.

6. Die Stubenküken mit dem geschmorten Gemüse auf 4 Teller verteilen und die fritierten Okraschoten darüberfallen lassen. Basmatireis dazu reichen.

E. W.
Dieses asiatische Stubenküken kann man auch im Wok servieren. Er wird in die Mitte des Tisches gestellt und jeder bedient sich.
Die Asiaten sind wahre Künstler im Umgang mit dem mageren Geflügelfleisch.
Es wird nicht wie bei uns vorwiegend auf den Grill gesteckt.
Und wenn, dann mariniert man es vorher raffiniert mit vielen Gewürzen.

Überbackene Crêpes mit Poulardenragout gefüllt

Für 6 Personen
Zubereitungszeit: 1 Stunde 45 Minuten

1 Poularde von 1,2 kg
Salz
5 schwarze Pfefferkörner
1 Stückchen Knollensellerie
1 Möhre
1/2 Lauchstange
1 Thymianzweig
2 Petersilienstengel
Für die Crêpes:
50 g Mehl
1 Prise Salz
1/8 l Milch
1/8 l Sahne
2 Eigelbe
2 Eier
Außerdem:
400 g Spinat
1 EL Schalottenwürfel
1 Msp geriebener Knoblauch
20 g Butter
Salz, frisch geriebene Muskatnuß
4 cl Weißwein
1/4 l Sahne
3–4 EL Öl zum Backen der Crêpes
60 g Kochschinkenwürfel
etwas Zitronensaft
2 EL geschlagene Sahne
30 g frisch geriebener Emmentaler

1. Die Poularde waschen und mit der Brust nach oben in einen großen Kochtopf legen. Kaltes Wasser bis auf Keulenhöhe zugießen und langsam aufkochen. Den sich dabei bildenden Schaum abschöpfen. Salzen, die Pfefferkörner zugeben und etwa 1 Stunde bei schwacher Hitze zugedeckt köcheln lassen. 20 Minuten vor Ende der Garzeit das geputzte Wurzelgemüse, Lauch, Thymianzweig und die Petersilienstengel zugeben.

2. Einen Crêpeteig aus den angegebenen Zutaten rühren und etwa 30 Minuten ruhen lassen.

3. Den Spinat sorgfältig verlesen, mehrmals gründlich waschen und in Salzwasser kurz blanchieren. Auf einem Sieb abtropfen lassen. Schalottenwürfel und geriebenen Knoblauch in der heißen Butter glasig dünsten und den Spinat kurz durchschwenken. Mit Salz und Muskat würzen.

4. Das gegarte Huhn aus der Brühe nehmen und ein wenig abkühlen lassen. Von der Brühe 1/2 l abmessen und auf ein Viertel der Menge einkochen lassen. Dann den Weißwein und die Sahne zugießen und einkochen lassen, bis die Sauce cremig ist.

5. Jeweils etwas Öl in einer beschichteten Pfanne erhitzen und aus dem Crêpeteig 12 hauchdünne Crêpes backen. Den Backofen auf 220 °C vorheizen.

6. Die Poularde häuten, entbeinen und das helle Brustfleisch in kleine Würfelchen schneiden. Das Fleisch von den Keulen für ein anderes Gericht verwenden. Die Geflügelsauce mit einem Stabmixer aufmixen und 4 Eßlöffel davon mit den Geflügelwürfeln vermischen. Schinkenwürfel unterrühren und mit etwas Zitronensaft und Muskat würzen. Die Crêpes mit dieser Mischung füllen.

7. Den Spinat in 4 längliche, feuerfeste Formen verteilen, jeweils 2 gefüllte Crêpes darauf anrichten. Die geschlagene Sahne unter die restliche Geflügelsauce ziehen und die Crêpes damit überziehen. Mit dem geriebenen Emmentaler bestreuen und im heißen Backofen goldbraun überbacken.

Sauté vom Perlhuhn mit Romana und Trevisano

Für 4 Personen
Zubereitungszeit: 45 Minuten

1 Perlhuhn von etwa 1,2 kg
Salz, frisch gemahlener weißer Pfeffer
100 g Staudensellerie
50 g Schalotten
2 EL Öl
50 g Butter
je 1 Zweig Thymian und Rosmarin
1 Lorbeerblatt
100 ml Champagner
1/4 l Geflügelfond
4 Champignonköpfe
1/4 l Sahne
1 EL Crème fraîche
Cayennepfeffer
Saft von 1 Zitrone
1 Kopf Romanasalat
1 Kopf Radicchio di Treviso
3 Lauchzwiebeln
frisch geriebene Muskatnuß

1. Perlhuhn waschen und abtrocknen. Die Brüste und Keulen auslösen, dabei jeweils Brust- und Keulenknochen entfernen. Die Brüste in 3 Stücke teilen. Das Fleisch mit Salz und Pfeffer einreiben. Staudensellerie und geschälte Schalotte in kleine Würfel schneiden.

2. Öl und 30 g Butter in einer Kasserolle aufschäumen lassen und die Perlhuhnteile nacheinander auf der Hautseite kroß und goldbraun anbraten. Herausnehmen und warmstellen. Sellerie, die Hälfte der Schalottenwürfel und die Kräuter dazugeben, kurz andünsten. Mit der Hälfte vom Champagner ablöschen, einkochen lassen. Den Geflügelfond aufgießen, auf die Hälfte der Menge einkochen lassen und durch ein Sieb passieren.

3. Die Champignons putzen und in kleine Würfel schneiden. Mit den übrigen Schalottenwürfeln in der restlichen Butter sachte andünsten. Den Rest vom Champagner zugießen und fast völlig einkochen lassen. Sahne und Crème fraîche aufgießen und cremig einkochen lassen. Mit Salz, Cayennepfeffer und Zitronensaft würzig abschmecken und durch ein Sieb passieren.

4. Vom Romana- und Trevisosalat eventuell welke Blätter entfernen, die schönen, knackigen Blätter ablösen. Von den Lauchzwiebeln die Wurzeln und grünen Enden entfernen und den hellen Teil der Zwiebeln in feine Scheiben schneiden.

5. Den Bratenjus erhitzen, die Zwiebelscheiben und Salatblätter kurz garen. Der Salat soll dabei knackig bleiben und die Farbe behalten. Mit Salz und Muskat würzen und die Blätter auf 4 vorgewärmte Teller verteilen. Die Perlhuhnstücke darauf anrichten und mit der Sauce beträufeln.

E. W.
Wer wie ich die leicht bitteren Salate liebt, wird auch von diesem Rezept mit gedünstetem Romana und Radicchio, das mein ehemaliger Mitarbeiter und Freund Jo Gassner, jetzt Chefkoch im Massimiliano in Haidhausen, kreierte, begeistert sein.

Perlhuhn mit glasierten Perlzwiebeln, Maronen und Majoran

Für 4 Personen
Zubereitungszeit: 1 Stunde 15 Minuten

1 Perlhuhn von ca. 1,5 kg
Salz, frisch gemahlener weißer Pfeffer
500 g italienische Eßkastanien (Maronen)
5 EL Öl
200 g frische Perlzwiebeln
150 g Knollensellerie
4–5 zerdrückte Wacholderbeeren
2 Lorbeerblätter
1 Thymianzweig
60 g Butter
1 Prise Zucker
100 ml Madeira
100 ml Champagner
200 ml Geflügeljus
1/2 Bund frischer Majoran
1/2 Bund glatte Petersilie

1. Das Perlhuhn waschen, trockentupfen und in 8 Stücke teilen. Mit Salz und Pfeffer einreiben. Den Backofen auf 210 °C vorheizen.

2. Die Schale der Maronen auf der Oberseite kreuzförmig einritzen, auf ein Backblech legen und im heißen Ofen backen, bis sie aufplatzen. Herausnehmen, etwas abkühlen lassen und schälen. Backofen auf 190 °C zurückschalten.

3. Das Öl in einer Kasserolle erhitzen und die gewürzten Geflügelteile mit der Hautseite nach unten anbraten. In den Backofen stellen und etwa 10 Minuten braten. Die Perlhuhnteile wenden und Wacholderbeeren, Lorbeerblätter und Thymianzweig zugeben. Weitere 30–35 Minuten garen, dabei gelegentlich mit dem Bratensaft begießen.

4. Inzwischen die Perlzwiebeln und die Sellerieknolle schälen. Die Zwiebeln ganz lassen, Sellerie in 1 cm große Würfel schneiden.

5. Die Butter in einem Schmortopf aufschäumen lassen, die Selleriewürfel, die Perlzwiebeln und die Maronen andünsten. Mit Salz, Zucker und Pfeffer würzen und bei schwacher Hitze langsam glasieren. Falls nötig, wenig Wasser angießen.

6. Die Perlhuhnteile aus der Kasserolle nehmen und warmstellen. Die Kräuter aus dem Bratenfond fischen, das glasierte Gemüse hineingeben und aufkochen. Zuerst Madeira zugeben und einkochen lassen. Dann den Champagner zugießen und bei starker Hitze erneut einkochen lassen. Den Geflügeljus angießen, aufkochen lassen und die Geflügelteile auf das Gemüse legen.

7. Mit fein gehacktem Majoran und Petersilie bestreut servieren. Dazu paßt Kartoffelpüree.

E. W.
Bei den Maronen ist es wichtig, nicht nur die harte braune Schale, sondern auch die pelzigen Häute vollständig zu entfernen, sie schmecken herb und bitter. Notfalls die geschälten Kastanien kurz mit kochendem Wasser überbrühen.

Frikassee von Bresse-Poularde mit Tomaten, Lauchzwiebeln und Flußkrebsen

Für 6 Personen
Zubereitungszeit: 1 Stunde 15 Minuten

1 Bresse-Poularde von 1,8 kg
Salz, frisch gemahlener weißer Pfeffer
1 Knoblauchzehe
150 g Schalotten
100 g Knollensellerie
100 g Lauch
100 g Staudensellerie
80 g Butter
1 Rosmarinzweig
2 Lorbeerblätter
3 Gewürznelken
5 Pimentkörner
100 ml Champagner
100 ml Noilly-Prat
3/4 l Geflügelfond
300 g italienische Cocktailtomaten
3 EL Olivenöl
1 Prise Zucker
3 Bund Lauchzwiebeln
frisch geriebene Muskatnuß
200 ml Sahne
3 EL Crème fraîche
18 Flußkrebse

1. Die Poularde waschen, trockentupfen, in Stücke zerteilen und mit Salz und Pfeffer würzen. Den Backofen auf 200 °C vorheizen.

2. Knoblauch, Schalotten und Knollensellerie schälen, Lauch und Stangensellerie putzen und waschen. Alles in kleine Würfel schneiden.

3. In einem Schmortopf 60 g Butter aufschäumen lassen und die Geflügelteile goldgelb anbraten. Gewürfeltes Gemüse, Kräuter und Gewürze zugeben und andünsten. Mit Champagner und Noilly-Prat ablöschen und fast völlig einkochen lassen. Den Geflügelfond angießen und zugedeckt im heißen Backofen 25–30 Minuten garen.

4. Inzwischen die Tomaten überbrühen, häuten, halbieren und entkernen. In Olivenöl andünsten und mit Salz, Pfeffer und Zucker würzen. Zur Seite stellen. Von den Lauchzwiebeln die Wurzeln und den größten Teil der grünen Enden entfernen. Die Zwiebeln unzerteilt in der restlichen Butter bißfest dünsten, mit Salz und Muskat würzen.

5. Die garen Poulardenstücke herausnehmen. Etwas abkühlen lassen, dann die Haut abziehen und das Fleisch von den Knochen lösen. Die Sahne und Crème fraîche unter die Sauce rühren und dick-cremig einkochen lassen.

6. Das ausgelöste Poulardenfleisch in einen Topf geben, die Sauce durch ein Sieb darüberpassieren. Tomaten und Lauchzwiebeln untermischen und noch einmal abschmecken.

7. Zum Schluß die Flußkrebse in Salzwasser kochen, aus den Schalen brechen und das Frikassee damit belegen.

E. W.
Die Poularden aus der französischen Region Bresse erhalten ausschließlich Naturfutter und haben einen großen Freiland-Auslauf. Ihr Fleisch ist entsprechend würzig und fest und eignet sich vorwiegend zum sanften Schmoren in sahnigen Saucen.

Gebratene Hühnerleber mit Maronenpilzen

Für 2 Personen
Zubereitungszeit: 30 Minuten

400 g Geflügellebern
250 g kleine Maronenpilze
150 g festkochende Kartoffeln
2 Schalotten
60 g Butter
1 Rosmarinzweig
Salz, frisch gemahlener Pfeffer
Fett zum Fritieren
1 Msp gehackter Kümmel
1 EL gehackte Petersilie
50 ml Geflügeljus

1. Von den Geflügellebern sorgfältig das Fett und die Sehnen entfernen. Die Lebern halbieren, in ein Sieb geben, kurz mit kaltem Wasser überbrausen und gut abtropfen lassen.

2. Die Maronenpilze putzen, nur wenn unbedingt nötig waschen, halbieren. Die Kartoffeln schälen und in 1 cm große Würfel schneiden. Die Schalotten schälen und in kleine Würfel schneiden.

3. Die Hälfte der Butter in einer Pfanne aufschäumen lassen und die Maronenpilze anbraten. Mit den fein gehackten Rosmarinnadeln bestreuen und mit Salz und Pfeffer würzen. Die Pilze goldgelb braten. Dann die Schalottenwürfel und die Leberhälften dazugeben und andünsten.

4. Inzwischen die Kartoffelwürfel in heißem Fett goldgelb fritieren. Auf Küchenpapier abtropfen lassen und entfetten, mit den gebratenen Lebern und Pilzen vermischen. Gehackten Kümmel und Petersilie untermischen und den Geflügeljus zugießen. Kurz kochen lassen und auf 2 vorgewärmte Teller verteilen. Dazu Weißbrot servieren.

E. W.
Der Maronenpilz ist ein äußerst aromatischer Speisepilz mit einem hellen und festen Fleisch. Deshalb lieben auch Würmer diese Pilze. Damit Sie also keine unangenehmen Überraschungen erleben, schneiden Sie jeden Pilz einmal durch, um zu sehen, ob er wurmig ist.

Gebratene Barberieente, unter der Haut gefüllt mit Rosinen, Schwarzbrot und Gänsestopfleber

Für 4 Personen
Zubereitungszeit: 2 Stunden

1 Barberieente von etwa 1,8 kg
50 g Rosinen
5 cl Portwein
50 g Schwarzbrot
50 g Weißbrot
100 g rohe Gänsestopfleber
30 g Walnüsse
100 g Hähnchenbrust
Salz, frisch gemahlener Pfeffer
frisch geriebene Muskatnuß
4 EL Öl
3 Gewürznelken
5 zerdrückte Wacholderbeeren

1. Die Barberieente waschen und trockentupfen. Die Brusthaut vorsichtig vom Hals her so lösen, daß man die Füllung später unter die Haut schieben kann, ohne daß sie aufreißt.

2. Für die Füllung die Rosinen mindestens 30 Minuten in Portwein einweichen. Schwarz- und Weißbrot sowie die Gänsestopfleber in 1/2 cm kleine Würfel schneiden und in einer Schüssel vermischen. Walnüsse fein hacken und zugeben. Die eingeweichten Rosinen auf ein Sieb schütten, den abgetropften Portwein sirupartig einkochen lassen. Rosinen und die entstandene Portweinglace zu den übrigen Zutaten geben.

3. Das Hähnchenbrustfleisch im Blitzhacker fein pürieren, mit Salz, Pfeffer und Muskat würzen und ebenfalls zur Füllung geben. Alles gründlich miteinander verrühren und mit Salz und Pfeffer würzen. Den Backofen auf 190 °C vorheizen.

4. Die Füllung vorsichtig und so weit wie möglich unter die Haut der Ente schieben. Die Haut mit den Händen wieder glattstreichen und die Ente mit einem Küchengarn in Form binden.

5. Das Öl in einem Bräter erhitzen und die Ente von beiden Seiten auf den Keulen anbraten. Vorsichtig wenden, Gewürznelken und Wacholderbeeren zugeben und die Ente in 70–80 Minuten goldbraun braten, dabei gelegentlich mit Bratensaft und etwas Wasser beträufeln.

6. Die Ente herausnehmen und portionieren. Den Bratenfond entfetten, kurz kochen lassen und über die Geflügelstücke gießen. Als Gemüsebeilage paßt Friséepüree von Seite 87 oder Schwarzwurzelgratin mit Périgord-Trüffeln von Seite 84.

E. W.
Eine beliebte Neuzüchtung ist die Barberie- oder Barbarieente,
eine Kreuzung aus Hausente und wildem Erpel.
Das Fleisch weiblicher Enten ist übrigens aromatischer und zarter.

Bayerische Ente mit gekochtem Spitzkohl

Für 4 Personen
Zubereitungszeit: 2 Stunden 20 Minuten

1 bayerische Ente, ausgenommen etwa 1,8 kg
3 Zwiebeln
1 aromatischer Apfel (z.B. Boskop)
Salz, frisch gemahlener Pfeffer
etwas gerebelter Majoran
Für den Spitzkohl:
1 mittelgroßer Spitzkohl
1 Zwiebel
50 g Entenschmalz
300 ml Geflügelfond
1/2 TL Speisestärke
1/2 TL gehackter Kümmel
2 EL guter Obstessig
Zucker

1. Die Ente waschen und trocknen. Backofen auf 200 °C vorheizen. 1 Zwiebel und den Apfel schälen, vierteln und den Apfel entkernen. Die Ente innen mit Salz, Pfeffer und Majoran würzen, mit Zwiebel- und Apfelstücken füllen, mit Garn in Form binden.

2. Den Hals, Flügel und Kopf der Ente kleinhacken, in die Fettpfanne legen, 100 ml Wasser angießen. Die Ente mit dem Rücken darauflegen und in den heißen Ofen schieben. Unter Begießen mit dem eigenen Bratfett etwa 50 Minuten braten lassen.

3. Das meiste Bratfett abgießen, 2 geschälte, ganze Zwiebeln um die Ente legen. Die Ente braun und knusprig braten, die Zwiebeln dürfen aber nicht verbrennen. Ab und zu etwas Wasser angießen (insgesamt ca. 1/4 l). Nach etwa 1 1/2 Stunden die Ente mit einer Fleischgabel herausnehmen und den Bratensaft aus der Bauchhöhle in die Fettpfanne laufen lassen. Die Ente im Backofen warmhalten.

4. Bratensaft entfetten, in einen Topf füllen und einkochen lassen. Wasser aufgießen und erneut einkochen. Dies noch einige Male wiederholen. Die Sauce durchpassieren, Rückstände gut ausdrücken.

5. Den Spitzkohl halbieren, den Strunk entfernen, in 2 cm breite Streifen schneiden. Geschälte Zwiebel in kleine Würfel schneiden, im Entenschmalz glasig dünsten. Kohl zugeben und andünsten. Etwas Geflügelfond angießen und zugedeckt bei schwacher Hitze 20–25 Minuten dünsten, dabei immer wieder Geflügelfond nachgießen.

6. Speisestärke mit etwas Wasser glattrühren und das Gemüse damit binden. Kurz aufkochen lassen und mit Kümmel, Essig, Salz und Zucker würzen.

7. Die Ente portionieren, auf dem Spitzkohlgemüse anrichten und mit etwas Sauce übergießen. Mit Serviettenknödel (Seite 116) servieren.

E. W.
Eine frische, körnergefütterte Ente vom Bauernhof ist zwar nicht billig, aber wenn man sich die Mühe macht, sollte das Fleisch von allerbester Qualität sein. Spitzkohl ist viel feiner im Geschmack und auch zarter als Weißkohl.

Rosa gebratene Entenbrust auf glasiertem Chicorée

Für 4 Personen
Zubereitungszeit: 35 Minuten

4 ausgelöste Barberie-Entenbrüste
3 EL Öl
Salz, frisch gemahlener Pfeffer
3 Chicoréestauden
40 g Butter
1 EL Puderzucker
abgeriebene Schale und Saft von 1 Limette
2 cl weißer Portwein
80 ml Entenjus

1. Entenbrüste waschen und trocknen. Die Haut rautenförmig einschneiden. Das Öl in einer Pfanne erhitzen und die Brüste mit der Hautseite nach unten in die Pfanne legen. Scharf anbraten, mit Salz und Pfeffer würzen und unter Wenden rosa braten.

2. Chicoréeblätter einzeln ablösen und in kochendem Salzwasser kurz blanchieren. In eiskaltem Wasser abschrecken und abtropfen lassen. In heißer Butter schwenken. Mit Puderzucker bestäuben und kurz glasieren. Mit Limettensaft und Portwein ablöschen und bei schwacher Hitze garen, aber nicht bräunen. Eventuell etwas Wasser angießen.

3. Die rosa gebratenen Entenbrüste herausnehmen, vorm Aufschneiden etwas ruhen lassen. Bratfett abschütten, Limettenschale in die Pfanne geben. Mit Entenjus ablöschen und aufkochen lassen.

4. Die Chicoréeblätter fächerartig auf einem Teller anrichten und mit den in Scheiben geschnittenen Entenbrüsten belegen. Mit dem Limetten-Bratsaft überziehen und servieren.

Pot au feu von Bresse-Tauben

Für 4 Personen
Zubereitungszeit: 1 Stunde 30 Minuten

2 küchenfertige Bresse-Tauben von je ca. 450g
Salz, frisch gemahlener Pfeffer
2 Rote Bete
1 TL Kümmel
1 Wirsingkohl
2 große Petersilienwurzeln
120 g Taubenlebern
30 g gekochter Schinken
80 g Weißbrotwürfel
40 ml Sahne
1 Ei
1 frischer Majoranzweig
frisch geriebene Muskatnuß
30 g Butter
1,2 l Tauben- oder Geflügelfond
4 Scheiben Gänsestopfleber zu je 20 g
1 Bund Schnittlauch
200 g Crème fraîche

1. Die Tauben waschen, trocknen und mit Garn in Form binden. Mit Salz und Pfeffer würzen.

2. Die Rote Bete waschen und in Salz-Kümmelwasser garen. Vom Wirsingkohl 4 große, schöne Blätter ablösen und in kochendem Salzwasser kurz blanchieren. In eiskaltem Wasser abschrecken.

3. Den restlichen Kohlkopf, die geschälten Petersilienwurzeln sowie die gekochten und geschälten Rote Bete in feine Streifen schneiden.

4. Für die Wirsingköpfchen die Taubenlebern und den Schinken klein würfeln. Mit Brotwürfeln vermischen, Sahne, Ei und gehackten Majoran zugeben und mit Salz, Pfeffer und Muskat würzen. Jeweils ein blanchiertes Wirsingblatt in eine Tasse legen, Brot-Leberfüllung hineingeben, Ränder darüberschlagen und festdrücken, auf eine Platte stürzen. Die übrigen Köpfchen ebenso zubereiten.

5. Den Backofen auf 210 °C vorheizen. Die Tauben in einen gefetteten Schmortopf legen und im heißen Backofen in etwa 10–12 Minuten rosa braten.

6. Die Butter in einem großen, flachen Topf zerlassen, die Gemüsestreifen andünsten. Tauben- oder Geflügelfond zugießen und 5 Minuten bei sanfter Hitze köcheln lassen. Wirsingköpfchen hineinlegen und zugedeckt wenige Minuten ziehen lassen.

7. In 4 vorgewärmte Suppenteller je 1 Wirsingköpfchen und 1 Scheibe Gänseleber legen. Taubenbrüste auslösen, in Scheiben schneiden und auf die Teller verteilen. Jeweils eine Keule hineingeben und die Suppe mit Gemüsestreifen darübergießen. Mit fein geschnittenem Schnittlauch bestreuen und die Crème fraîche getrennt dazu reichen.

E. W.
Die Gänsestopfleberscheiben machen aus dem Pot au feu natürlich ein Nobelgericht, es schmeckt allerdings auch ohne ganz vorzüglich. Die Wirsingköpfchen sind auch alleine, in wenig Fond gedünstet, eine leckere Mahlzeit. Die angegebene Menge reicht für 2 Personen als kleines Abendessen, eventuell mit der feinen Specksauce von Seite 65 dazu.

Gebratene Tauben mit Bohnen à la Crème

Für 4 Personen
Zubereitungszeit: 45 Minuten

4 küchenfertige Tauben zu je 350 g
Salz, frisch gemahlener Pfeffer
3 EL Öl
2 Schalotten
1 Zwiebel
2 Stangen Staudensellerie
30 g Butter
1 frisches Lorbeerblatt
1 Thymianzweig
8 Wacholderbeeren
etwas frisch gepreßter Zitronensaft
400 g grüne Bohnen
Salz
1/8 l Sahne
1 EL frisch gehacktes Bohnenkraut

1. Die Tauben waschen und trockentupfen. Innen salzen und pfeffern und im heißen Öl etwa 10 Minuten rundum goldbraun anbraten.

2. Die Schalotten und Zwiebeln schälen, die Selleriestangen waschen. Alles klein würfeln.

3. Das Bratfett von den Tauben abgießen, die Butter zugeben und aufschäumen lassen. Das gewürfelte Gemüse, das frische Lorbeerblatt, die abgezupften Thymianblättchen und Wacholderbeeren unterrühren und andünsten. Nach etwa 10 Minuten die Tauben herausnehmen und warmstellen. Den Bratsatz mit etwas Wasser aufgießen und einkochen lassen. Diesen Vorgang noch zwei- bis dreimal wiederholen. Anschließend den Bratfond durch ein Sieb passieren, mit etwas Zitronensaft säuern und über die Tauben gießen.

4. Für das Bohnengemüse von den Bohnen die Enden abknipsen, falls nötig entfädeln, in reichlich kochendem Salzwasser bißfest garen. In eiskaltem Wasser abschrecken, auf ein Sieb gießen.

5. Die Sahne mit dem Bohnenkraut und etwas Salz um ein Drittel einkochen lassen, dann die gut abgetropften Bohnen untermischen und einige Minuten cremig einkochen lassen.

6. Das Bohnengemüse auf 4 vorgewärmten Tellern verteilen, die halbierten Tauben darauf anrichten. Mit dem Bratensaft übergießen.

E. W.
Immer häufiger findet man auch bei uns die frischen Blätter des Lorbeerbaums, die allerdings hocharomatisch und stark bitter sind, also sparsam verwenden.

Geschmorte Tauben mit Brennesselfüllung

Für 4 Personen
Zubereitungszeit: 1 Stunde 35 Minuten

4 küchenfertige Tauben zu je 350 g, mit Innereien
3/4 Baguettebrot
200 ml heiße Milch
2 Schalotten
200 g junge Brennesseln
50 g Butter
4 Eier
80 g Prager Schinken (Kochschinken)
Salz, frisch gemahlener Pfeffer
frisch geriebene Muskatnuß
1 EL fein geschnittene Liebstöckelblätter
1 TL gekörnte Brühe

1. Die Tauben waschen, trocknen, salzen und pfeffern. Innereien säubern, klein würfeln. Baguette in Scheiben schneiden und mit heißer Milch übergießen. Den Backofen auf 180 °C vorheizen.

2. Schalotten würfeln, Brennesseln waschen und fein hacken. Schalotten in 20 g Butter dünsten. Die Brennesseln zugeben und zusammenfallen lassen. Grob hacken, mit 2 Eiern unters Brot mischen.

3. Schinken klein würfeln, unter die restlichen Eier quirlen. In 20 g Butter unter Rühren stocken lassen. Mit den Innereien unter die Brotfüllung rühren, mit Salz, Pfeffer, Muskat, Liebstöckel und gekörnter Brühe würzen, zu einer lockeren Farce vermischen.

4. Die Tauben füllen, den Hals mit Garn zubinden. Die Tauben in der restlichen Butter anbraten, zugedeckt im Ofen 40 Minuten schmoren, gelegentlich mit Wasser begießen. Deckel abnehmen, die Hitze auf 220 °C erhöhen und die Tauben mit der Brust nach oben etwa 10 Minuten bräunen. Täubchen halbieren und mit dem Bratensaft übergießen.

W·I·L·D U·N·D
W·I·L·D·G·E·F·L·Ü·G·E·L

Beim Garen am Knochen bleibt das
Fleisch von Wild viel saftiger

Bei Monsieur Paul Haeberlin von der Auberge d'Ill im elsässischen Illhaeusern lernte ich, Wildgerichte zuzubereiten: Wildhasenragouts, Rehmedaillons oder Fasane. Auch, daß Hasen- oder Rehrücken rosa gebraten werden und 5 bis 10 Minuten Zeit zum Entspannen haben müssen. Damals war es kein Problem, an gutes Wild zu kommen, heute geht der Bestand ständig zurück: Ein junges Rebhuhn ist eine Rarität und entsprechend teuer. Überwiegend muß man auf gezüchtetes Wild und Wildgeflügel zurückgreifen, außer man kennt einen Jäger. Kommen Sie so an einen Fasan, sollten Sie auf die Ständer (Beine) achten. Junge Hähne haben noch stumpfe, kegelförmige Sporne an den Beinen. Hennen, deren Fleisch zarter ist, tragen an dieser Stelle warzenähnliche Verdickungen, die sich im Alter sporenartig verdicken. Ältere Tiere ergeben aber noch eine herrliche Essenz, die mit Sherry und einer Einlage aus Trüffelklößchen ausgezeichnet schmeckt.
Ich bin ein Verfechter des Garens am Knochen, vor allem bei Wild, da dabei das Fleisch saftiger bleibt. Ich liebe ein Wildhasenragout, wozu ich Vorderläufe bevorzuge. Leber und Blut nehme ich für die Bindung. Zu dem deftigen Genuß passen Pilze, Wirsing oder Kastaninenpüree.

Geschmorte Hirschschulter mit Orangenkruste und Rote Bete

Für 8–10 Personen
Zubereitungszeit: 2 Stunden 30 Minuten
Marinierzeit: einige Tage

1 Hirschschulter zu ca. 2,6–2,8 kg
500 g Mirepoix (Zwiebeln, Stangen- und Knollensellerie sowie Möhren, alles in kleine Würfel geschnitten)
3/4 l guter Rotwein
Salz, frisch gemahlener Pfeffer
1 EL Mehl
2 EL Zucker
100 ml Aceto Balsamico
6 EL Öl
100 g frischer Bauchspeck mit der Schwarte
100 g Champignons
1 Apfel
1 EL Tomatenmark
1 EL eingelegte Preiselbeeren
1 Stückchen unbehandelte Zitronenschale
2 Stückchen unbehandelte Orangenschale
10 zerdrückte Wacholderbeeren
2 Lorbeerblätter
1 Thymianzweig
1/2 l Madeira
1/2 l Cognac
2 l Wildfond
3 EL Orangengelee
Für die Rote Bete:
12 Rote Bete
1 EL Zucker
1 EL Salz
10 g Kümmel
100 ml Obstessig
30 g Butter

1. Die Hirschschulter mit dem kleingeschnittenen Gemüse in einen ausreichend großen Topf oder eine Form legen, mit Rotwein übergießen und zugedeckt an einem kühlen Platz einige Tage marinieren. Das Fleisch zwischendurch wenden.

2. Zur Zubereitung das Fleisch aus der Marinade heben und gut abtrocknen. Mit Salz und Pfeffer rundum würzen und mit dem Mehl bestäuben. Den Backofen auf 180 °C vorheizen.

3. Den Zucker in einem großen Schmortopf karamelisieren lassen und mit Essig ablöschen. Einkochen lassen, dann das Öl zugießen und die Hirschschulter auf allen Seiten anbraten.

4. Bauchspeck, die geputzten Champignons und den geschälten und entkernten Apfel in Würfel schneiden. Die Marinade durch ein Sieb gießen, das Gemüse aber nicht wegwerfen.

5. Das Hirschfleisch aus dem Topf heben. Bauchspeck, Champignons, Apfelwürfel und das Gemüse aus der Marinade im Bratfond andünsten. Tomatenmark und Preiselbeeren zugeben und kurz anrösten. Zitronenschale, die Hälfte der Orangenschale und die Kräuter unterrühren. Die Rotweinmarinade, Madeira und Cognac aufgießen und um zwei Drittel einkochen lassen. Das Fleisch wieder in den Topf legen, Wildfond angießen und zugedeckt im heißen Backofen 1 1/2 bis 2 Stunden schmoren.

6. Die gare Hischschulter aus dem Topf nehmen und auf ein Gitter mit Fettpfanne darunter legen. Die restliche Orangenschale hacken und kurz blanchieren, mit dem Orangengelee zugeben. Die Schulter damit bestreichen und in den heißen Backofen schieben. Diesen Vorgang wiederholen, bis sich eine glänzende Kruste gebildet hat. Als Sauce den Bratfond durch ein feines Sieb passieren.

7. Für die glasierten Rote Bete die Knollen waschen und in Salzwasser mit Zucker, Kümmel und dem Obstessig nicht zu weich kochen. Kalt abschrecken, schälen und achteln. Die Butter in einer Kasserolle aufschäumen lassen und die Rote Bete kurz durchschwenken. Bei Bedarf mit Zucker und Salz nachwürzen.

8. Die Hirschschulter am Tisch tranchieren und die Rote Bete und die Sauce extra dazu reichen.

Hasenrücken nach Maria Bogenberger

Für 4 Personen
Zubereitungszeit: 1 Stunde 15 Minuten
Marinierzeit: einige Stunden, am besten über Nacht

2 Hasenrücken
1 große Gemüsezwiebel
20 Wacholderbeeren
3 Pimentkörner
2 Gewürznelken
2 Lorbeerblätter
3/4 l Rotwein, am besten Bordeaux
4 cl Cognac
1 EL Olivenöl
1 Möhre
30 g Knollensellerie
1 TL brauner Zucker
1/4 l Sahne
Salz, frisch gemahlener Pfeffer
30 g Butter
2 Schalotten
2 dünne Scheiben frischer, grüner Speck
2 dünne Scheiben durchwachsener Speck

1. Die Hasenrücken sorgfältig enthäuten. Die Zwiebel schälen und in Würfel schneiden, die Gewürze im Mörser zerstoßen und das Fleisch damit einreiben. Das Wildbret in eine längliche Glas- oder Porzellanform legen, Lorbeerblätter und Zwiebelwürfel zugeben und mit Rotwein, 2 cl Cognac und Olivenöl übergießen. Zugedeckt einige Stunden marinieren, dabei die Rücken gelegentlich wenden.

2. Am nächsten Tag das Fleisch herausnehmen und gut abtrocknen. Möhre und Sellerie putzen und in Stücke schneiden. Die Marinade durch ein Sieb gießen und mit dem Gemüse und dem Zucker so lange köcheln lassen, bis die Flüssigkeit auf die Hälfte der Menge eingekocht ist. Die Sahne zugießen und zu einer cremigen Sauce einkochen lassen.

3. Inzwischen die Hasenrücken mit Salz und Pfeffer einreiben. Den Backofen auf 220 °C vorheizen. Die Butter in einer Kasserolle erhitzen und den Rücken auf der Fleischseite anbraten. Die in Würfel geschnittenen Schalotten zugeben und im Bratfett dünsten. Mit restlichem Cognac ablöschen, die Rücken wenden und die Fleischseiten mit je einer Scheibe fettem und durchwachsenem Speck belegen. Im heißen Backofen in etwa 15 Minuten fertiggaren.

4. Vor dem Anschneiden das Fleisch kurz ruhen lassen. Die Rückenfilets von den Knochen lösen, schräg in Scheiben schneiden und servieren, die Sauce getrennt dazu reichen.

E. W.
Mit eingemachten Wildpreiselbeeren, Spätzle und Selleriepüree, Rosenkohl oder Maronen ein herrliches Herbstessen, zu dem vorzüglich ein Bordeaux paßt. Am besten der gleiche Wein, den Sie auch für die Marinade genommen haben. Denn je gehaltvoller der Wein, um so köstlicher die Sauce. Es muß allerdings kein Mouton Rothschild sein, ein junger, gehaltvoller Rotwein, zum Beispiel aus Graves, ist ideal zum Marinieren und zum Trinken.

Hasenragout mit weißem und schwarzem Trüffel

Für 4 Personen
Zubereitungszeit: 2 Stunden 20 Minuten

2 Hasen-Vorderläufe, 1 Tag in Rotwein mariniert
Salz, frisch gemahlener Pfeffer
2 EL Mehl
5 EL Öl
80 g Mirepoix aus klein gewürfelten Möhren, Staudensellerie, Zwiebeln
1 Thymianzweig
1 Lorbeerblatt
3 Wacholderbeeren
5 weiße Pfefferkörner
2 cl Portwein
4 cl Madeira
2 cl Cognac
4 cl Rotwein
je ein Stückchen Orangen- und Zitronenschale
1/2 l Wildfond
1 Schalotte
2 Champignons
100 ml Geflügelfond
200 ml Crème double
etwas Cayennepfeffer
Saft von 1/2 Zitrone
1 ausgelöster Hasenrücken
1 EL Preiselbeeren
1–2 rohe Hasenlebern
evtl. 4 EL Hasen- oder Kalbsblut
1 Chicorée
20 g Butter
1 TL Puderzucker
2 cl weißer Portwein
etwas Zitronensaft
1 schwarzer Périgord-Trüffel
1 weißer Piemont-Trüffel

1. Die marinierten Vorderläufe abtrocknen, mit Salz und Pfeffer einreiben und mit dem Mehl bestäuben. 3 Eßlöffel Öl in einem schweren Schmortopf erhitzen und die Keulen auf beiden Seiten scharf anbraten. Den Backofen auf 200 °C vorheizen.

2. Das kleingeschnittene Gemüse und die Gewürze zum Fleisch geben und anbraten. Portwein, Madeira, Cognac und Rotwein aufgießen und einkochen lassen. Die Zitrusschalen zugeben und den Wildfond zugießen. Zugedeckt im heißen Backofen 1 1/2 Stunden schmoren lassen.

3. Inzwischen die Schalotte schälen und in Scheiben schneiden, ebenso die geputzten Champignons. Mit Geflügelfond übergießen und auf die Hälfte der Menge einkochen lassen. Dann die Crème double unterrühren und wiederum einkochen lassen. Mit Cayennepfeffer, Salz und Zitronensaft würzen und durch ein Sieb passieren.

4. Die beiden Fleischstränge des Hasenrückens sorgfältig enthäuten, mit Salz und Pfeffer würzen. Das restliche Öl erhitzen und das Fleisch rundum kurz anbraten. Es muß innen noch rosa sein.

5. Die Hasenläufe aus dem Bratfond nehmen und in Alufolie hüllen. Die Sauce mit Preiselbeeren, rohen Hasenlebern und Blut im Mixer fein pürieren und durch ein Sieb passieren. Noch einmal erhitzen, aber nicht mehr kochen lassen.

6. Von dem Chicorée die Blätter ablösen. Butter und Puderzucker goldgelb werden lassen und die Gemüseblätter darin glasieren. Den Portwein angießen und mit etwas Zitronensaft würzen.

7. Auf vorgewärmte Teller jeweils ein Stück von den Hasenläufen und 2 Scheiben vom Hasenrücken legen. Die Hasenläufe mit der dunklen Wildsauce, die Hasenrückenscheiben mit der hellen Sahnesauce überziehen. Die Chicoréeblätter dazwischenstecken. Zum Schluß den schwarzen Trüffel in Scheiben schneiden und kurz in Butter schwenken, die Läufe damit belegen. Den weißen Trüffel roh über die Rückenscheiben hobeln.

Rehrücken in Blätterteig mit glasierten Äpfeln und Bohnen

Für 4 Personen
Zubereitungszeit: 2 Stunden

1 kg Rehrücken
Salz, frisch gemahlener Pfeffer
2 EL Öl
Für die Farce:
100 g Geflügellebern
40 g Butter
1 kleiner Apfel, 100 g Steinpilze
2 cl Madeira
100 g Rehfleisch ohne Haut und Sehnen
100 g fetter Speck
1 EL Cognac
Salz, frisch gemahlener Pfeffer
250 g Blätterteig, 1 Eigelb
Für die Sauce:
Knochen und Sehnen des Rehrückens
3 EL Öl, 25 weiße Pfefferkörner
20 g Butter
1 kleine Zwiebel, 2 Schalotten
50 g Möhre, 50 g Knollensellerie
4 Thymianzweige, 2 Lorbeerblätter
10 zerdrückte Wacholderbeeren
1/8 l Weißwein
1/4 l Crème double
1 EL Cognac
1 TL Preiselbeeren
15 g Blauschimmelkäse
Für die Beilagen:
250 g grüne Bohnen, Salz
2 Zweige Bohnenkraut
50 g gekochter Räucherspeck
2 mittelgroße, aromatische Äpfel, z.B. Boskop
30 g Butter
1 EL Puderzucker

1. Rehrückenstränge auslösen, Haut und Sehnen entfernen. Die Filets mit Salz und Pfeffer würzen und im heißen Öl rundum kurz anbraten. Herausnehmen und abkühlen lassen.

2. Geflügellebern säubern, kurz waschen, trocknen und in 20 g Butter kurz sautieren. Den geschälten, entkernten Apfel klein würfeln. Pilze putzen, kleinschneiden und in der restlichen Butter andünsten. Madeira zugießen und einkochen. Kalt stellen.

3. Rehfleisch und Speck klein würfeln und mit etwas gestoßenem Eis im Blitzhacker zu einer glatten Farce pürieren. Lebern, Apfel- und Pilzwürfel zugeben, mit dem Cognac, Salz und Pfeffer würzen. Etwa 30 Minuten in den Kühlschrank stellen.

4. Backofen auf 220 °C vorheizen. Den Blätterteig zu einem so großen Rechteck ausrollen, daß man die Rehfilets damit umhüllen kann, mit der Farce bestreichen, dabei einen 2 cm breiten Rand frei lassen. Rehfilets in die Mitte legen, Ränder mit Eigelb bestreichen, das Fleisch umhüllen. Den Teig festdrücken und mit dem restlichen Eigelb bestreichen. Auf ein Backblech mit Backpapier heben und im Ofen in 15–20 Minuten goldbraun backen.

5. Für die Sauce Knochen und Sehnen zerkleinern und mit den Pfefferkörnern in Öl anbraten. Das Öl abschütten, die Butter, geputztes, gewürfeltes Gemüse und Kräuter zugeben. Goldbraun rösten. Wein aufgießen und auf die Hälfte der Menge einkochen. Crème double und Cognac zugießen und köcheln lassen, bis die Sauce gebunden ist. Durch ein Sieb passieren. Erneut erhitzen, Preiselbeeren und Blauschimmelkäse unterrühren und mit dem Stabmixer cremig aufmixen. Noch einmal durch ein feines Sieb streichen und kurz kochen lassen.

6. Bohnen putzen und mit Bohnenkraut in Salzwasser bißfest garen. Speckwürfel zerlassen und die gut abgetropften Bohnen darin schwenken.

7. Die Äpfel schälen, achteln und entkernen. Butter und Puderzucker karamelisieren lassen, die Apfelspalten darin goldgelb braten.

8. Den Rehrücken am besten mit dem elektrischen Messer in Scheiben schneiden, auf vorgewärmten Tellern anrichten. Sauce über das Fleisch gießen und mit Apfelspalten und Bohnen servieren.

Warme Rehquiche mit Trüffeln

Für 6 Personen
Zubereitungszeit: 1 Stunde

250 g Rehfleisch von Keule oder Rücken
100 g roher, ungesalzener Speck
50 g Geflügelleber
Salz, frisch gemahlener Pfeffer
frisch geriebene Muskatnuß
50 g eingelegte Trüffeln, 20 g Pistazien
2–3 EL Trüffeljus
1 EL Cognac, 1 EL Madeira
1 EL Wildjus
150 ml Crème double
250 g Blätterteig, 3 Eigelbe
1/8 l Sahne

1. Rehfleisch, Speck und Geflügelleber gut kühlen, durch die feine Scheibe des Fleischwolfs drehen. Mit Salz, Pfeffer und Muskat würzen und zu einer geschmeidigen Masse verrühren. Erneut kühlen.

2. Trüffeln klein würfeln. Pistazien überbrühen, häuten und halbieren. Backofen auf 200 °C vorheizen.

3. Trüffeljus, Cognac, Madeira, Wildjus und Crème double unter die kalte Rehfarce rühren. Mit Salz und Pfeffer würzen, wieder kühlstellen.

4. Blätterteig 2 mm dick ausrollen, mit 2/3 davon eine kalt ausgespülte Pieform (Durchmesser 24 cm) auskleiden. Die Farce in kleinen Häufchen darauf verteilen. Aus restlichem Teig einen Deckel ausschneiden und darauflegen, Ränder festdrücken, mit 1 Eigelb bestreichen. In der Mitte ein kleines Loch ausstechen, die Quiche 15 Minuten backen.

5. Die restlichen Eigelbe mit der Sahne verquirlen, mit Salz, Pfeffer und Muskat würzen und mit Hilfe eines Trichters in die Teigöffnung gießen. In weiteren 15 Minuten fertigbacken.

Frischlingskeule mit Honig glasiert

Für 8 Personen
Zubereitungszeit: 1 Stunde 50 Minuten
Marinierzeit: 2 Tage

1 Frischlingskeule zu 1,6 kg
1 1/2 l Milch
2 Thymianzweige
12 Wacholderbeeren
1 Lorbeerblatt
2 Gewürznelken
Salz, frisch gemahlener Pfeffer
2 EL Öl
40 g Butter
100 g kleine Schalotten
150 g junge Möhren
150 g kleine Petersilienwurzeln
1 EL trockener Amontillado-Sherry
1 EL Honig

1. Von der Keule am besten vom Wildhändler den Knochen auslösen und kleinhacken, die Schwarte so dünn wie möglich ablösen lassen. Das Fleisch in einen Topf legen und mit Milch übergießen. Thymian, 5 zerdrückte Wacholderbeeren, Lorbeerblatt und Nelken zugeben und zugedeckt unter gelegentlichem Wenden 2 Tage marinieren.

2. Fleisch herausnehmen und trocknen. Mit Salz, Pfeffer und restlichen gehackten Wacholderbeeren einreiben. Den Backofen auf 220 °C vorheizen.

3. Öl und Butter in einem Schmortopf aufschäumen lassen, die Keule mit der Fettseite nach unten hineinlegen. Im Ofen 20 Minuten braten lassen.

4. Schalotten, junge Möhren und kleine Petersilienwurzeln waschen und schälen.

5. Das beim Braten ausgetretene Fett abgießen, Knochen und Gemüse zugeben, Hitze auf 180 °C reduzieren. Unter Begießen mit dem eigenen Saft das Fleisch in etwa 1 Stunde fertig garen. Falls notwendig, mit etwas Wasser übergießen.

6. Die Keule auf ein Drahtgitter über eine Fettpfanne legen und 10 Minuten ruhen lassen. Gemüse herausheben und warm halten. Backofen auf 250 °C stellen, wenn möglich, die Oberhitze zuschalten.

7. Den Bratenfond entfetten, mit etwas Wasser ablöschen und kräftig kochen lassen. Durch ein Sieb gießen und mit Sherry abschmecken.

8. Die Keule mit Honig bestreichen und im heißen Backofen in wenigen Minuten glasieren. Mit frisch gemahlenem Pfeffer bestreuen. Den abgetropften Fleischsaft unter den Bratensaft rühren.

9. Das Fleisch in Scheiben schneiden, auf vorgewärmte Teller legen und mit der Sauce übergießen.

E. W.
Beim Wild ist die Garzeit entscheidend, das Fleisch darf nicht zu lange im Backofen bleiben, sonst wird es trocken. Danach etwas ruhen lassen, damit sich der Fleischsaft verteilt.

Gefüllte Rehkeule

Für 10 Personen
Zubereitungszeit: 2 Stunden 30 Minuten

1 Rehkeule von ca. 2 kg
500 g kleingehackte Rehknochen
200 g schieres Rehfleisch
200 g durchwachsener Räucherspeck
100 g fetter Speck
120 g Steinpilze
80 g Pfifferlinge
4 Lauchzwiebeln
80 g Butter
Salz, frisch gemahlener Pfeffer
1/2 TL Thymianblätter
50 g frisch geriebenes Weißbrot
2 EL Öl
1 Zwiebel
1 Möhre
1 Stückchen Knollensellerie
2 Thymianzweige
1 Lorbeerblatt
5 zerdrückte Wacholderbeeren
2 Gewürznelken
ca. 1/8 l Wasser
1/2 l Sahne
1 EL Preiselbeeren
2 cl Portwein

1. Von der Rehkeule am besten vom Wildhändler den Knochen auslösen und mit den übrigen Rehknochen kleinhacken lassen.

2. Schieres Rehfleisch, Räucher- und fetten Speck durch die feine Scheibe des Fleischwolfs drehen. Pilze putzen, von den Lauchzwiebeln Wurzeln und grüne Enden entfernen. Alles klein würfeln und in 30 g Butter andünsten. Mit Salz, Pfeffer und Thymian würzen und unter das durchgedrehte Fleisch mischen. Abkühlen lassen, mit Weißbrotbröseln vermischen. Gründlich durchkneten, nachwürzen. Die Keule damit füllen und die Öffnung mit Küchengarn zunähen. Den Backofen auf 180 °C vorheizen.

3. Das Öl mit 30 g Butter aufschäumen lassen, das Fleisch darin auf beiden Seiten anbraten, die Knochen zugeben, kurz anrösten und in den heißen Backofen stellen. 45 Minuten braten lassen, dabei immer wieder mit dem Fleischsaft übergießen.

4. Zwiebel, Möhre und Knollensellerie schälen, in kleine Stücke schneiden und mit Kräutern und Gewürzen zur Rehkeule geben. Die Keule mit restlicher Butter bestreichen und in weiteren 45 Minuten fertig garen, gelegentlich mit Wasser begießen.

5. Die Keule herausnehmen und in Alufolie hüllen, mindestens 10 Minuten ruhen lassen.

6. Den Bratensatz mit einem Pinsel ablösen, die Sahne aufgießen und etwa 10 Minuten köcheln lassen. Preiselbeeren und Portwein zugeben, noch einmal aufkochen lassen und durch ein Sieb passieren.

7. Die Sauce in einer Sauteuse cremig einkochen lassen und bei Bedarf nachwürzen.

8. Die Rehkeule am besten mit einem elektrischen Messer in Scheiben schneiden, auf vorgewärmten Tellern anrichten und mit der Sauce übergießen.

E. W.
Natürlich passen handgeschabte Spätzle, aber auch knusprige Kartoffelplätzchen oder Fingernudeln schmecken gut dazu.
Preiselbeeren, möglichst selbst eingemachte, gedünstete Waldpilze und Selleriepüree runden das große Wildessen entsprechend ab.

Rehmedaillons mit Selleriepüree, -chips und Pfifferlingen

Für 4 Personen
Zubereitungszeit: 1 Stunde 10 Minuten

Für das Selleriepüree:
1 Sellerieknolle zu ca. 350 g
Saft von 1/2 Zitrone
Salz
150 ml Sahne
30 g Butter
frisch gemahlener weißer Pfeffer
frisch geriebene Muskatnuß
Für die Sauce:
1/4 l Wildfond
2 cl Cognac
1 EL Preiselbeeren
1/8 l Crème double
Für die Pilze:
200 g Pfifferlinge
80 g Herbsttrompeten
1 EL Schalottenwürfel
30 g Butter
Salz, frisch gemahlener Pfeffer
frisch geriebene Muskatnuß
1 EL gehackte Petersilie
Für die Rehmedaillons:
12 Rehmedaillons zu je 60 g
2 EL Öl
20 g Butter
Salz, frisch gemahlener Pfeffer
Für die Selleriechips:
1 kleine Sellerieknolle
Öl zum Ausbacken

1. Für das Püree die Sellerieknollen waschen, schälen und kleinschneiden. Mit Zitronensaft in Salzwasser weichkochen. Mit einem Schaumlöffel herausheben und im Mixer fein pürieren. In einen Topf füllen, mit Salz, Pfeffer und Muskat würzen und unter Rühren bei schwacher Hitze die Sahne dazugießen. Zum Schluß die Butter unterrühren.

2. Wildfond, Cognac und Preiselbeeren auf die Hälfte der Menge reduzieren. Crème double zugeben, cremig einkochen und durch ein Sieb passieren.

3. Pfifferlinge und Herbstrompeten putzen, kurz waschen und abtropfen lassen. Die Schalottenwürfel in der heißen Butter glasig dünsten, die Pilze zugeben und so lange anbraten, bis die Flüssigkeit verdampft ist. Mit Salz, Pfeffer und Muskat würzen, die Petersilie untermischen.

4. Die Rehmedaillons in heißem Öl mit Butter rosa braten. Mit Salz und Pfeffer würzen, herausnehmen und warmstellen.

5. Für die Chips die Sellerieknolle schälen und am besten mit dem Gurkenhobel in dünne Scheiben hobeln. Kreise mit einem Durchmesser von 4 cm ausstechen und die Plätzchen in heißem Öl goldgelb und knusprig ausbacken.

6. Die Rehmedaillons mit dem Selleriepüree auf vorgewärmten Tellern anrichten. Die Selleriechips in das Püree stecken und die Pilze locker über die Medaillons fallen lassen.

Gebratene Wildenten

Für 4 Personen
Zubereitungszeit: 1 1/2 Stunden

2 junge Wildenten zu je 800 g (mit Innereien)
Salz, frisch gemahlener Pfeffer
2 dünne Scheiben rohgeräucherter, fetter Speck
30 g Butter
2 Scheiben durchwachsener Räucherspeck
1/2 l Wasser oder Wildfond
etwas geschroteter Pfeffer
2 cl Cognac

1. Die küchenfertigen Wildenten (Innereien mitgeben lassen) waschen und trocknen. Brusthälften so herausschneiden, daß die Haut an der Ente bleibt. Die Haut über das Brustbein legen und mit Zahnstochern feststecken. Enten innen und außen mit Salz und Pfeffer würzen. Jede Ente mit einer fetten Speckscheibe umhüllen und mit Küchengarn festbinden. Den Backofen auf 200 °C vorheizen.

2. Die Butter in einem schweren Schmortopf erhitzen, die Enten rundum anbraten. Die Entenlebern im Bratfett anbraten, die Räucherspeckscheiben zugeben und mit Wasser oder Fond begießen. In den Backofen stellen und etwa 1 Stunde garen, dabei immer wieder mit dem Bratfond begießen.

3. Inzwischen die ausgelösten Entenbrüste mit Salz und geschrotetem Pfeffer einreiben, auf eine Platte legen und mit Cognac beträufeln. Mit Klarsichtfolie abgedeckt marinieren.

4. Kurz vor Ende der Garzeit die Entenbrüste in der restlichen heißen Butter auf beiden Seiten in wenigen Minuten rosa braten.

5. Die Enten aus dem Backofen nehmen, den Speck entfernen und die Keulen auslösen. Die knusprigen Räucherspeckscheiben in kleine Würfel schneiden und den Bratenfond durch ein Sieb passieren.

6. Auf jedem vorgewärmten Teller eine Entenkeule und in schräge Scheiben geschnittenes Brustfleisch anrichten, mit Speckwürfeln bestreuen und mit der Sauce überzogen servieren.

E. W.
Dazu serviere ich gern Kartoffelpüree und Champagnerkraut mit entkernten Muskateller-Trauben. Die Wildenten schmecken frisch von Mitte September bis Mitte Oktober am besten. Einheimische sind schon zu einer Rarität geworden, meist kommen sie aus osteuropäischen Ländern. Die Fleischqualität hängt stark von der Nahrung der Tiere ab und es kann manchmal vorkommen, daß das Fleisch leicht tranig schmeckt.

Fasanenbrust auf Champagnerkraut mit Périgord-Trüffelsauce

Für 4 Personen
Zubereitungszeit: 1 Stunde

Für das Sauerkraut:
300 g frisches Sauerkraut
1 Zwiebel, 1 säuerlicher Apfel
50 g durchwachsener Räucherspeck
80 g Gänseschmalz
1 Lorbeerblatt, 1 Thymianzweig
1 frischer Majoranzweig, 1 Gewürznelke
1 Prise Zucker
frisch gemahlener Pfeffer
300 ml Champagner
Für die Fasanenbrust:
4 ausgelöste Fasanenbrüste
2 EL Öl, 50 g Butter
5 zerdrückte Wacholderbeeren
50 g Périgord-Trüffel, wenn möglich frische
60 ml Madeira
200 ml Fasanen- oder Geflügeljus
30 g eiskalte Butter

1. Das Sauerkraut auf ein Sieb geben und kurz waschen, damit es nicht zu salzig schmeckt. Zwiebel und Apfel schälen. Die Zwiebel und den Räucherspeck in kleine Würfel schneiden, den Apfel grob raspeln. Das Gänseschmalz in einem Schmortopf zerlassen und die Zwiebel- und Speckwürfel darin glasig dünsten. Geraspelten Apfel, Kräuter und Gewürze zugeben, kurz anschmoren, mit Zucker und Pfeffer würzen und den Champagner aufgießen. Zugedeckt bei schwacher Hitze gardünsten.

2. Die Fasanenbrüste waschen und trockentupfen. Öl mit Butter in einer Pfanne aufschäumen lassen, die Brüste mit der Hautseite nach unten hineinlegen und die Wacholderbeeren darüber streuen. Bei mittlerer Hitze langsam goldgelb braten, wenden und auch auf der zweiten Seite kurz anbraten.

3. Die Fasanenbrüste herausnehmen und warmhalten. Die Wacholderbeeren herausfischen und die Trüffelstückchen im Bratfett anschmoren. Mit dem Madeira ablöschen, einkochen lassen. Den Fasanen- oder Geflügeljus zugießen und so lange köcheln lassen, bis die Sauce cremig ist. Die eiskalte Butter in kleinen Stückchen mit dem Stabmixer unter die Sauce schlagen, bis sie gebunden ist.

4. Das Champagnerkraut, falls nötig, noch mit etwas Salz nachwürzen, auf 4 vorgewärmte Teller verteilen und mit den Fasananbrüstchen belegen. Mit der Trüffelsauce überziehen. Dazu ein sahniges Kartoffelpüree servieren.

E. W.
Wenn Sie die Wahl haben: Nehmen Sie Brüste von Fasanenhennen, die sind fleischiger als die der männlichen Vögel.
Wer die Mühe nicht scheut, kauft zwei Fasane, löst die Brüste aus und kocht aus den Karkassen einen Fond wie den Kalbsfond von Seite 58 und läßt ihn dann auf 200 ml einkochen. Ich esse zu einem Fasan am liebsten Kartoffelpüree, das ich zugegebenermaßen mit sehr viel Butter recht kalorienreich zubereite.

Rebhuhn gebraten mit Wirsingpüree und weißen Rübchen

Für 4 Personen
Zubereitungszeit: 1 Stunde

4 küchenfertige Rebhühner mit Lebern
Salz, frisch gemahlener Pfeffer
4 dünne Scheiben roher, ungeräucherter Speck (jeweils 15x15 cm groß)
1 EL Wacholderbeeren
1 Thymianzweig
4 EL Öl
3 Lorberblätter

Für das Wirsingpüree:

2 kleine, junge Wirsingköpfe
Salz
80 g Schalotten
1 kleine Knoblauchzehe
50 g durchwachsener Räucherspeck
30 g Butter
frisch geriebene Muskatnuß
1/2 l Geflügelfond
100 ml Sahne
1/2 Bund Majoran
1/2 Bund glatte Petersilie
2 EL geschlagene Sahne

Für die Rübchen:

2 Bund kleine Navetten (Teltower Rübchen)
40 g Butter
1 TL Puderzucker
Salz, frisch gemahlener weißer Pfeffer
1 TL Obstessig

1. Die Rebhühner (Lebern auslösen und zur Seite legen) waschen, trocknen und innen und außen mit Salz und Pfeffer würzen. Die Speckscheiben nebeneinander ausbreiten und mit einigen gehackten Wacholderbeeren und den abgezupften Thymianblättchen bestreuen. Die Rebhühner mit dem Speck umhüllen und mit Küchengarn verschnüren. Den Backofen auf 200 °C vorheizen.

2. Das Öl in einer Bratreine erhitzen und die Rebhühner anbraten. Lorbeerblätter und ein paar zerdrückte Wacholderbeeren dazugeben, im heißen Backofen 20–25 Minuten braten, dabei gelegentlich mit dem Bratfett begießen.

3. Die Wirsingköpfe halbieren, den Strunk entfernen und die Hälften in feine Streifen schneiden. In kochendem Salzwasser blanchieren, kalt abschrecken und gut ausdrücken. Schalotten und Knoblauchzehe schälen, in kleine Würfel schneiden, ebenso den Räucherspeck, alles in heißer Butter andünsten. Den Wirsing zugeben, mit Salz, Pfeffer und Muskat würzen, den Geflügelfond aufgießen. Wirsing bei mittlerer Hitze offen verkochen lassen. Dann die Sahne unterrühren und erneut so lange kochen lassen, bis das Gemüse püreeartig zerfallen ist und sich mit zwei Löffeln Nocken abstechen lassen. Zum Schluß die fein gehackten Kräuter und die geschlagene Sahne unterziehen.

4. Navetten waschen, putzen und schälen. Butter und Puderzucker erhitzen, bis sie leicht Farbe angenommen haben, die Rübchen zugeben und mit Salz, Pfeffer und Obstessig würzen. Unter gelegentlichem Schwenken langsam garschmoren lassen. Falls nötig, etwas Wasser zugießen.

5. Die Rebhühner aus dem Ofen nehmen und den Speckmantel entfernen. Den Speck in feine Streifen schneiden und in einer Pfanne kroß braten. Die Lebern in kleine Stücke teilen und ebenfalls rasch anbraten. Die Rebhühner halbieren, auf vorgewärmte Teller verteilen und mit Nocken aus dem Wirsingpüree und mit weißen Rübchen anrichten. Die Speck- und Leberwürfel über die Rebhühner streuen und mit dem Bratensaft beträufeln.

Wachteln mit Wacholder und Speck am Spieß

Für 4 Personen
Zubereitungszeit: 40 Minuten

8 küchenfertige Wachteln
Salz, frisch gemahlener Pfeffer
8 kleine Schalotten
4 mittelgroße festkochende Kartoffeln, z.B. Nicola oder Sieglinde
1 mittelgroße Sellerieknolle
200 g italienischer Bauchspeck
1/2 sehr dünnes, altbackenes Baguette
je 1 Thymian- und Rosmarinzweig
8 g Wacholderbeeren
100 ml Olivenöl

1. Die Wachteln waschen und trockentupfen. Innen und außen mit Salz und Pfeffer einreiben und mit jeweils einer geschälten Schalotte füllen.

2. Kartoffeln und Sellerieknolle schälen und in Vierecke von 1 x 4 cm Größe schneiden, ebenso den Bauchspeck. Kartoffeln und Sellerie 3–4 Minuten in kochendem Wasser blanchieren. Das Baguette in 2 cm dicke Scheiben schneiden.

3. Auf 4 geölte Spieße von 18 cm Länge abwechselnd die Baguettescheiben, Sellerie, Speck, Kartoffeln und die Wachteln stecken.

4. Die Blätter von Thymian und Rosmarin abzupfen und mit den Wacholderbeeren fein hacken. Mit dem Öl verrühren und die Spieße damit bepinseln. Entweder auf dem Holzofengrill oder im Haushaltsgrill unter Wenden und Bestreichen mit der Ölmarinade goldbraun und knusprig grillen. Oder: die Spieße in einer Pfanne in Öl anbraten, mit gehackten Kräutern bestreuen und unter Wenden fertig braten.

D · E · S · S · E · R · T

Einfach und gleichzeitig raffiniert müssen heute Desserts für mich sein

Dem verführerischen Duft einer Backstube konnte ich schon als kleines Kind nicht widerstehen, und deshalb war die Bäckerei meines Großvaters für mich immer ein magischer Anziehungspunkt. Gebannt sah ich zu, wie er in Windeseile Hefezöpfe flocht und wie er geschickt mit dem Dressierbeutel die Marmelade in die Krapfen spritzte. Zuhause bei meiner Mutter bettelte ich darum, den Rührteig für den sonntäglichen Guglhupf rühren zu dürfen, natürlich mit dem Hintergedanken, noch etwas ausgiebiger naschen zu können, wenn ich den Schneebesen selbst in der Hand hielt.
Während meiner Lehrzeit im Hotel Straubinger war es für jeden Lehrling Pflicht, auch in der Pâtisserie mitzuarbeiten. Dort führten ausschließlich Frauen das Regiment, die es verstanden, traumhafte Strudel, Povesen, Cremes und herrliche Torten zu bereiten, an die ich mich heute noch erinnern kann. Aber leider waren die Mehlspeisenkünstlerinnen ausgesprochen geizig, wenn es um das Weitergeben von Rezepten ging.
Von da an aber war die Pâtisserie für mich immer besonders wichtig. Bei all den großen Köchen, bei denen ich arbeiten durfte, habe ich immer gern freiwillig, wenn es

meine Zeit als Koch erlaubte, in der Pâtisserie ausgeholfen. Dabei verfeinerte ich meine österreichisch-böhmischen Zuckerbäckerkenntnisse und lernte die französische Pâtisserie von der allerfeinsten Seite kennen. Dies war für mich die süße Basis während meiner Zeit als Küchenchef im „Tantris" und später in der „Aubergine". Denn das Dessert ist die Krone des Menüs: Es ist der letzte Gang und bleibt daher besonders in Erinnerung. Ist es zu mächtig, zu süß oder zu dominant, macht es all die guten Eindrücke eines leichten Menüs zunichte. Andrerseits darf das Dessert auch nicht zu leicht ausfallen, da der Gast es sonst sofort vergißt. Keine leichte Aufgabe – nicht nur im Restaurant, sondern auch, wenn man zu Hause Gäste bewirtet.

Auch bei den Desserts spielen die Jahreszeiten eine große Rolle. An kalten Wintertagen darf es schon mal ein mächtiger Kaiserschmarrn, ein üppiger Nußstrudel oder eine leckere Bûche Noël sein. Im Frühling geben dann Rhabarber und frische Beeren den Ton an, begleitet von feinen Cremes oder Eis und im Spätsommer und Herbst bevorzugt der Genießer Nachspeisen mit reifen Äpfeln, Birnen oder Quitten.
Mein ganz persönlicher Dessertgeschmack hat sich im Lauf der Jahre etwas gewandelt. Waren es früher saftige Torten, Cremeschnitten oder üppige Mehlspeisen, so ziehe ich heute vollreife Früchte, harmonisch vereint mit zarten Cremes, Eis oder Sorbets vor. Einfach und gleichzeitig raffiniert müssen Desserts für mich heute sein. Einfach aber nur bei der Zubereitung. Die verwendeten Produkte sollen von erstklassiger Qualität sein. Eine Schokoladencreme ist nur dann ein Hochgenuß, wenn sie aus hochwertiger Schokolade oder Kuvertüre gemacht wird. Vergreifen Sie sich nicht an künstlichen Aromen – schade um die Eier, Sahne und Butter. Früchte, ob als Garnitur, Grütze, Kaltschale oder püriert zu einer Sauce, müssen vollreif sein, sonst kann man sich die Mühe sparen.

Ein Dessert muß so gut schmecken, daß auch der Figurbewußte jeden Gedanken an Kalorien weit von sich weist. Ich werde immer bei hauchdünnen Palatschinken mit Marillenkonfitüre oder Preiselbeeren schwach. Und meinen absoluten Kuchenfavoriten finden Sie auf Seite 226, den Sandkuchen mit Aprikosen, wobei ich auch hier den Belag dem jahreszeitlichen Früchteangebot anpasse.

Apfeltarte mit Sauerrahmeis und Calvadossabayon

Für 4 Personen
Zubereitungszeit: 1 Stunde
Kühlzeit: 2–3 Stunden

Für das Sauerrahmeis:
500 g saure Sahne
150 g Zucker
Saft und Schale von 1 unbehandelten Zitrone
50 ml Sahne
Für die Apfeltartes:
ca. 200 g Blätterteig
4 kleine aromatische Äpfel, z.B. Cox Orange
2 EL Puderzucker
Für den Sabayon:
5 Eigelbe
60 g Zucker
100 ml Weißwein
100 ml Apfelsaft
2 cl Calvados
Saft von 1 Zitrone
Zum Bestreuen:
1 EL Zucker
etwas gemahlener Zimt

1. Für das Sauerrahmeis alle Zutaten in eine Schüssel geben und mit einem Schneebesen gründlich verquirlen. In eine Eismaschine füllen und gefrieren lassen. Wer keine Eismaschine hat, füllt die Masse in eine nicht zu hohe Metallform und läßt sie im Gefriergerät unter gelegentlichem Durchrühren in 2–3 Stunden erstarren.

2. Den Blätterteig 3 mm dick ausrollen und einen Kreis von 20 cm Durchmesser ausschneiden. Den Backofen auf 200 °C vorheizen.

3. Die Äpfel schälen, halbieren und entkernen. Jede Fruchthälfte in 4 Spalten schneiden. Eine Pfanne mit feuerfesten Griffen von 20 cm Durchmesser mit Puderzucker ausstreuen und die Apfelspalten darin kreisförmig anordnen. Die Pfanne auf die Kochplatte stellen und die Früchte bei mittlerer Hitze goldgelb andünsten.

4. Die Teigplatte auf die Früchte legen und die Pfanne in den Backofen stellen. In ca. 15 Minuten goldbraun und knusprig backen.

5. Inzwischen die Zutaten für den Sabayon in eine Schlagschüssel geben und auf dem heißen Wasserbad schaumig aufschlagen.

6. Die Pfanne aus dem Ofen nehmen und noch einmal kurz auf die heiße Herdplatte stellen. Anschließend vorsichtig auf eine Platte stürzen.

7. Die Tarte in 4 Stücke teilen, mit etwas Zimtzucker bestreuen und mit Sauerrahmeis und Sabayon auf 4 Tellern hübsch anrichten.

E. W.
Im Restaurant backen wir die Tartes portionsweise in kleinen runden Pfannen. Für den Privathaushalt ist das aber ein wenig mühsam, und eine große Tarte, in Stücke geschnitten, schmeckt genauso gut. Achten Sie aber darauf, eine Pfanne mit wirklich hitzefesten Griffen zu verwenden.

Mille-feuilles von der Birne mit Karameleis

Für 6 Personen
Zubereitungszeit: 1 Stunde 30 Minuten

350 g tiefgekühlter Blätterteig
20 g Butter
Für das Birnenmus:
4 Blatt Gelatine
2 Eigelbe (40 g)
25 g Zucker
300 g Birnenpüree
5 cl Birnengeist
1/4 l Sahne
Für das Karameleis:
120 g Zucker
1/4 l Milch
1/4 l Sahne
ausgekratztes Mark von 1/2 Vanilleschote
30 g Zucker
2 Eier (100 g)
2 Eigelbe (40 g)
50 ml Crème fraîche
Für den Belag:
4 vollreife, aber nicht zu weiche Birnen
1 Gewürznelke
1/2 Zimtstange
200 g Zucker
8 cl Birnengeist
Zum Bestreichen der Birnen:
100 g Zucker

100 ml Sahne
5 Tropfen Zitronensaft

1. Blätterteigplatten nebeneinandergelegt antauen lassen. 2 Platten mit etwas Butter bestreichen und abwechselnd mit den 3 restlichen Platten übereinandergelegt völlig auftauen lassen.

2. Den Backofen auf 220 °C vorheizen. Den Blätterteig auf bemehltem Backbrett 5 mm dick ausrollen, mit einem runden Ausstecher von 15 cm Durchmesser 6 Plätzchen ausstechen. Nebeneinander auf ein Backblech mit Backpapier legen und im heißen Backofen in 15 Minuten goldbraun backen. Noch heiß quer durchschneiden und abkühlen lassen.

3. Für das Birnenmus die Gelatine in kaltem Wasser einweichen. Eigelbe und Zucker im Wasserbad cremig aufschlagen. Gelatine ausdrücken, zugeben und unter Rühren auflösen. Birnenpüree und Birnengeist untermischen, auf Eiswürfel stellen, bis die Masse zu gelieren beginnt. Die Sahne steif schlagen und locker und gleichmäßig unterheben.

4. Das Birnenmus auf ein mit Alufolie ausgelegtes Backblech streichen und ganz erstarren lassen. Mit einem Ausstecher (15 cm Durchmesser) 6 Scheiben ausstechen und mit Hilfe einer Palette jeweils zwischen die Blätterteigböden legen.

5. Für das Karameleis Zucker und 50 ml Wasser zu Karamel kochen. Milch, Sahne und das Vanillemark unterrühren, aufkochen. Eier, Eigelbe und 30 g Zucker im Wasserbad schaumig schlagen. Heiße Karamelmilch zugießen und die Crème fraîche unterrühren. In Eiswasser kaltrühren, durch ein Haarsieb gießen und in der Eismaschine gefrieren lassen.

6. Die Birnen schälen, halbieren und die Kerngehäuse entfernen. 1/4 l Wasser mit den übrigen Zutaten zum Kochen bringen und die Birnenhälften darin weich pochieren. Herausheben, gut abtropfen lassen und fächerartig aufschneiden.

7. Für den Karamel zum Bestreichen der Birnen den Zucker bernsteinfarben karamelisieren lassen. Den Zitronensaft zugeben und nach und nach die Sahne zugießen, bis der Zucker vollständig aufgelöst ist. Die Birnenfächer damit bestreichen und jeweils 2 Birnenhälften auf die Törtchen setzen.

8. Die Törtchen auf 6 Teller verteilen und mit dem Karameleis servieren.

Sandkuchen mit Aprikosen

Für 8–10 Personen (Dessert)
Zubereitungszeit: 1 Stunde 15 Minuten

Für den Mürbeteig:
90 g Mehl
30 g Zucker
1 Prise Salz
60 g Butter und Butter für die Form
Für den Rührteig:
140 g Butter
140 g Zucker
2 Eigelbe
etwas abgeriebene unbehandelte Zitronenschale
140 g Mehl
2 Eiweiße
Für den Belag:
500 g Aprikosen
Puderzucker zum Bestäuben

1. Die ersten Zutaten zu einem Mürbeteig verkneten und 30 Minuten kühlstellen. Den Backofen auf 200 °C vorheizen. Den Mürbeteig zu einer runden Platte von 24 cm Durchmesser ausrollen, in eine gefettete Springform legen und etwa 10 Minuten backen. Herausnehmen und die Temperatur auf 180 °C zurückschalten.

2. Für den Rührteig Butter und Zucker cremig rühren, Eigelbe und Zitronenschale zugeben und zu einer dickschaumigen Masse schlagen. Das Mehl untermischen und zum Schluß den steif geschlagenen Eischnee locker unterziehen. Den Rührteig auf dem vorgebackenen Mürbeteig verteilen und die Oberfläche glattstreichen.

3. Aprikosen waschen, halbieren und entkernen. Die Hälften in längliche Schnitze schneiden und kreisförmig auf dem Rührteig auslegen. Im heißen Backofen in etwa 25–30 Minuten goldbraun backen. Mit Puderzucker bestäuben und am besten lauwarm mit steifgeschlagener Vanillesahne servieren.

Kirschen im Filoteig

Für 6 Personen
Zubereitungszeit: 50 Minuten

50 g Butter
50 g Puderzucker
10 g Speisestärke
1 Ei (50 g schwer)
50 g Mandelgrieß
1 TL Kirschwasser
500 g entsteinte Kirschen
6 fertige Filoteigblätter
125 g flüssige Butter
Puderzucker zum Bestäuben

1. Butter und Puderzucker schaumig rühren. Speisestärke dazugeben und unter weiterem Rühren das verquirlte Ei einlaufen lassen. Mandelgrieß und Kirschwasser unterrühren und zum Schluß die Kirschen unter die Masse mischen.

2. Die Teigblätter mit einer scharfen Schere erst halbieren, dann vierteln und noch einmal diagonal durchschneiden, so daß kleine Dreiecke entstehen. Diese dünn mit flüssiger Butter bestreichen. Den Backofen auf 170 °C vorheizen.

3. Die Filodreiecke in Teigringe (Durchmesser 9 cm und 2 cm Höhe) versetzt übereinander legen, die Enden der Teigblätter ragen über die Ringe hinaus. Jeweils etwas von der Kirschfüllung hineingeben und mit 4–5 kleinen Blättern bedecken, die man in der Mitte etwas hochzieht, so daß eine kleine Zeltform entsteht. Die vorbereiteten Törtchen mit einer Palette auf ein Backblech setzen und mit Puderzucker bestäuben. Auf der unteren Schiene des Backofens in etwa 15 Minuten goldgelb backen

Gestürzte Orangencreme

Für 8 Personen
Zubereitungszeit: 45 Minuten
Marinier- und Kühlzeit: 2–3 Tage

3 feste, unbehandelte Orangen
Salz
500 g Zucker
Für die Creme:
3/4 l frisch gepreßter Orangensaft
7 Blatt weiße Gelatine
4 cl Grenadinesirup
6 cl Cointreau
2 cl Amaretto
Saft von 1 Zitrone
1/8 l Sahne
1/8 l Crème fraîche
3 Eiweiße (90 g)
50 g Zucker
2 EL Orangengelee

1. Die Orangen waschen und mit einer Gabel ringsherum einstechen. Kurz in kochendem Salzwasser blanchieren, dann 24 Stunden in kaltem Wasser ziehen lassen, das Wasser öfter wechseln. Dabei werden die Bitterstoffe entzogen. Abtrocknen und mit einer Brotmaschine in dünne Scheiben schneiden.

2. Zucker mit 1 l Wasser zu Sirup kochen, auf Handwärme abkühlen lassen. Die Orangenscheiben hineinlegen und 24 Stunden marinieren.

3. Kurz vor der Zubereitung der Creme die Orangenscheiben aus dem Sirup heben, mit Küchenpapier trockentupfen und eine Kuppelform oder eine Schüssel mit rundem Boden damit auskleiden.

4. Für die Creme 1/2 l Orangensaft auf 1/4 l einkochen lassen und mit dem restlichen, frischen Orangensaft auffüllen.

5. Die Gelatineblätter in kaltem Wasser einweichen, ausdrücken und in heißem Grenadinesirup auflösen. Mit Cointreau und Amaretto unter den Orangensaft rühren und den Zitronensaft durch ein kleines Sieb dazugießen.

6. Den Saft in eine mit Eiswürfeln gefüllte Schüssel stellen und unter Rühren etwas gelieren lassen. Die Sahne halbsteif schlagen und die Crème fraîche unterrühren. In einer zweiten Schüssel Eiweiße und Zucker zu einem cremigen Schnee schlagen.

7. Zuerst die Sahnemischung unter den Orangensaft heben, wenn er zu gelieren beginnt, zum Schluß den Eischnee locker unterheben. Die Orangencreme in die ausgekleidete Form füllen und mindestens 3 Stunden kühlstellen.

8. Kurz vorm Servieren die Form in heißes Wasser tauchen und auf eine Platte stürzen. Mit heißem Orangengelee bestreichen und unzerteilt servieren.

E. W.
Das Präparieren der Orangenscheiben ist natürlich aufwendig, aber das effektvolle Dessert läßt sich gut vorbereiten und soll ja lange genug durchkühlen.

Bûche Noël auf „Schwarzwälder Art“

Für 15 Personen (Dessert)
Zubereitungszeit: 1 Stunde 15 Minuten
Kühlzeit: ca. 4 Stunden

Für den Schokoladenbiskuit:
2 Eier (100 g)
2 Eigelbe (40 g)
90 g Zucker
2 Eiweiße (60 g)
1 Prise Salz
20 g Speisestärke
50 g Mehl Type 405
10 g Kakaopulver

Für die Kirschfüllung:
300 g entsteinte Sauerkirschen
60 g Zucker
15 g Vanillepuddingpulver
3 EL Wasser
3 Blatt weiße Gelatine
3 EL Kirschwasser
30 g Puderzucker
400 ml Sahne

Zum Bestreichen:
50 g gute dunkle Kuvertüre
2 Blatt weiße Gelatine
2 Eigelbe (40 g)
1 EL Kirschwasser
400 ml Sahne

1. Den Backofen auf 210 °C vorheizen. Ein Backblech von 45 x 40 cm mit Backpapier auslegen.

2. Eier, Eigelbe und 50 g Zucker mit dem elektrischen Handrührgerät dickschaumig aufschlagen. In einer zweiten Schüssel die Eiweiße mit dem restlichen Zucker, Salz und der Speisestärke zu einem cremigen Schnee schlagen. Den Schnee unter die Eigelbmasse ziehen und die Mischung aus Mehl und Kakao vorsichtig unterheben. Den Teig auf das vorbereitete Backblech streichen und im heißen Backofen 12–15 Minuten backen.

3. Die gebackene Teigplatte mit Zucker bestreuen, einen zweiten Bogen Backpapier darauf legen und stürzen. Abkühlen lassen. Für die Kirschfüllung die Kirschen mit Zucker erhitzen. Den dabei entstehenden Saft abgießen und mit dem in kaltem Wasser angerührten Vanillepuddingpulver binden. Die Kirschen wieder zugeben und noch einmal aufkochen lassen. In den Kühlschrank stellen.

4. Die Gelatine in kaltem Wasser einweichen, gut ausdrücken und im heißen Kirschwasser auflösen. Den Puderzucker unterrühren und etwas abkühlen lassen. Die Sahne steif schlagen und zuerst einen Löffel davon unter die Gelatine rühren, dann die restliche Sahne damit vermischen.

5. Die Kirschen auf der Biskuitplatte verteilen, die Sahne mit einer Palette darüberstreichen und von der Breitseite her mit Hilfe des Backpapiers aufrollen. Mit dem Papier umhüllt in Form drücken und mindestens 3 Stunden kühlstellen.

6. Für die Garnitur die Kuvertüre im Wasserbad auflösen. Gelatine in kaltem Wasser einweichen. Die Eigelbe im 80 °C heißen Wasserbad schaumig schlagen. Erst die ausgedrückte Gelatine, dann die flüssige Kuvertüre und das Kirschwasser unterrühren. Sahne steif schlagen und unter die auf mindestens 30 °C abgekühlte Eimasse ziehen. Schokosahne in einen Dressierbeutel füllen und die Roulade damit der Länge nach bespritzen, daß sie wie ein Baumstamm aussieht. Vor dem Anschneiden noch einmal mindestens 30 Minuten kühlstellen. Schmeckt als Dessert, aber auch zum Nachmittagskaffee.

Joyeux Noël

Apfelschmarrn mit frischen Walnüssen

Für 2 Personen
Zubereitungszeit: 25 Minuten

30 g Mehl
1 Prise Salz
Schale von 1/2 unbehandelten Zitrone
1 TL Rum
100 ml Milch
3 Eigelbe
3 Eiweiße
40 g geklärte Butter (oder Butterschmalz)
1 großer säuerlicher Apfel
20 g Butter
1 TL Zucker
20 g abgezogene, frische Walnüsse
Puderzucker zum Bestäuben

1. Den Backofen auf 200 °C vorheizen. Mehl, Salz, Zitronenschale und Rum in eine Schüssel geben und unter Rühren die Milch und die Eigelbe untermischen. Eiweiße zu steifem Schnee schlagen und locker unterziehen.

2. In einer Pfanne 10 g geklärte Butter erhitzen, den Teig darüber gießen und im heißen Backofen so lange backen, bis der Teig oben trocken wird. Den Eierkuchen wenden, erneut 10 g geklärte Butter zugeben und auch die zweite Seite goldbraun backen.

3. Inzwischen den Apfel schälen, vierteln und in 1 cm dicke Scheiben schneiden. Butter und Zucker in einer beschichteten Pfanne goldgelb werden lassen, die Äpfel und die Walnüsse zugeben und bei mittlerer Hitze karamelisieren lassen.

4. Den Eierkuchen mit zwei Gabeln in Stücke zerreißen, die restliche geklärte Butter dazugeben, mit Puderzucker bestäuben und leicht karamelisieren lassen. Auf 2 Tellern anrichten und Apfelstücke und Walnüsse darüber verteilen. Sofort servieren.

Glasierter Grießschmarrn

Für 4 Personen
Zubereitungszeit: 45 Minuten

1/4 l Milch
ausgekratztes Mark von 1 Vanilleschote
100 g Butter
3 EL Zucker
1 Prise Salz
etwas Zitronensaft
70 g Grieß
3 Eigelbe (60 g)
1 Ei (50 g)
20 g gehackte Pinienkerne
5 Eiweiße
Puderzucker zum Bestäuben

1. Milch, Vanillemark, 50 g Butter, 1 Eßlöffel Zukker, Salz und Zitronensaft aufkochen. Unter Rühren mit dem Kochlöffel den Grieß einrieseln lassen und unter ständigem Weiterrühren in etwa 10 Minuten ausquellen lassen. Abkühlen lassen, dann Eigelbe, Ei und Pinienkerne unterrühren und erneut kühlstellen. Den Backofen auf 180 °C vorheizen.

2. Eiweiße mit 1 Eßlöffel Zucker zu steifem Schnee schlagen und unter die Grießmasse heben.

3. Restliche Butter und restlichen Zucker in einer schweren Pfanne karamelisieren lassen. Die Grießmasse darauffüllen und im heißen Backofen in etwa 15 Minuten goldbraun backen. Mit einem Eßlöffel Nocken abstechen und auf Teller verteilen. Mit Puderzucker bestäubt servieren.

Soufflierte Rhabarbercrêpes mit Vanilleeis

Für 4 Personen
Zubereitungszeit: 1 Stunde 15 Minuten
Kühlzeit: 1–2 Stunden

Für das Vanilleeis:
1/8 l Milch
1/8 l Sahne
1/2 Vanilleschote
40 g Zucker
3 Eigelbe
Für die Crêpes:
90 ml Milch
1 Prise Salz
1 Ei
40 g Mehl
40 g geklärte Butter
1 EL Zucker
etwas Butterschmalz zum Ausbacken
Für die Füllung:
500 g Rhabarber
150 g Zucker
1/2 Zimtstange
1/2 Vanilleschote
2 EL Apfelsaft
10 g Vanillepuddingpulver
Für die Soufflémasse:
2 Eiweiße
1 Prise Salz
30 g Zucker
1 Msp Speisestärke
2 Eigelbe

1. Für das Vanilleeis Milch, Sahne und die aufgeschlitzte Vanilleschote sowie die Hälfte von dem Zucker aufkochen. Die Eigelbe mit dem restlichen Zucker cremig schlagen. Das Mark aus der Vanilleschote in die heiße Milch kratzen, die Schote entfernen. Die Eigelbmasse in die Vanillemilch gießen und im heißen Wasserbad zu einer dickflüssigen Creme rühren. Durch ein feines Sieb passieren, in eine Schüssel mit Eiswasser setzen und kaltrühren. Die abgekühlte Creme in eine Eismaschine füllen und gefrieren lassen.

2. Für den Crêpes-Teig alle Zutaten in einen hohen Becher geben und mit einem Stabmixer kräftig verquirlen. Den Teig etwa 1 Stunde ruhen lassen.

3. Die Rhabarberstangen waschen, schälen und in 2 cm lange Stücke schneiden. Darauf achten, daß alle Stücke etwa gleich dick sind. Mit Zucker, Zimtstange, der aufgeschlitzten Vanilleschote und Apfelsaft bei schwacher Hitze wenige Minuten dünsten. Auf keinen Fall kochen lassen, da der Rhabarber sonst zerfällt. Die Stücke mit einem Schaumlöffel herausheben, und den Saft mit kalt angerührtem Puddingpulver binden. Abkühlen lassen, dann die Fruchtstücke wieder untermischen.

4. In einer kleinen Pfanne jeweils etwas Butterschmalz erhitzen und nacheinander 8 hauchdünne Crêpes backen. Den Backofen auf 220 °C vorheizen.

5. Die Crêpes mit der Hälfte des Rhabarberkompotts füllen, zusammenklappen und in eine mit Butter ausgestrichene, feuerfeste Form setzen.

6. Für die Soufflémasse Eiweiße mit Salz und Zucker zu steifem Schnee schlagen, Speisestärke darüberstäuben und mit den Eigelben rasch unterheben. Schöne Nocken abstechen und auf den Crêpes verteilen. Im heißen Ofen 3–4 Minuten überbacken.

7. Die soufflierten Crêpes auf 4 Teller verteilen, mit Puderzucker bestäuben und mit jeweils einer Kugel Vanilleeis und dem restlichen Rhabarberkompott dekorativ anrichten.

Crêpes mit Walderdbeeren „Romanoff“

Für 6 Personen
Zubereitungszeit: 35 Minuten
Ruhezeit: 30 Minuten

75 g Butter
185 ml Milch
75 g Mehl
2 Eier (100 g)
abgeriebene Schale von je 1/2 unbehandelten Zitrone und Orange
10 g Vanillezucker
1 Prise Salz
1 kg Walderdbeeren
60 g Butter
90 g Zucker
1/8 l Cointreau
180 ml frisch gepreßter Orangensaft
120 g frisch passiertes Himbeermark
Butterschmalz zum Braten
1/4 l Sahne
1 EL Vanillezucker

1. Die Butter in einer kleinen Pfanne erhitzen, bis sie zu bräunen beginnt. Sofort durch ein mit einem Mulltuch ausgelegtes Sieb gießen und diese sogenannte Nußbutter etwas abkühlen lassen.

2. Milch und Mehl mit dem elektrischen Handrührer verquirlen, nach und nach Eier, Zitrusschalen, Vanillezucker, Salz und zum Schluß die Nußbutter zugeben. Den Teig 30 Minuten ruhen lassen, dann durch ein Haarsieb passieren.

3. Von den Erdbeeren die Kelchblätter abzupfen. Butter und Zucker in einer Pfanne karamelisieren lassen. Mit Cointreau ablöschen, flambieren. Den Orangensaft zugießen und köcheln lassen, bis sich der Zucker völlig aufgelöst hat. Das Himbeermark unterrühren und einmal aufkochen lassen.

4. Von der Kochplatte nehmen, die Erdbeeren in die Sauce geben und gut durchschwenken.

5. Eine gußeiserne Pfanne mit Butterschmalz ausreiben und erhitzen. Wenig Teig hineingeben, dünn auf dem Pfannenboden verteilen und goldbraun backen. Für die weiteren Crêpes erst Teig in der Pfanne verteilen, dann den Pfannenrand mit Butterschmalz einpinseln. Auf diese Weise 12 Crêpes backen, fertige zwischen Backpapier aufbewahren.

6. Sahne steif schlagen, Vanillezucker einrieseln lassen und weiter schlagen, bis die Sahne stichfest ist.

7. Die Crêpes mit den Walderdbeeren „Romanoff“ füllen, zu Dreiecken falten und jeweils zwei auf einem Teller anrichten. Mit etwas Orangensauce beträufeln und mit je einem Nocken steifgeschlagener Vanillesahne belegen.

E. W.
Leider bekommt man die aromatischen Walderdbeeren nur sehr selten. Sie können das Rezept aber auch mit vollreifen, möglichst frisch geernteten Gartenerdbeeren zubereiten.

Tapioka-Guglhupf mit Orangenragout

Für 4 Personen
Zubereitungszeit: 1 Stunde

300 ml Milch, 40 g Zucker
40 g Butter, 1 Vanilleschote
62 g Tapioka (Sago)
4 Eier, getrennt
1 EL Grand Marnier, Butter für die Form
3 süße Orangen, 50 ml Grenadinesirup
3 Korianderkörner
8 g Vanillepuddingpulver
2 cl Cointreau, 1 cl Amaretto
Saft von 1 Limette, 4 Minzezweige

1. Den Backofen auf 180 °C vorheizen. Milch, Zucker und Butter erhitzen. Aufgeschlitzte Vanilleschote zugeben und aufkochen. Unter Rühren den Tapioka einstreuen, aufkochen lassen und im heißen Backofen etwa 20 Minuten ausquellen lassen.

2. Wenn der Tapioka gar ist, in eine Schüssel füllen. Vanilleschote entfernen, Mark auskratzen und unter den Tapioka rühren. Nacheinander die Eigelbe unterrühren, mit Grand Marnier aromatisieren. Die steifgeschlagenen Eiweiße vorsichtig unterziehen.

3. Die Masse in eine mit Butter ausgepinselte Guglhupfform füllen und im Wasserbad im heißen Backofen 25–30 Minuten garen.

4. Orangen so dick schälen, daß die weiße Haut entfernt wird. Fruchtfilets auslösen, in ein Sieb geben, den Saft auffangen und mit Wasser auf 200 ml auffüllen. Mit Grenadine und Koriander aufkochen. Puddingpulver mit Orangenlikör und Amaretto verrühren, Saft damit binden. Limettensaft zugießen und abkühlen lassen. Durch ein Sieb gießen und die Orangenfilets untermischen.

5. Tapioka-Guglhupf in der Form abkühlen lassen, stürzen, in Stücke teilen und auf dem Orangenragout anrichten. Mit Minzezweigen garnieren.

Zitronensoufflé

Für 5 Personen
Zubereitungszeit: 1 Stunde

50 ml frisch gepreßter Zitronensaft
20 g Butter
50 ml Sahne
10 g Zucker
10 g Vanillepuddingpulver
100 g Magerquark
4 Eigelbe (60 g)
3 Eiweiße (90 g)
70 g Zucker
15 g Speisestärke
Butter und etwas Zucker für die Förmchen
250 g gemischte Waldbeeren

1. Zitronensaft mit Butter, 30 ml Sahne und Zucker aufkochen. Das Puddingpulver mit der restlichen Sahne glattrühren und unter Rühren in die kochende Flüssigkeit einlaufen lassen. Einmal aufkochen, in eine Schüssel füllen und etwas abkühlen lassen. Mit einem Schneebesen den Magerquark und nach und nach die Eigelbe unterrühren.

2. Den Backofen auf 250 °C Oberhitze und 80 °C Unterhitze vorheizen. Ein tiefes Backblech mit Küchenpapier auslegen und soviel Wasser einfüllen, daß die Förmchen später zu einem Drittel im Wasserbad stehen. Das Blech mit dem Wasser im Backofen heiß werden lassen. 5 Souffléförmchen mit weicher Butter ausfetten, mit etwas Zucker ausstreuen und in den Kühlschrank stellen.

3. Die Eiweiße mit Zucker, Salz, und Speisestärke zu einem festen, cremigen Schnee schlagen und ein Drittel davon mit dem Schneebesen unter die Vanillemasse ziehen. Den restlichen Schnee mit einem Holzlöffel vorsichtig unterheben.

4. Die vorbereiteten Förmchen mit der Soufflémasse füllen und im Wasserbad 20–25 Minuten garen. In der Form servieren oder stürzen, mit frischen Beeren umkränzen.

Vanillesoufflé

Für 5 Personen
Zubereitungszeit: 1 Stunde 30 Minuten

200 ml Milch
20 g Butter
1/2 Vanilleschote
20 g Vanillepuddingpulver
80 g Biskuitwürfel
2 EL Cointreau
4 Eigelbe (60 g)
3 Eiweiße (90 g)
70 g Zucker
1 Prise Salz
15 g Speisestärke
Butter und etwas Zucker für die Förmchen

1. In einem Topf 160 ml Milch mit der Butter und der aufgeschlitzten Vanilleschote aufkochen. Die Schote wieder herausfischen und das Vanillemark in die Milch schaben.

2. Die restliche Milch mit dem Puddingpulver verrühren und unter Rühren in die kochende Milch einlaufen lassen. Kurz kochen lassen, in eine Schüssel umfüllen und zugedeckt kühlstellen.

3. Den Backofen auf 250 °C Oberhitze und 80 °C Unterhitze vorheizen. Ein tiefes Backblech mit Küchenpapier auslegen, so viel Wasser einfüllen, daß die Förmchen später zu einem Drittel im Wasserbad stehen, im Backofen heiß werden lassen. 5 Soufflëförmchen mit Butter ausfetten, mit etwas Zucker ausstreuen und in den Kühlschrank stellen. Den Biskuit in Würfel von 1,5 cm Kantenlänge schneiden und mit Orangenlikör beträufeln.

4. Die auf Handwärme abgekühlte Vanillemasse kurz durchrühren, eventuell durchsieben. Nach und nach Eigelbe zugeben, immer wieder glattrühren. Eiweiße mit Zucker, Salz, und Speisestärke zu cremigem Schnee schlagen, 1/3 davon unter die Vanillemasse ziehen. Den restlichen Schnee mit einem Holzlöffel vorsichtig unterziehen.

5. Die vorbereiteten Förmchen zu zwei Dritteln mit der Soufflémasse füllen, die Biskuitwürfel darauf verteilen und mit der restlichen Masse bedecken. Ins Wasserbad stellen und in 20–25 Minuten garen.

6. Die Soufflés entweder mit Puderzucker bestäuben und in den Förmchen servieren oder stürzen und mit kleingeschnittenen Früchten garnieren.

E. W.
Dies ist ein Soufflé, das selbst Kochanfänger streßfrei zu Tisch tragen können. Das Geheimnis für dieses köstliche und unproblematische Dessert ist der feste und dennoch cremige Eischnee, den man erhält, wenn man Zucker und Eiweiße gleichzeitig mit etwas Speisestärke aufschlägt.

Komposition von Kaffee und Sherry

Für 6–8 Personen
Zubereitungszeit: 1 Stunde
Kühlzeit: ca. 12 Stunden

Für den Biskuit:
5 Eier (250 g)
125 g Zucker
1 Prise Salz
65 g Mehl
60 g Speisestärke
etwas abgeriebene Zitronenschale
ausgekratztes Mark von 1/2 Vanilleschote

Für die Sherrymousse:
6 Eigelbe (120 g)
75 g Zucker
5 EL guter Oloroso-Sherry, medium
375 g Mascarpone
3 Blatt weiße Gelatine
1/2 l Sahne

Außerdem:
50 g dunkle Kuvertüre
300 ml starker Kaffee
4 EL Oloroso-Sherry, medium
Kakao zum Bestäuben

1. Den Backofen auf 180 °C vorheizen. Eier, Zucker und Salz mit einem Schneebesen im heißen Wasserbad schaumig schlagen. Herausnehmen und mit dem Handrührgerät kaltrühren. Mehl und Speisestärke darüber sieben und mit der Zitronenschale und dem Vanillemark locker und gleichmäßig unterziehen. Die Masse auf ein mit Backpapier ausgelegtes Backblech von 40 x 45 cm streichen und im heißen Backofen in 10–15 Minuten goldbraun backen. Die Biskuitplatte abkühlen lassen, dann halbieren.

2. Für die Sherrymousse die Eigelbe mit Zucker und Sherry im heißen Wasserbad schaumig aufschlagen. In einer Schüssel mit Eiswürfeln kaltrühren. Den Mascarpone löffelweise unter die abgekühlte Schaummasse schlagen.

3. Die Gelatine in kaltem Wasser einweichen. Die Sahne steifschlagen. Die Gelatine gut ausgedrückt in wenig heißem Wasser auflösen, mit einigen Löffeln Sahne vermischen und unter die Sherrycreme rühren. Die restliche Sahne locker unterheben.

4. Die Kuvertüre im heißen Wasserbad auflösen und eine Teigplatte damit bestreichen. Erstarren lassen, dann mit der Schokoladenseite nach unten in eine passende, rechteckige Form legen. Kaffee und Sherry vermischen und mit der Hälfte davon den Biskuitboden tränken. Die Hälfte der Sherrymousse darauf streichen und mit dem zweiten Boden bedecken. Mit der restlichen Kaffee-Sherrymischung tränken und mit der zweiten Cremehälfte bedecken. Am besten über Nacht durchziehen lassen und am nächsten Tag dick mit Kakao bestäuben. Gut gekühlt servieren und bei Tisch in rechteckige Stücke teilen.

E. W.
Nehmen Sie unbedingt einen guten, aromatischen Sherry, sonst war die Mühe umsonst. Auf keinen Fall einen trockenen Fino-Sherry verwenden. Falls Sie keinen Oloroso bekommen – ein halbtrockener Amontillado von bester Qualität eignet sich auch.

Blätterteigpastetchen mit Limettencreme und Himbeeren überbacken

Für 6 Personen
Zubereitungszeit: 1 Stunde 30 Minuten

350 g Blätterteig
1 Eigelb
Für die Limettencreme:
100 g Zucker
3/8 l frisch gepreßter Limettensaft
3 Blatt weiße Gelatine
2 Eigelbe (40 g)
60 g Puderzucker
1/4 l Sahne
Für die Meringenmasse:
2 Eiweiße (60 g)
60 g Zucker
1 Prise Salz
1 Spritzer Zitronensaft
Außerdem:
500 g Himbeeren
30 g Zucker
1 EL Himbeergeist
6 Minzezweiglein

1. Den Blätterteig 3–4 mm dick ausrollen und Plätzchen im Durchmesser von 11 cm ausstechen. Mit einem kleinen Ausstecher (8 cm Durchmesser) aus der Mitte noch einmal Scheiben ausstechen, so daß Ringe entstehen. Den restlichen Teig übereinanderlegen und erneut etwa 1 mm dünn ausrollen. Erneut Plätzchen von 11 cm Durchmesser ausstechen. Die Ränder mit verquirltem Eigelb bestreichen und die Ringe daraufsetzen. Auf ein Backblech mit Backpapier setzen und 1 Stunde kühlstellen.

2. Für die Limettencreme Zucker in einer Kasserolle karamelisieren lassen. Den Limettensaft zugießen und um zwei Drittel einkochen lassen. Die Gelatine in kaltem Wasser einweichen, gut ausdrücken und im heißen Karamel auflösen.

3. Eigelbe und Puderzucker mit einem elektrischen Handrührgerät schaumig aufschlagen. Die eingekochte Flüssigkeit unterrühren und so lange kühlstellen, bis die Flüssigkeit zu gelieren beginnt. Die Sahne steif schlagen und unter die Creme ziehen.

4. Eiweiße, Zucker, Salz und Zitronensaft zu dickschaumigem Eischnee aufschlagen.

5. Die Blätterteigpastetchen im heißen Backofen in etwa 12–15 Minuten goldbraun backen. Herausnehmen, mit der Creme füllen und jeweils einige Himbeeren darauf anordnen.

6. Die Eiweißmasse in einen Spritzbeutel füllen, die Pastetchen damit dekorativ bespritzen und unter dem heißen Grill wenige Minuten überbacken.

7. Die restlichen Himbeeren durch ein Sieb passieren, mit Zucker und Himbeergeist verrühren und als Spiegel auf 6 Tellern ausgießen. Die Pastetchen daraufsetzen und mit den Minzezweigen garnieren.

E. W.
Blätterteigreste und -Abschnitte niemals zusammenkneten,
sondern immer nur flach aufeinanderlegen
und zu einer neuen Teigplatte ausrollen, sonst gehen
sie beim Backen nicht mehr blättrig auf.

Crème Caramel

Für 8–10 Personen
Zubereitungszeit: 30 Minuten
Garzeit: 3–4 Stunden
Kühlzeit: mind. 12 Stunden

30 g weiche Butter
300 g Zucker
200 ml Wasser
60 g Glucose
etwas Zitronensaft
1 l Milch
2 aufgeschlitzte Vanilleschoten
100 g Zucker
8 Eigelbe
2 Eier
etwas abgeriebene, unbehandelte Zitronenschale
1 Prise Salz

1. Pro Person ein Porzellanförmchen, etwa 150 ml fassend, dünn mit Butter ausstreichen. Den Boden eines tiefen Backbleches mit Backpapier auslegen und das Blech mit so viel Wasser füllen, daß die Förmchen beim Garen zur Hälfte im Wasser stehen. Den Backofen auf 110 °C vorheizen.

2. In einer Sauteuse die Hälfte von dem Zucker mit Wasser und Glucose bernsteinfarben einkochen. Darauf achten, daß der Karamel nicht zu dunkel wird. Etwas Zitronensaft zugeben und die Böden der vorbereiteten Förmchen damit ausgießen.

3. Die Milch mit den aufgeschlitzten Vanilleschoten aufkochen. Die Vanilleschoten herausfischen und das Mark in die Milch kratzen.

4. Den restlichen Zucker mit den Eigelben und den Eiern cremig schlagen. Die heiße Milch in dünnem Strahl unter Rühren mit dem Schneebesen in die Eiermasse rühren. Darauf achten, daß nicht zuviel Schaum entsteht. Zitronenschale und Salz zugeben und die Eiermilch zweimal durch ein Haarsieb gießen, in die vorbereiteten Förmchen verteilen und im heißen Wasserbad 3–4 Stunden pochieren.

5. Die Creme ist fertig, wenn sie beim Rütteln wackelt. Man kann auch mit einem Messer prüfen, ob die Creme fertig ist: Einfach mit der Klinge hineinstechen. Sind beim Herausziehen keine Cremereste an der Klinge, die Förmchen aus dem Ofen nehmen und zugedeckt am besten über Nacht im Kühlschrank abkühlen lassen.

6. Vor dem Servieren die Förmchen kurz in heißes Wasser tauchen, den Rand rundherum mit einem Messer lösen. Die Creme stürzen und servieren.

E. W.
In Frankreich wird die Crème Caramel oft mit einer Sahnerosette serviert. Besonders raffiniert schmeckt die Crème Caramel, wenn man die Eiermilch mit 1–2 EL Grand Marnier parfümiert.

Charlotte russe

Für 4 Personen
Zubereitungszeit: 2 Stunden

4 Blatt weiße Gelatine
30 g dunkle Kuvertüre
200 ml Milch
1/2 Vanilleschote
1 Prise Salz
3 Eigelbe (60 g)
40 g Zucker
220 ml Sahne
Für die Löffelbiskuits:
5 Eigelbe (100 g)
50 g Puderzucker
1/2 TL Vanillezucker
5 Eiweiße (150 g)
70 g Zucker
50 g Speisestärke
75 g Mehl

1. Gelatine in kaltem Wasser einweichen. Kuvertüre im Wasserbad auflösen, auf Handwärme abkühlen lassen. Milch mit aufgeschlitzter Vanilleschote und Salz erhitzen. Die Schote herausnehmen, das Mark in die Milch kratzen. Eigelbe und Zucker schaumig schlagen, die heiße Vanillemilch langsam unterrühren und im heißen Wasserbad dickschaumig aufschlagen. Sie ist richtig, wenn sie einen Holzlöffelrücken überzieht und sich beim Daraufblasen Ringe bilden, die an eine Rose erinnern.

2. Aus dem Wasserbad nehmen, die ausgedrückte Gelatine darin auflösen. In einer Schüssel mit Eiswürfeln kaltrühren. Die Masse halbieren. Die Sahne halbsteif schlagen, 100 g davon unter eine Cremehälfte ziehen. Restliche Sahne steif schlagen und mit der Kuvertüre unter die andere Hälfte mischen.

3. Nun 4 Ringe (8 cm Durchmesser, 2 1/2 cm hoch) auf Klarsichtfolie legen und halb mit weißer Creme füllen. Im Kühlschrank kurz erstarren lassen, dunkle Creme auffüllen und gut 2 Stunden kühlen.

4. Eigelbe mit Puder- und Vanillezucker weißschaumig schlagen. In einer zweiten Schüssel Eiweiße, Zucker und Speisestärke zu cremigem Schnee schlagen. Eigelbmasse vorsichtig unter den Eischnee ziehen. Zum Schluß das Mehl darüber sieben und mit einem Holzlöffel unterheben. In einen Spritzbeutel (Tülle Nr. 4–5) füllen und 3 cm lange Teigstäbchen auf ein Backblech mit Backpapier spritzen. Mit etwas Zucker bestreuen, im heißen Backofen bei 180 °C in 10–12 Minuten hellgelb backen. Abkühlen lassen.

5. Die Ringe mit der Creme auf Teller legen, den Rand lösen und den Ring abheben. Den Rand mit den Löffelbiskuits besetzen.

E. W.
Die Masse für die Löffelbiskuits gelingt am besten mit 5 Eiern.
Das ergibt natürlich zu viele Löffelbiskuits für dieses
Dessert. Glauben Sie mir aber, daß der Rest schnell weg ist, die
Biskuits schmecken nämlich gut zu Tee oder Kaffee.

Feigen auf Marsalasabayon

Für 4 Personen
Zubereitungszeit: 30 Minuten

4 Eigelbe (80 g)
70 g Zucker
1 Prise Salz
1/8 l trockener Marsala
1 EL Orangensaft
60 g steif geschlagene Sahne
1–2 EL Zitronensaft
8 frische, blaue Feigen
1–2 EL Puderzucker
10 g Butter
4 cl Marsala
etwas Zitronensaft

1. Eigelbe, Zucker und Salz mit dem Handrührer schaumig schlagen, die Schüssel ins 80 °C heiße Wasserbad stellen und mit dem Schneebesen cremig rühren, nach und nach Marsala und Orangensaft zugießen. Die Creme so lange schlagen, bis sie in langen Spitzen am Schneebesen hängenbleibt.

2. Aus dem Wasserbad nehmen und in einer mit Eiswürfeln gefüllten Schüssel kaltschlagen. Sahne locker unterziehen, mit Zitronensaft abschmecken. Kurz in den Kühlschrank stellen.

3. Den Backofen auf 180 °C vorheizen. Die Schalen der blauen Feigen mit einer Nadel oder Gabel rundum einstechen. Feigen halbieren und die Schnittflächen mit Puderzucker bestäuben. Butter in einer Pfanne aufschäumen lassen und die Feigen mit der Schnittfläche nach unten anbraten. Umdrehen, mit Marsala begießen, mit etwas Zitronensaft beträufeln und 3–6 Minuten, je nach Reife der Früchte, in den Backofen schieben.

4. Herausnehmen und in der Pfanne abkühlen lassen, bis die Früchte nur noch lauwarm sind. Den Sabayon auf 4 tiefe Teller verteilen und jeweils zwei Feigenhälften in die Mitte setzen.

Geeister Portweinschaum mit Melonen

Für 4–6 Personen
Zubereitungszeit: 35 Minuten
Kühlzeit: 1 Stunde

Für den Portweinschaum:
6 Eigelbe (120 g)
100 g Zucker
1/8 l alter roter Portwein
1/8 l Sahne
Für das Melonenragout:
2 aromatische Kantalupe-Melonen
2 cl Portwein, 1 EL Honig
4 cl Zitronensaft, 20 g Zucker
einige Himbeeren und 4–6 Minzezweige

1. Eigelbe, Zucker und Portwein in einer Metallschüssel mit rundem Boden verquirlen und in einem 80 °C heißen Wasserbad schaumig aufschlagen. So lange schlagen, bis der Schaum in langen Spitzen am Schneebesen hängenbleibt.

2. Aus dem Wasserbad nehmen und in einer mit Eiswürfeln gefüllten Schüssel kaltschlagen. Die steifgeschlagene Sahne locker unterziehen und in kleine Förmchen füllen. In den Tiefkühler stellen und gefrieren lassen.

3. Für das Melonenragout die Melonen halbieren, entkernen und mit einem Kugelausstecher kleine Kugeln aus dem Fruchtfleisch ausbohren. Das restliche Melonenfleisch, es sollen noch 200 g übrigbleiben, mit 2 cl vom entstandenen Melonensaft, Portwein, Honig, Zitronensaft und Zucker im Mixer fein pürieren und durch ein Haarsieb passieren. Mindestens 15 Minuten in den Tiefkühler stellen.

4. Die Förmchen mit dem gefrorenen Portweinschaum kurz in heißes Wasser tauchen und das Eis auf Teller stürzen. Mit dem Melonenpüree umgießen und die Melonenkugeln und einige Himbeeren darum herum verteilen. Mit jeweils einem Minzezweig garniert servieren.

Rhabarber-Kirschgrütze

Für 4 Personen
Zubereitungszeit: 45 Minuten
Kühlzeit: 4–5 Stunden

500 g Rhabarber
400 g Kirschen
200 ml roter Portwein
200 ml Rotwein
200 g Zucker
Saft von 2 Zitronen
Saft von 1 Orange
1 Zimtstange
1 Vanilleschote
1 dünne Scheibe frischer Ingwer
2 Blatt Gelatine
30 g Vanillepuddingpulver
Zutaten für das Nougateis:
300 ml Milch
200 ml Sahne
1/2 aufgeschlitzte Vanilleschote
3 Eigelbe (60 g)
1 Ei (50 g)
40 g Zucker
40 g dunkle Kuvertüre
50 g Nougat
20 g Kakaopulver, stark entölt
2 EL Rum
2 EL Orangenlikör

1. Die Rhabarberstangen schälen, die Kirschen entsteinen und die Putzabfälle in einen Topf geben. Portwein, Rotwein und 100 g Zucker zugeben, einmal aufkochen lassen und auf der abgeschalteten Kochplatte noch etwa 30 Minuten ziehen lassen. Den Backofen auf 200 °C vorheizen.

2. Die Rhabarberstangen in 1 cm dicke Scheiben schneiden und mit den Kirschen in einen Topf geben. Den restlichen Zucker mit 50 ml Wasser zu Sirup kochen und mit den Zitrussäften über die Früchte gießen. Mit der Zimtstange, der aufgeschlitzten Vanilleschote und der Ingwerscheibe belegen und den Topf mit Alufolie dicht verschließen. In den heißen Ofen stellen und 15–20 Minuten garen lassen. Nach 15 Minuten nachsehen, ob der Rhabarber nicht verkocht.

3. Herausnehmen und zugedeckt abkühlen lassen. Die Gewürze herausfischen und unter den angesetzten Weinsud mischen. Noch einmal aufkochen lassen, abschäumen und durch ein Sieb passieren.

4. Gelatine in kaltem Wasser einweichen. Puddingpulver mit 60 ml Wasser glattrühren. Den Fruchtsaft erneut aufkochen, das angerührte Puddingpulver unter Rühren einlaufen lassen und kurz aufkochen. Von der Kochstelle nehmen und die gut ausgedrückte Gelatine unterrühren.

5. Das Obst auf tiefe Teller verteilen und mit der Grütze übergießen. Mindestens 4–5 Stunden in den Kühlschrank stellen.

6. Fürs Nougateis die Milch, Sahne und die Vanilleschote aufkochen lassen. Eigelbe, Ei und Zucker schaumig schlagen, unter die Sahnemilch mischen und im heißen Wasserbad zur Rose abziehen (die Creme muß einen Holzlöffelrücken überziehen und beim Daraufblasen müssen sich Ringe bilden, die an eine Rose erinnern). Die aufgelöste Kuvertüre, Nougat und Kakaopulver zugeben, in einer Schüssel mit Eiswürfeln kaltrühren. Rum und Likör unterrühren, in einer Eismaschine gefrieren lassen. Portionieren und auf der Grütze anrichten.

Erdbeeren „Don Camillo"

Für 4 Personen
Zubereitungszeit: 40 Minuten
Marinierzeit 1 Stunde

600 g Erdbeeren, möglichst frisch gepflückt
50 g Puderzucker
3 cl Aceto Balsamico, mind. 10 Jahre alt
1 gute Msp Dijonsenf
50 g dunkle Kuvertüre
150 g weiße Kuvertüre
200 ml Sahne
20 g Zucker
ausgekratztes Mark von 1/2 Vanilleschote

1. Erdbeeren entkelchen. Puderzucker, Essig und Senf verrühren und die Erdbeeren darin etwa 1 Stunde einlegen, dabei gelegentlich wenden.

2. Für die Kuvertürenringe die beiden Kuvertüren getrennt im Wasserbad schmelzen und auf Handwärme abkühlen lassen. 4 Streifen Backpapier von 23 cm Länge und 5 cm Breite zuschneiden. Die dunkle Kuvertüre in eine Papiertüte füllen und jeden Streifen der Länge nach schlangenlinienförmig bespritzen. Die Kuvertüre erstarren lassen, die weiße Kuvertüre mit einer Palette dünn aufstreichen, jedoch nur 4 cm breit. Sofort rundbiegen und in Tortenringe von 8 cm Durchmesser einsetzen. Im Kühlschrank fest werden lassen.

3. Vor dem Servieren von den Kuvertürenringen vorsichtig das Papier entfernen. Jeweils einen Ring in die Mitte eines Tellers setzen.

4. Die Sahne steif schlagen, dabei den Zucker und das Vanillemark zugeben. Die Sahne in einen Dressierbeutel füllen und jeweils eine Rosette in die Mitte der Ringe spritzen. Die Erdbeeren obenauf häufen und einige außen herum verteilen. Mit Vanilleeis servieren.

Flambierter Pfirsich

Für 2 Personen
Zubereitungszeit: 20 Minuten

2 reife Pfirsiche
30 g Vanillezucker
6 cl Aquavit
Saft von 1/2 Zitrone
1/4 l frisch gepreßter Orangensaft
30 g Honig
2 cl Pfirsichlikör
1 Prise gemahlener Zimt
6 cl Himbeergeist
25 g eiskalte Butter

1. Die Pfirsiche halbieren und die Steine auslösen.

2. In einer Flambierpfanne den Vanillezucker hellgelb karamelisieren lassen. Mit Aquavit ablöschen und flambieren. Zitrussäfte, Honig, Pfirsichlikör und Zimt zugeben und so lange köcheln lassen, bis sich der Karamel völlig aufgelöst hat.

3. Die Pfirsichhälften einlegen und unter Schwenken der Pfanne weichdünsten. Mit Himbeergeist übergießen und erneut flambieren.

4. Die Früchte auf vorgewärmte Teller legen. Die Butter in kleinen Stücken unter den Flambierfond rühren und die Pfirsiche damit überziehen. Mit Vanilleeis servieren.

Quittensüppchen mit Birnensahne

Für 6 Personen
Zubereitungszeit: 2 Stunden

500 g Quitten
1/2 l Weißwein
Saft von je 2 Orangen und Zitronen
1/2 Vanilleschote
1/4 Zimtstange
1 dünne Scheibe frischer Ingwer
100 g Zucker
3 Blatt Gelatine
3 EL Champagner
Für die Birnensahne:
125 g Zucker
ausgekratztes Mark von 1/2 Vanilleschote
2 kleine, aromatische Birnen
150 ml Sahne
1 EL Birnengeist

1. Von den Quitten den Flaum abreiben, waschen und in Stücke schneiden. Mit Weißwein, 1/2 l Wasser, Zitrussäften, Gewürzen und Zucker in einen Topf geben und aufkochen lassen. Bei schwacher Hitze in etwa 1 Stunde 30 Minuten weichkochen.

2. Durch ein Haarsieb passieren, jedoch nicht zu stark ausdrücken. Es sollen 700 ml Saft entstehen.

3. Die Gelatine in kaltem Wasser einweichen und gut ausgedrückt unter den heißen Fruchtsaft rühren. Dann in eine mit Eiswürfeln gefüllte Schüssel stellen und unter Rühren erkalten lassen. Sobald die Suppe zu gelieren beginnt, den Champagner unterrühren und bis zum Verzehr kühlstellen.

4. Für die Birnensahne aus 1/8 l Wasser, Zucker und Vanillemark einen Sirup kochen. Die Birnen schälen, halbieren, entkernen und in sehr kleine Würfel schneiden. Im heißen Vanillesirup pochieren. Mit einem Schaumlöffel herausheben, auf einen Teller legen und kurz in den Tiefkühler stellen.

5. Die Sahne sehr steif schlagen, die Birnenwürfel und den Birnengeist unterziehen.

6. Die Quittensuppe in eiskalte tiefe Teller füllen. Von der Birnensahne mit einem großen Löffel Nocken abstechen und in die Mitte setzen.

E. W.
Wer möchte, kann die Quitten auch vor dem Kochen schälen und vor dem Passieren einige Stücke herausnehmen und in Streifen oder Würfel schneiden und zum Schluß über die Suppe streuen. Dazu paßt natürlich der Rest von dem Champagner, mit dem das Süppchen aufgegossen wurde.

Punschsüppchen mit Kürbis und Zimthippen

Für 6 Personen
Zubereitungszeit: 1 Stunde 30 Minuten

Für das Punschsüppchen:
300 ml Rotwein
150 ml schwarzer Tee
150 ml frisch gepreßter Orangensaft
Saft von 1 Zitrone
abgeriebene Schale von 1/2 unbehandelten Orange
150 g Zucker
1 Gewürznelke
1/2 Vanilleschote
1/4 Ananas, geschält und in Scheiben geschnitten
4 cl Rum, 40%ig
4 Blatt weiße Gelatine
Für die Kürbiseinlage:
250 g Kürbisfruchtfleisch
je 1/2 unbehandelte Orange und Zitrone
1/2 Vanilleschote
1/2 TL geraspelter frischer Ingwer
1 TL Honig
Für die Zimthippen:
60 g Marzipan
40 g Puderzucker
1 Prise Salz
20 g Mehl
2 EL Sahne
1 Eiweiß (30 g)
60 g dunkle Kuvertüre
200 ml Sahne
20 g Zucker
etwas gemahlener Zimt

1. Für die Punschsuppe alle Zutaten bis auf die Gelatine in einen Topf geben, einmal aufkochen und 1 Stunde ziehen lassen. Durch ein Sieb gießen und 4 Eßlöffel davon abnehmen. Die kalt eingeweichten, ausgedrückten Gelatineblätter darin auflösen und zum restlichen Punsch rühren. In einer Schüssel mit Eiswürfeln abkühlen lassen, dabei öfter umrühren.

2. Den Backofen auf 200 °C vorheizen. Den Kürbis auf ein großes Stück Alufolie legen und mit den Gewürzen belegen. Die Folie gut verschließen, damit kein Saft auslaufen kann. Das Päckchen in eine Form legen und im Backofen auf der mittleren Schiene etwa 20 Minuten garen. Herausnehmen, abkühlen lassen, die Gewürze entfernen und den Kürbis in kleine Würfel schneiden.

3. Den Backofen auf 180 °C zurückschalten. Marzipan mit Puderzucker, Salz und Mehl verrühren und abwechselnd Sahne und Eiweiß einarbeiten.

4. Diese Hippenmasse dünn auf ein mit Backpapier ausgelegtes Backblech streichen und im heißen Ofen hellgelb backen. Bei geöffneter Backofentür in Rechtecke von 7 x 4 cm schneiden und sofort um einen dicken Holzstiel wickeln. Abkühlen lassen.

5. Die Kuvertüre im heißen Wasserbad auflösen, auf Handwärme abkühlen lassen und die abkühlten Hippen damit bestreichen.

6. Sahne steif schlagen, Zucker und Zimt untermischen und die Hippen damit füllen.

7. Das gut gekühlte Punschsüppchen in eiskalte tiefe Teller füllen, mit den Kürbiswürfeln bestreuen und mit den gefüllten Hippenröllchen servieren.

Geeistes Schokoladensüppchen mit Ingwersorbet

Für 5–6 Personen
Zubereitungszeit: 45 Minuten
Kühl- und Gefrierzeit: ca. 2 Stunden

Für das Schokoladensüppchen:
400 ml Milch
40 g Zucker
1/2 Vanilleschote
90 g dunkle Kuvertüre
15 g Kakaopulver, stark entölt
200 ml Sahne
50 ml Crème fraîche

Für das Ingwersorbet:
70 g Zucker
1/4 l Wasser
3 cl Zitronensaft
150 ml Orangensaft
40 g geschälter frischer Ingwer
40 g Dextrose (Traubenzucker)
200 g Bananen (geschält gewogen)

Für die Orangenzesten:
2 mittelgroße, dickschalige Orangen (unbehandelt)
20 ml Orangensaft
2 cl Cointreau
6 cl Grenadinesirup

1. Milch, Zucker und aufgeschlitzte Vanilleschote aufkochen. Dann von der Kochplatte ziehen, die kleingehackte Kuvertüre zugeben. So lange rühren, bis sie sich aufgelöst hat. Kakaopulver erst mit etwas Schokoladenmilch verrühren, dann unter die heiße Milch quirlen. Die Suppe etwa 30 Minuten in den Tiefkühler stellen, sie darf nur leicht anfrieren, auf keinen Fall durchfrieren.

2. Für das Sorbet Zucker, Wasser, Zitrussäfte und den in Scheiben geschnittenen Ingwer aufkochen. Kurz kochen lassen, dann von der Herdplatte nehmen und 1 Stunde ziehen lassen.

3. Die Ingwerscheiben bis auf 10 g aus dem Sud nehmen, die Flüssigkeit mit Dextrose und Bananen im Mixer fein pürieren. Durch ein Sieb passieren und in einer Eismaschine gefrieren lassen.

4. Die Orangen waschen, abtrocknen und mit einem Zestenreißer von der Blüte zum Stielansatz feine Streifen abziehen. Die Zesten dreimal in kochendem Wasser blanchieren, dazwischen jedesmal kalt abbrausen. Orangensaft, Cointreau und Grenadinesirup in eine Sauteuse geben und kurz kochen lassen. Die Zesten zugeben und sirupartig einkochen lassen. Abkühlen lassen.

5. Die Sahne steifschlagen und zwei Drittel davon unter die eisgekühlte Schokoladenmilch mischen, mit einem Stabmixer aufmixen. Die Crème fraîche zugeben und erneut aufmixen. Zum Schluß die restliche Sahne mit einem Schneebesen schlierenartig unter die Schokoladensuppe rühren und auf 5-6 gekühlte tiefe Teller verteilen. In die Mitte jeweils eine große Kugel Ingwersorbet geben und mit den gut abgetropften Orangenzesten bestreut servieren.

E. W.
Kuvertüre, auch Couverture geschrieben, muß bei milder Hitze geschmolzen werden – sie zerläuft schon bei 35 °C. Angeboten werden dunkle (zartbittere), Vollmilch- und weiße Kuvertüre. Bestehen sie zu 71% aus Kakao und Kakaobutter, sind sie von besonders guter Qualität.

Dreierlei geeiste Schokoladenmousse mit karamelisierter Birne

Für 6–8 Personen
Zubereitungszeit: 1 Stunde
Gefrierzeit: 4–5 Stunden

Für die Mousse:

50 g dunkle Kuvertüre
60 g Vollmilchkuvertüre
60 g weiße Kuvertüre
5 Eigelbe (100 g)
2 Eier (100 g)
100 g Zucker
600 ml Sahne
je 1 EL Cognac, Birnengeist und Bacardi

Für die karamelisierte Birne:

4 mittelgroße aromatische Birnen
120 g Zucker
4 EL Sahne
ausgekratztes Mark von 1/2 Vanilleschote
2 EL Birnengeist

1. Die drei verschiedenen Kuvertüren hacken, getrennt im heißen Wasserbad auflösen und auf Handwärme abkühlen lassen.

2. Eigelbe, Eier und Zucker im Wasserbad mit dem Schneebesen dickschaumig schlagen und mit dem Handrührgerät in einer Schüssel mit Eiswürfeln wieder kaltrühren. Die Sahne halbsteif schlagen.

3. Die Eiermasse auf 3 Schüsseln verteilen. Die erste mit dunkler Kuvertüre und Cognac verrühren, die zweite mit Vollmilchkuvertüre und Birnengeist und die dritte mit weißer Kuvertüre und Bacardi. Jeweils 1/3 der Sahne unterziehen. Eine Terrinenform mit Klarsichtfolie auskleiden und die Cremes einfüllen: Zuerst die dunkle, in die Mitte die weiße und als oberste die Vollmilchmousse, nach jeder Schicht die Form etwa 10 Minuten ins Gefriergerät stellen. Die Form 4–5 Stunden gefrieren lassen.

4. Die Birnen schälen und mit dem Stengel der Länge nach halbieren. Mit einem Kugelausstecher die Kerngehäuse entfernen und die Birnenhälften fächerartig zum Stiel hin aufschneiden.

5. Den Zucker in einer großen Pfanne karamelisieren lassen. Mit 4 Eßlöffeln Wasser ablöschen und köcheln lassen, bis der Karamel aufgelöst ist. Dann die Sahne zugießen, das Vanillemark unterrühren und etwas einkochen lassen. Die Birnen mit dem Kerngehäuseloch nach oben in den Sirup legen und unter Schwenken der Pfanne garen. Festere Birnen kann man auch kurz im Backofen dünsten. Zum Schluß mit Birnengeist beträufeln.

6. Das Parfait etwa 15 Minuten vor dem Verzehr aus dem Tiefkühler nehmen, in Scheiben schneiden und mit je einer karamelisierten Birne anrichten. Mit der Karamelflüssigkeit beträufelt servieren.

E. W.
Man kann die Schokoladencremes auch schichtweise in kleine Förmchen oder Ringe füllen und vor dem Anrichten mit geraspelter Schokolade oder Kakao bestäuben. Wie oben zubereitet ist es aber für den Haushalt einfacher.

Aal: Gebackener Aal mit jungem Knoblauch und Steinpilzen 125
Äpfel: Rehrücken in Blätterteig mit glasierten Äpfeln und Bohnen 210
Apfelschmarrn mit frischen Walnüssen 230
Apfeltarte mit Sauerrahmeis und Calvadossabayon 223
Aprikosen: Sandkuchen mit Aprikosen 226
Asiatisch marinierte Garnelen vom Holzkohlengrill 141
Auberginen: Gebratene Auberginen auf italienische Art 89
Auberginen: Rahmsuppe von weißen Auberginen 42
Aufgemixte Mayonnaise 67
Aufgeschlagene Buttersauce mit Tomaten 60
Aufgeschlagene Fischsauce 68
Aufgeschlagene Hechtsuppe mit Hechtklößchen 52

Bachforelle auf Wiesenkräutern in Folie 127
Bayerische Ente mit gekochtem Spitzkohl 198
Beuschel vom Zicklein 169
Birnen: Dreierlei geeiste Schokoladenmousse mit karamelisierter Birne 251
Birnen: Mille-feuilles von der Birne mit Karameleis 225
Birnen: Quittensüppchen mit Birnensahne 246
Blätterteigpastetchen mit Limettencreme und Himbeeren überbacken 238
Blumenkohl: Marinierte Blumenkohlröschen mit Möhren und gebratenen Garnelen 21
Böhmischer Pilzeintopf 48
Bohnen: Gebratene Tauben mit Bohnen à la Crème 202
Brennesselsuppe mit Wachteleiern 41
Bûche Noël auf „Schwarzwälder Art" 228
Butternockerl (Suppeneinlage) 39
Buttersauce: Aufgeschlagene Buttersauce mit Tomaten 60

Calamari: Salat von gefüllten Calamari mit rosa Crevetten, Muscheln und Basilikum-Vinaigrette 20
Champagnerkraut: Fasanenbrust auf Champagnerkraut mit Périgord-Trüffelsauce 217
Charlotte russe 240
Chicorée in Gemüsebutter geschmort 91
Chicorée: Rosa gebratene Entenbrust auf glasiertem Chicorée 199
Crème Caramel 239
Cremesuppe von grünem Spargel mit Zuckerschoten und Minze 44
Crêpes mit Walderdbeeren „Romanoff" 233
Crêpes: Soufflierte Rhabarbercrêpes mit Vanilleeis 231
Crêpes: Überbackene Crêpes mit Poulardenragout gefüllt 190
Curryhuhn 186
Currysauce mit Apfel 62

Dreierlei geeiste Schokoladenmousse mit karamelisierter Birne 251

Eintopf mit Gerste, Lammfleisch und Gemüse 47
Eintopf von Frühlingsgemüse 46
Ente: Bayerische Ente mit gekochtem Spitzkohl 198
Ente: Gebratene Barberieente, unter der Haut gefüllt mit Rosinen, Schwarzbrot und Gänsestopfleber 197
Entenbrust: Rosa gebratene Entenbrust auf glasiertem Chicorée 199
Erbsenrisotto mit Morcheln 108
Erdbeeren „Don Camillo" 245

Fasanenbrust auf Champagnerkraut mit Périgord-Trüffelsauce 217
Fasanenbrust: Maronensamtsuppe mit Fasanenbrust und Steinpilzen 43
Feigen auf Marsalasabayon 242
Filoteig: Kirschen im Filoteig 226
Fischfond 59
Fischsauce: Aufgeschlagene Fischsauce 68
Flambierter Pfirsich 245
Flußkrebse: Hechtklößchen auf Blattspinat mit Flußkrebsen 129
Flußkrebse: Melonenhälften mit marinierten Flußkrebsen gefüllt 18
Frikadellen von Kabeljau und Krabbe 137
Frikassee von Bresse-Poularde mit Tomaten, Lauchzwiebeln und Flußkrebsen 194
Frikassee von Mangold und Champignons 90
Frischlingskeule mit Honig glasiert 212
Friséepüree 87

Garnelen: Asiatisch marinierte Garnelen vom Holzkohlengrill 141
Garnelenschwänze in feuriger Tomatensauce 141
Gebackene Geflügelleberknödel (Suppeneinlage) 39
Gebackener Aal mit jungem Knoblauch und Steinpilzen 125
Gebratene Auberginen auf italienische Art 89
Gebratene Barberieente, unter der Haut gefüllt mit Rosinen, Schwarzbrot und Gänsestopfleber 197
Gebratene Hühnerleber mit Maronenpilzen 195
Gebratene Steinpilze mit flüssiger Polenta gratiniert 115
Gebratene Tauben mit Bohnen à la Crème 202
Gebratene Wildenten 216
Gebratener Hecht mit Kapern-Zitronenbutter auf Karotten-Gurkengemüse 125
Gebratener Hummer mit Kürbis und Kartoffeln 142
Gebratener Lammsattel mit Tomaten-Olivenkruste auf lauwarmem Paprikagemüse 171
Gebratener Seeteufel mit Muschelragout 131
Gedünstete Seezunge auf zweierlei Sellerie und Trüffelstreifen 132
Geeiste Tomaten-Gurkensuppe 45
Geeister Portweinschaum mit Melonen 242
Geeistes Schokoladensüppchen mit Ingwersorbet 248
Geflügelleber: Gebackene Geflügelleberknödel (Suppeneinlage) 39
Geflügelleber: Parfait von frischer Geflügelleber 22
Gefüllte Masthuhnkeulen 187
Gefüllte Rehkeule 213
Gefüllte Spanferkelbrust 161
Gefüllte Zwiebeln 79
Gekochte Kalbsstelze mit Gemüse 154
Gekochte Rinderbäckchen mit Bohnen und Dillvinaigrette 28
Gemüse von Zuckerschoten 87
Gemüsespieße im Tempurateig ausgebacken mit verschiedenen Dipsaucen 75
Gerste: Eintopf mit Gerste, Lammfleisch und Gemüse 47
Geschmorte Hirschschulter mit Orangenkruste und Rote Bete 207
Geschmorte Ochsenwade mit roten Zwiebeln und Champagner 163
Geschmorte Stubenküken mit Okraschoten und Paprika 189
Geschmorte Tauben mit Brennesselfüllung 203
Geschmorte Zickleinkeule mit jungen Möhren, Zuckerschoten, Spargel und neuen Kartoffeln 174
Geschmorte Zickleinschulter mit Knoblauch 173
Gestürzte Orangencreme 227
Glasierter Grießschmarrn 230
Glattbutt mit Pilzkruste auf Kopfsalat mit tomatisierter Champagnersauce 121
Gorgonzola-Risotto 108
Gratin: Schwarzwurzelgratin mit Périgord-Trüffeln 84
Gratin: Lauchgratin mit Pfifferlingsahne 85
Gratin von weißen Rübchen und Kartoffeln 84
Gratinierte Bouchot-Muscheln auf Spinat 17
Gratinierte Grießnocken 115
Gratinierte Kartoffeln mit Curryjoghurt 113
Gratinierte Kutteln 168

Grießnocken: Gratinierte Grießnocken 115
Grießschmarrn: Glasierter Grießschmarrn 230
Grüne Pfeffersauce 60
Grüne Rahmsuppe mit Croutons 41
Guglhupf: Tapioka-Guglhupf mit Orangenragout 234

Hasenragout mit weißem und schwarzem Trüffel 209
Hasenrücken nach Maria Bogenberger 208
Hecht: Gebratener Hecht mit Kapern-Zitronenbutter auf Karotten-Gurkengemüse 125
Hechtklößchen auf Blattspinat mit Flußkrebsen 129
Hechtsuppe: Aufgeschlagene Hechtsuppe mit Hechtklößchen 52
Hirschschulter: Geschmorte Hirschschulter mit Orangenkruste und Rote Bete 207
Huhn: Curryhuhn 186
Hühnerleber: Gebratene Hühnerleber mit Maronenpilzen 195
Hummer mit Ingwer und Orange 140
Hummer: Gebratener Hummer mit Kürbis und Kartoffeln 142
Hummer: Ravioli mit Hummerfüllung (Variante) 97

In Butter karamelisierte Perlzwiebeln 86
Ingwer: Hummer mit Ingwer und Orange 140
Ingwer: Geeistes Schokoladensüppchen mit Ingwersorbet 248

Jakobsmuscheln mit Steinpilzen und Tomaten 144
Jakobsmuscheln: Romanesco-Samtsuppe mit Erbsen und Jakobsmuscheln 52
Jakobsmuscheln: Salat von grünem Spargel mit gefüllten Jakobsmuscheln und weißem Trüffel 13
Jakobsmuscheln: Zucchiniblüten mit Jakobsmuscheln gefüllt 82

Kabeljau: Frikadellen von Kabeljau und Krabbe 137
Kalb: Tendrons vom Kalb mit Gremolata 151
Kalbsbries: Tomatisierte Karottenrahmsuppe mit Kalbsbries 42
Kalbsbriesröschen auf Frühlingszwiebeln und gebackenen Morcheln 166
Kalbsfilet: Marinierte Scheiben von Kalbsfilet mit schwarzen Oliven und Pesto 25
Kalbsfond 58
Kalbshals mit Périgord-Trüffel und Sellerie gefüllt 157
Kalbshirn: Roh marinierte Pilze mit gebackenem Kalbshirn 27
Kalbsjus 58
Kalbsragout mit Tomaten, Lauchzwiebeln und Champignons 155
Kalbsrouladen gefüllt mit Parmaschinken und Gemüse-Kräuter-Risotto auf Paprikaragout 158
Kalbsrücken mit Steinpilzgaletten und kroß gebratenen Nierenscheiben 152
Kalbsstelze: Gekochte Kalbsstelze mit Gemüse 154
Kaninchen: Sauté von Kaninchen mit Artischocken 179
Kaninchen: Warme Kaninchenpastete in Blätterteig 23
Kaninchenleber: Linsensuppe mit gebratener Kaninchenleber 46
Kaninchenleber: Radicchio mit Kaninchenleberfülle auf Gorgonzola-Risotto 78
Kaninchenpflanzerl im Kartoffelmantel 177
Kaninchenrücken mit Mairübchen und Thymian-Buttersauce 176
Karameleis: Mille-feuilles von der Birne mit Karameleis 225
Karotten: Tomatisierte Karottenrahmsuppe mit Kalbsbries 42
Karpfen mit Rote Bete und Petersilienwurzeln 128
Kartoffelcarpaccio mit Pilzen und Spinat 92
Kartoffeldressing 31
Kartoffeln: Gratinierte Kartoffeln mit Curryjoghurt 113
Kartoffeln: Kohlrabi-Kartoffeleintopf mit Mairitterlingen 49
Kartoffeln: Macaire-Kartoffeln 113
Kartoffeln: Zander mit Spinat-Kartoffelragout überbacken 124
Kartoffelpizzen 110
Kartoffelplätzchen 110
Kartoffelrösti mit Gemüsetatar 25
Kartoffeltortelloni auf Lauchzwiebeln 100
Kingfisch gegrillt auf Mango- und Gurkenscheiben mit Kräutervinaigrette 133
Kirschen im Filoteig 226
Kirschen: Rhabarber-Kirschgrütze 243
Klare Ochsenschwanzsuppe mit gefüllten Markknochen 36
Knoblauch-Poularde mit Kartoffeln 183
Kohlrabi: Sahniges Kohlrabigemüse 86
Komposition von Kaffee und Sherry 237
Koriander-Vinaigrette 31
Krabbe: Frikadellen von Kabeljau und Krabbe 137
Krebsfond 59
Krebsterrine 16
Kürbis: Punschsüppchen mit Kürbis und Zimthippen 247
Kutteln: Gratinierte Kutteln 168

Lachs- und Steinbutt-Tatar mit gebackener Auster 15
Lachs: Tomaten mit Lachsfüllung und Basilikum-Buttersauce 81
Lamm: Eintopf mit Gerste, Lammfleisch und Gemüse 47
Lamm: Pappardelle mit Lammsugo und schwarzen Oliven 105
Lamm: Weißkrautblätter mit Lamm gefüllt 83
Lammragout mit Gemüse und Kräuterpaste 173
Lammsattel: Gebratener Lammsattel mit Tomaten-Olivenkruste auf lauwarmem Paprikagemüse 171
Lammstelzen mit Tomaten und Basilikum 172
Lauch: Steinbutt mit Lauchsauce 136
Lauchgratin mit Pfifferlingsahne 85
Lauchzwiebeln: Kartoffeltortelloni auf Lauchzwiebeln 100
Lauwarmer Seeteufelrücken mit kalter Thunfischsauce und Kapern 18
Letscho 89
Linsengemüse mit Tomaten 91
Linsensuppe mit gebratener Kaninchenleber 46

Macaire-Kartoffeln 113
Mairitterlinge: Kohlrabi-Kartoffeleintopf mit Mairitterlingen 49
Mangold: Frikassee von Mangold und Champignons 90
Marinierte Blumenkohlröschen mit Möhren und gebratenen Garnelen 21
Marinierte Scheiben von Kalbsfilet mit schwarzen Oliven und Pesto 25
Markknochen: Klare Ochsenschwanzsuppe mit gefüllten Markknochen 36
Markknödel mit Pfifferlingen 116
Maronen: Perlhuhn mit glasierten Perlzwiebeln, Maronen und Majoran 192
Maronensamtsuppe mit Fasanenbrust und Steinpilzen 43
Masthuhnkeulen: Gefüllte Masthuhnkeulen 187
Mayonnaise: Aufgemixte Mayonnaise 67
Meeresfrüchte in Gelee 15
Melonen: Geeister Portweinschaum mit Melonen 242
Melonenhälften mit marinierten Flußkrebsen gefüllt 18
Milchkalbsleber mit weißem Pfirsich und Balsamico-Pfeffersauce 167
Milchkalbsnuß mit Steinpilzen 155
Mille-feuilles von der Birne mit Karameleis 225
Milzschnitten (Suppeneinlage) 38
Mittelmeerfische: Suppe von Mittelmeerfischen mit Safran und Sauce Rouille 55
Möhren: Marinierte Blumenkohlröschen mit Möhren und gebratenen Garnelen 21

Morcheln: Erbsenrisotto mit Morcheln 108
Morcheln: Kalbsbriesröschen auf Frühlingszwiebeln und gebackenen Morcheln 166
Morchelrahmsauce 63
Muscheln: Gebratener Seeteufel mit Muschelragout 131
Muscheln: Gratinierte Bouchot-Muscheln auf Spinat 17
Muscheln: Nordseemuscheln „Rheinische Art" mit Gemüsekonfetti 147
Muscheln: Salat von gefüllten Calamari mit rosa Crevetten, Muscheln und Basilikum-Vinaigrette 20

Nordseemuscheln „Rheinische Art" mit Gemüsekonfetti 147
Nudelblätter mit Spinat-Ricottafüllung und Tomatenconfit 99
Nudeln: Pappardelle mit Lammsugo und schwarzen Oliven 105
Nudeln: Penne mit Rucola-Pesto und geräuchertem Mozzarella 106
Nudeln: Spaghettini mit Tomaten-Basilikumsauce und Gambas 107
Nudeln: Tagliatelle mit Tomaten-Lauchzwiebelsauce 107

Ochsenschwanz: Klare Ochsenschwanzsuppe mit gefüllten Markknochen 36
Ochsenwade: Geschmorte Ochsenwade mit roten Zwiebeln und Champagner 163
Okra: Geschmorte Stubenküken mit Okraschoten und Paprika 189
Olivensauce 66
Orangen: Geschmorte Hirschschulter mit Orangenkruste und Rote Bete 207
Orangen: Gestürzte Orangencreme 227
Orangen: Hummer mit Ingwer und Orange 140
Orangen: Tapioka-Guglhupf mit Orangenragout 234

Panierte Sellerieschnitzel in Joghurt- Schnittlauchsauce 92
Pappardelle mit Lammsugo und schwarzen Oliven 105
Parfait von frischer Geflügelleber 22
Penne mit Rucola-Pesto und geräuchertem Mozzarella 106
Perlhuhn mit glasierten Perlzwiebeln, Maronen und Majoran 192
Perlhuhn: Sauté vom Perlhuhn mit Romana und Trevisano 191
Perlhuhneintopf mit jungem Gemüse und Steinpilzravioli 50
Perlzwiebeln: In Butter karamelisierte Perlzwiebeln 86
Pesto: Marinierte Scheiben von Kalbsfilet mit schwarzen Oliven und Pesto 25
Pesto: Penne mit Rucola-Pesto und geräuchertem Mozzarella 106
Petersilienwurzeln: Karpfen mit Rote Bete und Petersilienwurzeln 128
Pfeffersauce: Grüne Pfeffersauce 60
Pfifferlinge: Lauchgratin mit Pfifferlingsahne 85
Pfifferlinge: Markknödel mit Pfifferlingen 116
Pfirsich: Flambierter Pfirsich 245
Pilze: Böhmischer Pilzeintopf 48
Pilze: Glattbutt mit Pilzkruste auf Kopfsalat mit tomatisierter Champagnersauce 121
Pilze: Kartoffelcarpaccio mit Pilzen und Spinat 92
Pilze: Roh marinierte Pilze mit gebackenem Kalbshirn 27
Pochierte Rinderlende mit jungem Gemüse und Sauce Béarnaise 165
Polenta: Gebratene Steinpilze mit flüssiger Polenta gratiniert 115
Portweinschaum: Geeister Portweinschaum mit Melonen 242
Pot au feu von Bresse-Tauben 201
Poularde: Frikassee von Bresse-Poularde mit Tomaten, Lauchzwiebeln und Flußkrebsen 194
Poularde: Knoblauch-Poularde mit Kartoffeln 183
Poulardenbrust asiatisch mit Sojakeimlingen 184
Poulardenragout: Überbackene Crêpes mit Poulardenragout gefüllt 190
Punschsüppchen mit Kürbis und Zimthippen 247

Quittensüppchen mit Birnensahne 246

Radicchio mit Kaninchenleberfülle auf Gorgonzola-Risotto 78
Rahmsuppe von weißen Auberginen 42
Rahmsuppe: Grüne Rahmsuppe mit Croutons 41
Ravioli mit Hummerfüllung (Variante) 97
Ravioli mit Quarkfüllung 97
Ravioli mit Tomatenfüllung, sautierter Hummer in Tomaten-Hummerfond 104
Rebhuhn gebraten mit Wirsingpüree und weißen Rübchen 218
Rehkeule: Gefüllte Rehkeule 213
Rehmedaillons mit Selleriepüree, -chips und Pfifferlingen 215
Rehquiche: Warme Rehquiche mit Trüffeln 211
Rehrücken in Blätterteig mit glasierten Äpfeln und Bohnen 210
Rhabarber-Kirschgrütze 243
Rhabarbercrêpes: Soufflierte Rhabarbercrêpes mit Vanilleeis 231
Rinderbäckchen: Gekochte Rinderbäckchen mit Bohnen und Dillvinaigrette 28
Rinderfilet: Zwiebelfleisch vom Rinderfilet mit Majoran 163
Rinderkraftbrühe mit verschiedenen Einlagen 38
Rinderlende: Pochierte Rinderlende mit jungem Gemüse und Sauce Béarnaise 165
Risotto: Erbsenrisotto mit Morcheln 108
Risotto: Gorgonzola-Risotto 108
Roh marinierte Pilze mit gebackenem Kalbshirn 27
Romana: Sauté vom Perlhuhn mit Romana und Trevisano 191
Romanasalat mit Schinken-Käsefüllung auf Tomatenconfit 76
Romanesco-Samtsuppe mit Erbsen und Jakobsmuscheln 52
Rosa gebratene Entenbrust auf glasiertem Chicorée 199
Rote Bete: Geschmorte Hirschschulter mit Orangenkruste und Rote Bete 207
Rote Bete: Karpfen mit Rote Bete und Petersilienwurzeln 128
Rübchen: Gratin von weißen Rübchen und Kartoffeln 84
Rucola: Penne mit Rucola-Pesto und geräuchertem Mozzarella 106

Sabayon: Apfeltarte mit Sauerrahmeis und Calvadossabayon 223
Sabayon: Feigen auf Marsalasabayon 242
Sahniges Kohlrabigemüse 86
Salat von gefüllten Calamari mit rosa Crevetten, Muscheln und Basilikum-Vinaigrette 20
Salat von grünem Spargel mit gefüllten Jakobsmuscheln und weißem Trüffel 13
Salat: Wachteln auf winterlichem Salat 26
Salzkruste: Zander in der Salzkruste mit Thymiansauce 123
Samtsuppe: Maronensamtsuppe mit Fasanenbrust und Steinpilzen 43
Samtsuppe: Romanesco-Samtsuppe mit Erbsen und Jakobsmuscheln 52
Samtsuppe: Seeigel-Samtsuppe 53
Sandkuchen mit Aprikosen 226
Sauce Rouille: Suppe von Mittelmeerfischen mit Safran und Sauce Rouille 55
Sauce Tatar 67
Sauerbraten auf böhmische Art 162
Sauerrahmeis: Apfeltarte mit Sauerrahmeis und Calvadossabayon 223
Sauté vom Perlhuhn mit Romana und Trevisano 191
Sauté von Kaninchen mit Artischocken 179
Schalottensauce mit Aceto Balsamico 65
Schinken: Schwarzwurzelcremesuppe mit Schinkennockerln 35
Schlutzkrapfen: Südtiroler Schlutzkrapfen 101
Schnecken: Wan Tan mit Schnecken und Spinat gefüllt auf Sojakeimlingen 102

Schokoladenmousse: Dreierlei geeiste Schokoladenmousse mit karamelisierter Birne 251
Schokoladensüppchen: Geeistes Schokoladensüppchen mit Ingwersorbet 248
Schwarzwurzelcremesuppe mit Schinkennockerln 35
Schwarzwurzelgratin mit Périgord-Trüffeln 84
Seeigel-Samtsuppe 53
Seeteufel: Gebratener Seeteufel mit Muschelragout 131
Seeteufel: Lauwarmer Seeteufelrücken mit kalter Thunfischsauce und Kapern 18
Seewolf Bocuse d'or 134
Seezunge: Gedünstete Seezunge auf zweierlei Sellerie und Trüffelstreifen 132
Sellerie: Panierte Sellerieschnitzel in Joghurt-Schnittlauchsauce 92
Sellerie: Rehmedaillons mit Selleriepüree, -chips und Pfifferlingen 215
Senfsauce mit Estragon 66
Serviettenknödel auf böhmische Art 116
Soufflé: Zitronensoufflé 234
Soufflé: Vanillesoufflé 235
Soufflierte Rhabarbercrêpes mit Vanilleeis 231
Spaghettini mit Tomaten-Basilikumsauce und Gambas 107
Spanferkel: Gefüllte Spanferkelbrust 161
Spargel: Cremesuppe von grünem Spargel mit Zuckerschoten und Minze 44
Spargel: Salat von grünem Spargel mit gefüllten Jakobsmuscheln und weißem Trüffel 13
Specksauce zu Fisch 65
Spinat: Hechtklößchen auf Blattspinat mit Flußkrebsen 129
Spinat: Kartoffelcarpaccio mit Pilzen und Spinat 92
Spinat: Nudelblätter mit Spinat-Ricottafüllung und Tomatenconfit 99
Spinat: Wan Tan mit Schnecken und Spinat gefüllt auf Sojakeimlingen 102
Spinat: Zander mit Spinat-Kartoffelragout überbacken 124
Spinatnocken mit Tomaten und Parmesan 114
Spitzkohl: Bayerische Ente mit gekochtem Spitzkohl 198
Steinbutt mit Lauchsauce 136
Steinbutt: Lachs- und Steinbutt-Tatar mit gebackener Auster 15
Steinpilze: Gebackener Aal mit jungem Knoblauch und Steinpilzen 125
Steinpilze: Gebratene Steinpilze mit flüssiger Polenta gratiniert 115
Steinpilze: Jakobsmuscheln mit Steinpilzen und Tomaten 144
Steinpilze: Maronensamtsuppe mit Fasanenbrust und Steinpilzen 43
Steinpilze: Milchkalbsnuß mit Steinpilzen 155
Steinpilze: Perlhuhneintopf mit jungem Gemüse und Steinpilzravioli 50
Stubenküken: Geschmorte Stubenküken mit Okraschoten und Paprika 189
Südtiroler Schlutzkrapfen 101
Suppe von Mittelmeerfischen mit Safran und Sauce Rouille 55

Tagliatelle mit Tomaten-Lauchzwiebelsauce 107
Tapioka-Guglhupf mit Orangenragout 234
Tauben: Gebratene Tauben mit Bohnen à la Crème 202
Tauben: Geschmorte Tauben mit Brennesselfüllung 203
Tauben: Pot au feu von Bresse-Tauben 201
Tendrons vom Kalb mit Gremolata 151
Thunfischsauce: Lauwarmer Seeteufelrücken mit kalter Thunfischsauce und Kapern 18
Thymiansauce: Zander in der Salzkruste mit Thymiansauce 123
Tintenfischragout mit Staudensellerie, Tomaten, Fenchel und provenzalischer Buttersauce 145
Tomaten mit Lachsfüllung und Basilikum-Buttersauce 81
Tomaten-Basilikumsauce: Spaghettini mit Tomaten-Basilikumsauce und Gambas 107
Tomaten-Lauchzwiebelsauce: Tagliatelle mit Tomaten-Lauchzwiebelsauce 107
Tomaten: Geeiste Tomaten-Gurkensuppe 45
Tomatenconfit: Nudelblätter mit Spinat-Ricottafüllung und Tomatenconfit 99
Tomatenconfit: Romanasalat mit Schinken-Käsefüllung auf Tomatenconfit 76
Tomatensauce: Garnelenschwänze in feuriger Tomatensauce 141
Tomatisierte Karottenrahmsuppe mit Kalbsbries 42
Tortelloni: Kartoffeltortelloni auf Lauchzwiebeln 100
Trevisano: Sauté vom Perlhuhn mit Romana und Trevisano 191
Trüffel: Fasanenbrust auf Champagnerkraut mit Périgord-Trüffelsauce 217
Trüffel: Gedünstete Seezunge auf zweierlei Sellerie und Trüffelstreifen 132
Trüffel: Hasenragout mit weißem und schwarzem Trüffel 209
Trüffel: Kalbshals mit Périgord-Trüffel und Sellerie gefüllt 157
Trüffel: Salat von grünem Spargel mit gefüllten Jakobsmuscheln und weißem Trüffel 13
Trüffel: Schwarzwurzelgratin mit Périgord-Trüffeln 84
Trüffel: Warme Rehquiche mit Trüffeln 211
Trüffel: Weißweinsauce mit Lauch und Trüffel 68
Trüffelsauce 62

Überbackene Crêpes mit Poulardenragout gefüllt 190

Vanilleeis: Soufflierte Rhabarbercrêpes mit Vanilleeis 231
Vanillesoufflé 235
Vinaigrette auf Balsamessig-Basis 30
Vinaigrette auf Obstessig-Basis 30
Vinaigrette: Koriander-Vinaigrette 31

Wachteleier: Brennesselsuppe mit Wachteleiern 41
Wachteln auf winterlichem Salat 26
Wachteln mit Wacholder und Speck am Spieß 219
Wan Tan mit Schnecken und Spinat gefüllt auf Sojakeimlingen 102
Warme Kaninchenpastete in Blätterteig 23
Warme Rehquiche mit Trüffeln 211
Weißkrautblätter mit Lamm gefüllt 83
Weißweinsauce mit Lauch und Trüffel 68
Wiesenkräuter: Bachforelle auf Wiesenkräutern in Folie 127
Wildenten: Gebratene Wildenten 216
Wirsing: Rebhuhn gebraten mit Wirsingpüree und weißen Rübchen 218

Zander in der Salzkruste mit Thymiansauce 123
Zander mit Spinat-Kartoffelragout überbacken 124
Zicklein: Beuschel vom Zicklein 169
Zicklein: Geschmorte Zickleinkeule mit jungen Möhren, Zuckerschoten, Spargel und neuen Kartoffeln 174
Zicklein: Geschmorte Zickleinschulter mit Knoblauch 173
Zimthippen: Punschsüppchen mit Kürbis und Zimthippen 247
Zitronensoufflé 234
Zucchiniblüten mit Jakobsmuscheln gefüllt 82
Zuckerschoten: Cremesuppe von grünem Spargel mit Zuckerschoten und Minze 44
Zuckerschoten: Gemüse von Zuckerschoten 87
Zwiebelfleisch vom Rinderfilet mit Majoran 163
Zwiebeln: Gefüllte Zwiebeln 79